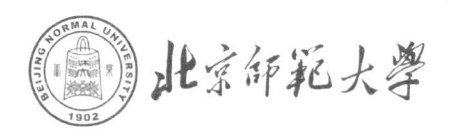

北京师范大学

京师法学

第十四—十五卷

米 健 / 主编

中国法制出版社
CHINA LEGAL PUBLISHING HOUSE

目　录

120周年校庆专文

中华文脉之传人
　　——写在北京师范大学校庆120周年之际　　　　米　健 // 003

学术论文

恢复性司法在我国的引入、发展和前景　　　　吴宗宪 // 033
话语与实践：近代法律史中的"习惯"问题　　　　陈　颐 // 055
论作为家庭美德的孝道在民事司法实践中的运用　　　　朱晓峰 // 081
智慧法院系统中算法的法律依据及其获得方法　　　　陈　醇 // 108
民国时期法外斩首刑运用之窥见
　　——以《申报》报道为主要素材的分析　　　　方　潇　王思杰 // 130

文明对话

丁龙之谜
　　——一个草根文化使者的传奇　　　　梁家玥　顾　珂　向　雯 // 157

人物与思想

知行合一的中国近代启蒙思想家郑观应　　　　廖　明　武　佳 // 181

案例与评论

德国联邦宪法法院关于《航空安全法》违宪的判决　　　　　袁治杰　白　鸽 // 197

学苑清声

论民用航空器机长的权力行使
　　——基于"合理性"标准的分析　　　　　　　　　　　王　旭 // 245
人工智能与司法裁判一席谈　　　　　　　　　　　　　徐柏夷 整理 // 271
人工智能与人类未来　　　　　　　　　　　　　　　　徐柏夷 整理 // 282

120周年校庆专文

中华文脉之传人

——写在北京师范大学校庆 120 周年之际

米 健

从 1902 年京师大学堂师范馆创办到今天，北京师范大学已经走过了整整 120 年的历史。这 120 年也是中国从积弱屈辱中觉醒、与西方列强悲壮抗争、受国内军阀混战之苦、对日本浴血抗战、争民族独立自由、走中国特色之路、建复兴崛起大业，失败与成功交织、牺牲与胜利同辉、苦难与辉煌相随，可歌可泣的历史。作为中国最早的高等教育机构之一，北京师范大学亲身参与、推动和见证了这段可歌可泣的历史。她诞生于中国存亡忧患之际，挺身于觉醒奋起之时，呼唤于神州长空，矢志于民族独立，致力于国家兴盛。她是当之无愧的为中华民族觉醒、奋斗、崛起和复兴的立言、立德、立功者。120 年行程，充分地表明了她是一个传承和弘扬民族文化，担当民族国家文化之大任的文脉传人。正所谓："木铎起而千里应，席珍流而万世响，写天地之辉光，晓生民之耳目矣。"

北京师范大学所以能当文脉传人之至誉，举其大端如斯。

一、生于忧患存亡之际，领于觉醒奋起之先

（一）生于忧患存亡之际

清朝末年，中国屡遭西方列强欺辱，特别是两次鸦片战争、中日甲午战争和八国联军侵华，更显示出当时的中国积贫积弱受辱到极点，中华民族确实已经到了最危急的时刻。在此情况下，即便是清政府，也不得不在残酷的

现实面前，修律变法以救中华泱泱大国于危亡之际。于是，在当时有志有识之士的推动下，发生了影响整个中国近现代史发展走向的洋务运动。在此运动中，"实业救国"和"教育救国"成为相辅相成、互为呼应的思想口号。中日甲午海战惨败，康有为、梁启超等有识之士高呼变法自强，掀起维新变法运动。"戊戌变法"虽然短暂且以失败告终，但它却促使清政府承认和支持"教育救国"的主张。今日北京师范大学之前身京师大学堂（Imperial University of Peking）的设立，实为"戊戌变法"重要"新政"之一。京师大学堂的指导思想、办学目标和章程，主要是在梁启超等戊戌维新运动骨干成员的直接影响和参与下起草和定案的，体现了维新派的教育思想，强调"中西并重""培育非常之才"。[1]

虽然清政府早在1898年就已接受当时维新人士的建议并制定《京师大学堂章程》，决意举办大学，但由于其自身腐败不堪、积贫积弱既久，整个国家都处在风雨飘摇、内忧外患之中，加之受八国联军侵华的直接影响，故京师大学堂于1900年被迫停办。1902年1月，张百熙受清廷之命担任管学大臣，复建京师大学堂。大学堂复办首先设置速成科，分仕学馆和师范馆，于1902年10月14日开始招生，年底即开学。同年，张百熙主持制定了中国近代史上第一个由政府正式颁布的学制系统——《钦定学堂章程》（又称"壬寅学制"）。[2] 在此基础上，经张之洞等人的不懈努力，清廷于1904年颁布了《奏定学堂章程》（又称"癸卯学制"），"使晚清最后八年传统教育的变革跨出了一大步"。[3] 它们从课程设置、学科分类、教材编纂、师范生义务等方面对高等教育作了基本规定，呈现了现代高等教育制度的雏形，为京师大学堂办学提供了重要指引。此后，民国政府以此为参考并结合西方办学经验，又于1912—1913年制定了"壬子癸丑学制"，是"中国第一个具有现代化性质的学制"[4]。

---

[1] 参见《遵筹开办京师大学堂折》，载陈学恂主编：《中国近代教育史教学参考资料（上册）》，人民教育出版社1986年版，第437-438页；王晓秋：《戊戌维新与京师大学堂》，载《北京大学学报（哲学社会科学版）》1998年第2期，第79-81页。

[2] 可惜这个近现代中国第一个学制并未得到实际执行。

[3] 参见田正平：《"癸卯学制"两甲子考论——纪念第一部全国施行的近代学制颁布120周年》，载《教育研究》2023年第4期，第66-69页。

[4] 参见周文佳：《民国初年"壬子癸丑学制"述评》，载《河北师范大学学报（教育科学版）》2011年第11期，第47页。

京师大学堂是中国近现代史上第一所由中央政府建立的综合性大学。某种程度上，她标志着中华民族开始从苦难屈辱当中觉醒并开始寻找国家民族生存之道，是中华民族觉醒奋起的时代产物。所以，由京师大学堂蜕变而出的北京师范大学之诞生对于中国来说具有划时代的深远意义。

（二）领于觉醒奋起之先

京师大学堂建校之初，正处于中国自身社会矛盾激化、中国和世界发生接触并遭受欺侮、东西方文化发生激烈碰撞之际，处在中华民族内忧外患、生死存亡的紧要关头。这样的历史大背景激发了许许多多仁人志士思考国家与民族的未来，探寻各种途径以拯救民族国家于危亡之中。正是在此背景下，同出于京师大学堂的北京高等师范学校与北京大学等共同酝酿和发起了"五四"运动。北师大早期校友、中国著名经史学家周予同曾就此说过："在五四前，北京高校里思想最活跃的，当然是北京大学。……依次下来，倘说受民主与科学的新思潮之影响，因而学校风气开通的程度，我们高师便要算一个了。"[1] 毫无疑问，当时的北京两高师（北京高等师范学校与北京女子高等师范学校）在此运动中发挥了重要作用。更具深远意义的是，"五四"运动的参与者中产生了一批早期共产党人，而北高师则成为北京乃至当时全国最早建立党组织的高等教育机构之一。

正因如此，北京师范大学在中国近现代史上具有特殊的地位。她对"五四"运动的积极参与和推动，对中国近现代思想启蒙运动的特殊贡献，已经成为北师大人的骄傲，所以北师大很早就有了纪念"五四"运动的传统。根据现有的史料，1920年到1925年，学校每年都召开"五四"纪念大会，北京高校学生多有参加。在1921年的"五四"运动两周年纪念会上，中国共产党的创始人之一李大钊出席并讲话。他在《晨报》上发表了《中国学生界的May Day》，其提出："五月四日这一天，是中国学生界的May Day。因为在那一天中国学生界用一种直接行动反抗强权世界，与劳动界的五月一日有同一的意味；所以要把他当做一个纪念日。我盼望中国学生界，把这种精神光大起来，依人类自由的精神扑灭一切强权；使正义人道，一天比一天的昌明于

---

[1] 参见周予同：《火烧赵家楼——五·四·杂·忆》，载《复旦学报（社会科学版）》1979年第3期，第24页。

全世界；不要把他看狭小了，把他仅仅看做一个狭义的爱国运动的纪念日。我更盼望从今以后，每年在这一天举行纪念的时候，都加上些新意义。"① 李大钊对于"五四"运动"加上些新意义"的号召，成为北师大师生纪念"五四"运动的思想基础和精神动力。他们怀抱赤子之情，位卑未敢忘忧国，积极勇敢地投身于救亡图存、抵御外侮的斗争中。

一百多年来，纪念"五四"运动已然成为北师大的传统和体现北师大精神的重要形式。不仅如此，恰如李大钊所期待的那样，每年的纪念活动都加上了一些新意义。1984年，"五四"运动65周年之际，北师大专门修建了"五四"纪念亭。这个纪念亭的修建，其意义不只在于它体现着北师大对"五四"运动的参与已经成为她的历史荣誉与骄傲，还在于它意味着"五四"精神已经成为北师大精神的组成部分。

二、开高等师范教育先河，树现代新式教育模范

（一）开高等师范教育先河

1912年，京师大学堂于设立之后的第10年改称为国立北京高等师范学校（以下简称"北高师"，以区别后来正式定名的北京师范大学简称"北师大"），成为脱离京师大学堂之独立国立高等院校，从此开中国现代高等师范教育之先河。北高师的成立，宣示了中国现代教育，尤其是师范教育的开端。其建立和发展的思想基础，是民主和科学、教育和实业救国等观念。然而，从京师大学堂到北京高等师范学校，再到国立北京师范大学校，最后到北京师范大学，高等师范教育才真正确立其在中国现代教育史上的独立地位，乃是一个一波三折的艰难历程。

有关争议最早是由1915年全国教育联合会第一届年会上湖南省教育会提出的一项动议引发，即"师范生无需专门养成"，故"取消高等师范学校，而设师范研究科于大学"。② 四年后，1919年教育联合会第五届年会上，浙江省

---

① 参见李大钊：《中国学生界的May Day》，载《晨报》1921年5月4日，第3版。
② 参见璩鑫圭、唐良炎：《中国近代教育史资料汇编：学制演变》，上海教育出版社1991年版，第833-854页。

教育会又进一步提出了类似的"改革师范教育议案"。于是，高师教育是否应独立的讨论趋于激烈。1922年11月1日，北京政府以"大总统令"正式颁行《学校系统改革案》，[①] 承认高等师范教育的独立地位，同意改高等师范学校为师范大学。1923年，学校正式更名为国立北京师范大学校，争议暂时告一段落。[②]

不过，1931年国立成都师范大学并入国立四川大学、北平男女师大合组，再次引发师范大学是否应独立的讨论。1932年7月，国民政府行政院会议通过北平师大停止招生一年的议案，引起北高师师生的极大不满。是年11月，北平师大38名教授联名具呈教育部，反对撤销独立师范教育和变更学制。但同年12月国民党四届三中全会上，中央组织委员会所提"改革高等教育案"仍支持了撤销独立师范教育的提议，从而将"护校运动"推向高潮。最终结果是，政府于同年12月通过了《关于教育之议决案》，在附加一定条件的前提下承认了高等师范院校独立的教育体制。[③] 至此，"改大"风波终于落下帷幕，高等师范教育独立基本成为定制。

1937年7月，卢沟桥事变发生，北平沦陷。国立北平师范大学与国立北平大学、北洋工学院等校西迁至西安，组成西安临时大学。1938年春，临时大学为避战祸又迁往陕西汉中，改名西北联合大学；1939年，西北联大教育学院独立，改组为国立西北师范学院；1940年，西北师院奉命迁往甘肃省兰州市；至1944年，西北师范学院全部迁至兰州。[④] 学校另一部分，即辅仁大学则坚持在沦陷区独立办学。抗战胜利后，学校外迁部分于1946年7月迁返北平，成立国立北平师范学院，袁敦礼担任院长。1948年，国民政府批准学校恢复"北平师范大学"原名。1949年，又正式定名为北京师范大学。1950年，应当时的林砺儒校长函请，毛泽东主席亲笔为学校题写"北京师范大学"

[①] 参见梁尔铭：《全国教育会联合会与壬戌学制》，载《河北师范大学学报（教育科学版）》2010年第9期，第42页。
[②] 参见张礼永：《师资培养：高师还是大学？——以高师教育分区制为中心的考察（1902—1952）》，载《华东师范大学学报（教育科学版）》2023年第5期，第117-119页。
[③] 参见尚季芳、杨喜红：《北师大及西北师院对我国高等师范教育制度的贡献（1902—1949）》，载《河北师范大学学报（教育科学版）》2022年第5期，第55-56页。
[④] 参见张晓华：《论抗战时期中国师范院校的大学精神——以国立西北师范学院为例》，载《当代教育与文化》2022年第6期，第102页。

校名。至此，北京师范大学独立地位及其校名一锤定音。①

(二) 树现代新式教育模范

北京师范大学除了在现代高等师范教育体系和制度方面有奠基和引领作用，还对当代中国教育发展有着多方面贡献。其中，首先是新式教育，即现代教育的开创。

新式教育是相对于中国传统教育方式与内容而言的，是一种基于中国历史文化教育，受西方现代教育理念影响，吸收西方思想、科学文化而实现高等教育的范式。概括讲，在宣扬新式教育理念与范式方面，北京师范大学的作用与贡献不可低估。

北高师践行新式教育理念有其特定的历史和思想背景。历史背景就是当时中国知识分子和社会精英所推动的"救亡图存"运动，思想背景则是"戊戌维新"和后来"五四"运动所宣扬的"教育救国"。实际上就是努力通过新的、受到西方教育思想影响的教育模式，改革两千多年的封建教育模式，使之转型为现代的救国平权教育。其中，摈弃封建教育思想观念，采取开放包容的教学理念和办学模式，成了当时爱国的有识之士极力主张和推动的改革运动。也正因为此，当时的北高师俨然成为北京乃至整个中国文化思想与学术交流的中心之一，同时也是近代中外教育、思想交流的学术重镇。1920年前后，陈独秀、李大钊、梁启超、鲁迅、蔡元培和胡适等当时中国最有影响力的名家学者和裴南美、费特、博晨光、杜威、德却尔等西方著名学者，都先后到北高师授课、演讲，促成了北高师发展史上思想空前活跃的一个时期。其中，美国著名教育学家杜威、孟禄到北高师讲学，一度引发了中西方教育思想交流的一个阶段性高潮。

在此背景下，当时的北高师出现了"进步主义教育运动"和欧洲"新教育运动"的新式教育思潮。众多北高师的师生对于研究和实践"新教育"产生了浓厚的兴趣和热情。当然，杜威和孟禄等提倡的，与中国传统教育思想和方式不同的新式教育思想之所以在中国产生热烈反响，并非完全是因为他们的教育理论和观念本身，更重要的是它恰恰与"五四"时期中国教育界和

---

① 参见孙邦华：《抗战胜利后北平师范大学复员运动述论》，载《北京社会科学》2014年第6期，第74-78页。

广大青年爱国救亡、决然奋起的大社会背景形成了共鸣。事实上，通过教育民主化和教育科学化追求社会和国家的民主化和科学进步，反映了当时大多数爱国有识之士的期待与希望。除了"救亡图存"和"五四"运动前后众多爱国有识之士的呼吁奔走之外，当时一批留洋归国学者，如陈宝泉、邓萃英、林砺儒等来到北高师任职或任教的知识分子，都非常积极和直接地推动了北高师的教育制度体系的改革转型。这些人受当时西方社会自由、平等思想观念的影响，尝试在北高师营造学术自由的思想文化环境。当时北高师的地位与影响，应该可以用梁启超所说的"国人所仰为教育界之总神经"来予以评价。某种程度上，这既可以说是"五四"运动的延伸，也可以说是与"五四"运动有异曲同工作用的时代反响，它构成了中国教育史上一个有深远影响的转型尝试。①

三、擎国语运动大旗，立文化绵延功德

北高师是新文化运动和国语运动的发源地和重镇之一。以钱玄同、黎锦熙等为主要代表的北高师师生，在白话文运动和国语运动中发挥了重要作用，做出了无论怎样赞颂都不为过的文化贡献。

钱玄同自1913年开始，即在北京高等师范学校执教，做教授长达二十余年。在白话文运动中，他积极声援胡适在《文学改良刍议》中提出的"不摹仿古人""不用典""不避俗字俗语"等主张，提倡发展白话文学。鲁迅以白话文的形式发表中国第一部现代白话小说《狂人日记》，颇受钱玄同影响。与黎锦熙同时期，钱玄同在《新青年》上发表《论注音字母》一文，并亲自为孔德小学编写了两册石印本的国语教科书。1920年，他在《平民教育》和《新青年》上发表了《汉字改良的第一步——减省笔划》《减省汉字笔划底提议》等文，提出减省汉字笔画的主张，这可以说是现代中国文字史上最早的汉字简化建议。1922年，他和黎锦熙等人在国语统一筹备会议第四次年会上正式提出"减省现行汉字的笔划"议案。在众多师生的努力下，白话文成为"五四"运动前后北高师校内刊物的主要文体。

---

① 参见杨彩丹：《北高师与杜威、孟禄的中国之行》，载《教育学报》2010年第4期，第97-101页。

与白话文运动相随相应，北高师也是国语运动的发源地和重要阵地。使用国语在当时被视为普及国民教育，增强国民文化属性，培养国民精神，建设统一文明国家的重要路径。黎锦熙于1917年向教育部提出的《国语研究调查之进行计划书》，1920年起用自编教材《国语学讲义》在北高师讲授国语文法课，并且明确提出"绝对不阑入文言文"原则。他在1924年出版的《新著国语文法》，改变了此前语法书没有白话文文法的状况。1936年、1947年他先后在商务印书馆出版的《国语词典》（后名《汉语词典》），采用了国语注音法，这部词典至今仍然是世界范围内学习中文的一本重要辞书。

总的来说，从文言文转为白话文，从白话文发展到有语法、有注音法的国语，以黎锦熙和钱玄同等为代表的北高师教授们，奠定了现代中国语文的牢固基础，对中华语言文化的绵延、传播和发展做出了不可估量的贡献。它虽然不轰轰烈烈、气贯长虹，却潜移默化、彪炳史册、绵延千秋。

四、持教育平等理念，推平民教育运动

"有教无类"是自孔子以来就有的中国传统教育观念，或者说是教育理想。但真正实现这种理想并不容易，它是一个最直接反映理想与现实间落差和矛盾的社会命题。20世纪20年代，这个理想以"平民教育"的形式获得了一次具有文化教育史意义的实践。

20世纪20年代的特殊历史背景，激发了许多具有民族文化意识与社会责任感的士子文人积极提倡和亲身实践与工农相结合，到工厂和农村去。力图通过教育提高国民尤其是广大劳动人民的文化素质，从而从根本上逐步达到改造整个社会的目的。这种思想观念和实践活动直接酝酿形成了一个影响广泛且深远的平民教育运动。① 在这场生机勃勃的平民教育运动中，北高师同样发挥了不可替代的中坚作用。②

---

① 平民教育运动，是指中国"五四"运动时期的新教育思潮和实践活动。它是民主思潮在教育上的反映，其主要特点表现为，教育面向广大普通民众和弱势群体，采用新式和先进的教育原理和方法，实现一种与工农结合的"普遍化、平民化"的扫盲式教育运动。参见祝彦：《评20世纪20年代的平民教育运动》，载《党史研究与教学》2005年第2期，第57页。

② 参见祝彦：《评20世纪20年代的平民教育运动》，载《党史研究与教学》2005年第2期，第61-63页。

1919年，北高师开办的平民学校是北京，同时也是全国创办最早、持续时间最长、招收学生最多、成效最大的平民学校。[①] 时任北高师教师的黎锦熙，不仅是推动白话文运动的先锋，还是平民教育运动的积极推动者。他的目标是"健全国民"身心，避免"将来我中华民族殁落之可怜"。

"五四"爱国运动期间，北高师同学在参与爱国运动的同时，创办贫民学校，不收学费，并发课本和石板文具。后来，由此发展出平民教育社，某种程度上体现了时人试图通过普及教育改造社会和救国图强的努力。[②] 从时间上看，平民教育社创办的平民学校其实是先于"五四"运动的，当时被誉为"为中国平民教育之首创，开现代民众学校之先河"。[③]

为了让知识分子意识到平民教育的重要性，大力推广平民教育，1921年12月平民教育社还特别邀请了梁启超为平民教育宣讲。梁启超为此做了长达四个小时"殆为中国空前之长篇"的演讲，他在演讲中提出，平民教育社的任务和使命是给平民创造机会，在实践中教育平民做现代人，做共和国公民。1921年杜威、孟禄等人的北高师之行所宣扬的平民教育的理念，则更是为平民教育提供了新的理论来源，故得到众多教育学者的追捧。正是在此背景下，平民教育首先在北方地区如火如荼地开展起来，继而又在各地具有影响的知识分子倡导下，在全国蓬勃发展，成为新式教育实践的一大景观。

从历史角度看，"平民主义"教育思潮的涌现绝非偶然，它与"五四"运动关系密切。"五四"运动中所提倡的民主、平等、自由、和平等思想观念以及新文化运动和国语运动，是平民教育运动的思想基础和时代背景。就此而言，20世纪初在中国发生的平民教育运动实际上是一场启蒙、爱国式的新教育理念实践运动。它传承自中国"有教无类"的思想理念，同时汲取了欧美平等教育思想方法，曾任北师大校长的林砺儒认为平民教育实质上是教育民主化的一种体现。

平民教育运动曾一度形成南高师和北高师两中心并立的格局。陶行知在

[①] 参见祝彦：《评20世纪20年代的平民教育运动》，载《党史研究与教学》2005年第2期，第62页。

[②] 参见祝彦：《评20世纪20年代的平民教育运动》，载《党史研究与教学》2005年第2期，第63页。

[③] 参见国立北平师范大学平民学校编：《国立北平师范大学平民学校一览》，北平增利印刷局1931年版，第1页。

南京高等师范学校践行平民教育的同时，享有"世界平民教育运动之父"盛誉的晏阳初，也致力于平民教育，此即"南陶北晏"，他们在推动中国现代平民教育运动过程中作出了能够载入史册的贡献。时过 100 多年，回首当年国人，特别是北高师先贤们的努力及其深远影响，我们能够更清楚地感悟到他们的先见之明和深刻思想。

五、争男女平权，办女子之学

北师大的另一个源流是京师女子师范学堂。

1908 年，京师女子师范学堂创立，录取学生 145 名，后来毕业的学生大部分都担任了女子学校的老师，其中有 8 人任校长。1912 年民国政府颁布了《师范教育令》，推出了"壬子癸丑学制"，明确规定创办女子高等师范学校，但这在相当一段时间里只是一种政治态度，而现实上并未完全得到执行。直到 1919 年北京女子高等师范学校成立，女子高等师范教育学校才实际运行。女高师办学宗旨不再是"培养贤妻良母""裨补家计""家庭教育"，而是和男子同样的"纯粹的师资意义"，从而实实在在地开创了中国女性教育的新时代，体现了社会思想文化观念的飞跃式进步。当然，即使如此，女性教育在相当一段时间里实际仍然没有能够完全摆脱封建教育观念的羁绊。[①] 1924 年，女高师更名为国立北京女子师范大学，并在 1931 年与北师大（时为国立北平师范大学）合并。

中国几千年基于农耕文化而形成的女性道德观念，无论是"男耕女织"也好，还是"女子无才便是德""贤妻良母""夫唱妇随"等，都把女性视为依附性社会主体，而不具有独立人格。这些传统观念反映到教育方面，自然也否定了女性与男性平等接受教育的权利。所以，从 20 世纪初建立的京师女子师范学堂，到北京女子高等师范学校，最后到国立北京女子师范大学校，绝非简单的办学形式上的变化，而是表明了中国文化观念的进步。实质上，它在相当程度上体现了当时追求男女平权的社会思潮和倾向。

也正因如此，当时的女师大吸引了诸多思想文化名流来校任教或讲演，

---

① 参见姚玉香：《关于民国时期女性教育的分析》，载《中国教育学刊》2012 年第 S1 期，第 25-26 页。

一时间校园群贤毕至、名家云集，蔚为壮观，成为当时高等教育界的一道瑰丽风景线。诸如李大钊、蔡元培、鲁迅、胡适和陈独秀等，虽思想观念不同，但都乐而往之，共襄其事。

20世纪20年代，女高师是女学重镇，许多优秀女性都先后考入这所学校学习。她们在领时代思想、观念和风气之先的环境里，得到诸多名师大家的传道授业，其中很多人后来在中国教育界和文史学界获得了相当高的历史地位和成就，如冯沅君、庐隐、苏雪林、石评梅、陆晶清等。此外，以石评梅、庐隐等为核心的女师大"女作家群"，闻名一时，享誉文坛。①

除此之外，女高师亦培养了一批女性社会活动家，她们对女性解放和社会发展起到了积极的推进作用。"五四"运动之后，女高师积极响应北京学界的爱国运动，创办传播先进思想、推动妇女解放的杂志《女界钟》，打破了学校原有的"专制、禁锢"的管理模式。②李大钊在女高师先后开设了社会发展史、社会学等课程，向学生介绍马克思主义。在他的影响下，女高师学生缪伯英加入中国共产党，成为中共历史上第一位女党员。

在1918年3月至1919年3月一年的时间里，女高师的学生们先后发起了各类学生组织，颇为有效地推动了高校取消性别分轨，实现了男女同校的进步。在此过程中，一批具有鲜明"五四"时代精神特质的知识女性脱颖而出，如中国共产党第一位女党员缪伯英，学生领袖钱用和、许广平、刘和珍。1926年3月18日，发生震惊全国的"三一八惨案"，女师大学生刘和珍、杨德群，北师大学生范士融罹难，鲁迅悲愤之下写下了《纪念刘和珍君》一文。

从1919年改称到1924年升格为大学的5年时间里，女高师共送出本专科毕业生303人。1922年全国范围内国人自办高校在校女生共计665人，而女高师一校的学生数量就达236名，约占当时女生总数的35%。③

六、荟萃时代巨擘，承担国之文脉

北师大120年的历史中，汇聚了许多近现代中国具有巅峰象征意义的文

---

① 参见李宗刚：《民国教育体制与中国现代女性作家》，载《社会科学辑刊》2016年第1期，第170—172页。
② 参见王芳：《北京女子高等师范学校研究》，中国社会科学出版社2022年版，第41页。
③ 参见姜丽静：《从边缘到中心：重新解读北京女子高等师范学校》，载《高等教育研究》2009年第11期，第83页。

化大家。可以说，在现代中国教育史上，没有哪一个大学如同曾经的北高师这样巨擘云集，星光灿烂。如今他们虽然多已逝去，但他们所宣扬的人文思想，所体现的民族精神，所树立的国士风骨，所造就的学术巅峰，所传承的中华文脉，所培育的文化精英，都深刻地影响着今日的莘莘学子和国人大众。他们所做的功业永远地留在了北师大，留在了中国现代史中。完全可以说，没有这些大师巨擘和文化星宿，就没有北师大的历史与辉煌，甚至中国近现代史也会因之失色。他们如同中华文化历史天河中的行星，虽然遥远，但仍然闪耀着光芒，映照着北师大的校园，鼓舞着北师大的师生，陪伴着北师大砥砺前行。北师大之所以成为师大，正是因为曾经有他们的存在和树立的精神。所以，在我们为北师大 120 周年校庆欢歌庆祝时，自然而然地会想到他们，情不自禁地会在他们树立的丰碑前肃然起敬，激情奔涌。

（一）梁启超

作为中国近现代史上的风云人物，作为清末"戊戌变法"运动的灵魂人物之一，作为近现代中国启蒙思想家和文史学家，梁启超对中国近现代政治思想、文学和史学等都产生了重大而深刻的影响。就此而言，他不单单属于北师大，还属于整个近现代中国。而能够彰显他历史地位的社会活动和史实，又恰恰是他对北师大的历史性贡献及其与北师大精神和行动上的关联。一定意义上可以说，没有梁启超，就没有北师大最初建校的理论和方向。他是北师大的首倡者、开创者和践行者。

1. 师范教育首倡者

梁启超与京师大学堂渊源甚深，不仅经办了京师大学堂的前身官书局与译书局，而且参与了大学堂章程制定，是京师大学堂的首倡者之一，并且一开始就主张在京师大学堂中设立师范斋。

1896 年，梁启超在《时务报》上发表《论学校四（变法通议三之四）：师范学校》，是为中国近现代教育史上设立师范教育的最早倡议。[①] 梁氏在此文中以日本为例对师范教育的重要性和必要性进行了阐述。他认为，中国历史上虽然很早就有"学则任师""人其父生而师教之"的观念，但与现代教育差别很大。他指出，兴学校是培养人才的途径，也是变法强国的必由之路。

---

① 参见刘敏：《再论梁启超与北京师范大学》，载《教育学报》2018 年第 1 期，第 105 页。

但在中国,"师范之不立,自数百年以来矣"。拥有四万万之大众的中国缺乏有资质的教师,是中国未能快速发展进步之重要原因。"天下事之可伤、可耻孰过此矣?"所以,"今之识时务者,其策中国也,必曰'兴学校'。"而"欲革旧习、兴智学,必以立师范学堂为第一义。"① 可见,梁启超此文对师范教育与社会进步之间的逻辑关系进行了清晰论述,当为中国近现代建立师范教育的历史性号角。

2. 执教北师大

从1921年1月起,梁氏即在北高师讲学。他曾受北高师史地学会邀请,发表题为《佛教东来之历史地理研究》的演讲。是年年底,梁启超又应北师平民教育社的邀请,在北师做了长达四个小时"殆为中国空前之长篇"的演讲。1923年到1924年,受北师大国文学会的邀请,梁氏在北师大连续演讲清初学术问题,其内容即为梁氏名著《清代学术概论》《中国近三百年学术史》,这些著作直到今天仍是学术史的经典。1924年2月,梁启超在北高师国文系开设国文教学法一课,为梁氏在北师大开设的第一门课程。1925年秋季学期,梁启超在北高师史地系讲授中国文化史和国文教学法两门课程。②

1924年,在国立北京师范大学校筹备过程中,梁启超应邀担任校董事长。他致书范源濂请其担任校长一职,并组建了包括熊希龄、范源濂、张伯苓、李煜瀛等8位名士在内的校董事会。③ 任职期间,梁启超躬身学校管理和教学实践,为北高师严谨治学的学风奠定基础,系统阐述了北高师的发展方向和目标,引领了北高师教育体系建设。

(二) 鲁迅

1. 结缘北高师

"五四"运动之后,在当时中国文化名人中,鲁迅是在北高师任教时间较长、较稳定的学者之一。1920年和1921年鲁迅先后受聘北大和北高师,主讲中国小说史和文艺理论。1923年7月,应当时的北京女高师校长许寿裳之请,鲁迅担任了该校国文系小说史科讲师。1926年"三一八"事件爆发,他因思

---

① 梁启超:《梁启超论教育》,商务印书馆2017年版,第33页。
② 参见刘敏:《再论梁启超与北京师范大学》,载《教育学报》2018年第1期,第110-111页。
③ 参见姜文:《范源濂与北京师范大学》,载《教育学报》2012年第3期,第121-123页。

想激进率众谴责政府,故不得不离开北京前去厦门大学教书。不过在此后的岁月里,鲁迅仍与北高师保持着工作和学术上的联系。1929年6月和1932年11月,鲁迅两次重回北高师,先后做了两个颇为轰动的讲座:《没有什么感想》和《再论"第三种人"》。其中,第一个讲演主要是谈他离开北京到厦门,又从厦门到北京,最后去了上海的人生巨变经历和在此过程中的社会观察以及一些文学批评。第二个讲演则是他当时所做"北平五讲"的第四讲,也是鲁迅演讲中规模最大、听众最多的一次。鲁迅批评"第三种人"是"旧艺术的保护者",是一些"穿皮鞋"而看不起群众和群众艺术的小资产阶级知识分子。他主张知识阶级"要同群众结合""研究为将来而斗争的艺术"。这一思想贯穿"北平五讲"的始终。鲁迅认为革命的胜利是由"大众觉醒的力量所决定的"而"绝非知识分子在决定着革命的运动",但"革命的知识分子"要"做大众的前哨"。教育和启蒙民众以唤起民族思想的觉醒来拯救国家,这既是鲁迅弃医从文的初衷也是他对当时青年使命的理解。鲁迅对于社会问题,尤其是对"大众觉醒"重要性的认识,直到今天仍有极为深刻的启发意义。从鲁迅近一百年前的讲话来看,中国最重要的问题其实仍然没有解决。①

从1920年秋季开始直到1926年8月26日离开北京南下,鲁迅在北京高等师范学校、北京女子高等师范学校连续稳定地工作了六年。在这段时间的《鲁迅日记》里,北高师被提及了304次之多。这期间,他积极参与各种文化社会活动,陆续发表了影响当时文坛与社会的文学作品。可以说这六年是他充满激情和豪情,参与文化活动最活跃,文学创作成果最丰硕的时期。也正是在这段时间,北京女师大学生许广平与鲁迅相识,后来则成为他的夫人。可以说,北师大如果没有鲁迅的加盟一定会失色许多;而鲁迅若没有北高师的经历,其人生和创作也会有这样那样的不同。

2. 女师大风潮

1925年北京女子师范大学学生为反对封建迫害而同学校当局展开斗争,演变成一个社会政治事件,即所谓"女师大风潮"。事件起因是时任北京女子

---

① 参见张朱博、余春江:《鲁迅对北师大学生的最后教诲——关于"北平五讲"的新发现》,载《北京师范大学学报(社会科学版)》2010年第2期,第140-142页。1932年鲁迅的"北平五讲"包括在北京大学的《帮忙文学与帮闲文学》,在辅仁大学所作《今春的两种感想》,在北平女子文理学院作《革命文学与遵命文学》演讲,在北师高所作《再论"第三种人"》,在中国大学的《文艺与武力》。

师范大学新任校长的杨荫榆抱残守缺、封建保守、蛮横专断,引起学生公愤,要求撤换校长。"风潮"自1925年1月起到1925年11月止,由"驱羊运动"和"反对章士钊"前后两个阶段组成。最初斗争锋芒直指校长杨荫榆,后来矛头转向时任段祺瑞政府司法总长兼教育总长的章士钊,后者保守固执,力挺杨荫榆,因而激起越来越多的师生对政府不满。①

早在"风潮"开始前的1924年4月底,15名女师教员联名宣布辞职以示对新任校长杨荫榆的不满,许多教员也相继停止教学,鲁迅则应学生请求参与调解,开始涉身事件当中。尤其是在调解未果,而且与杨荫榆治校方针明显冲突时,他也以"寄还女师范学校聘书"宣布辞职表明了立场,当然最后在校方诚挽下作罢。"风潮"开始后,鲁迅深涉其中并不完全是受学生许广平的影响,而是校长杨荫榆与教育总长章士钊联手打压污蔑学生,惹怒了鲁迅。于是代拟"呈文"状告章士钊,亲笔写"5·27"宣言揭露杨荫榆,笔战陈西滢,支持校务维持会诸事,在宗帽胡同义务授课。此次"风潮"最终以学生意愿得到满足而结束。"女师大风潮"对于中国现代女子教育意义深远,它不仅意味着"五四"运动所带来的男女平权、反封建歧视、主张女子人格独立的思想观念已经在中国女性心中生根发芽,同时还意味着反专制反压迫已经成为当时知识女性的强烈心声和广大社会阶层的共识。鲁迅在"风潮"中又一次展现了"横眉冷对千夫指,俯首甘为孺子牛"的立场与原则,是体现北师大精神的一个历史典范。②

(三) 李大钊

李大钊在北京师范大学任教始于1919年。1920年,李大钊举家迁至石驸马大街后宅35号居住。因这里与当时的北高师、女高师相去不远,故他被害前一直在两高师任教和开展社会活动。

1. 缔造两师党组织

1920年7月,李大钊受聘于女高师,讲授社会学和女权运动史两门课程。两高师自此成为他宣传马克思主义、开展建党活动的重要基地。在李大钊的

---

① 参见何玲华:《从女高师到女师大:鲁迅与现代女子教育》,载《江西社会科学》2006年第9期,第71-73页。
② 参见何玲华:《从女高师到女师大:鲁迅与现代女子教育》,载《江西社会科学》2006年第9期,第71-73页。

介绍下，两高师学生缪伯英、魏野畴、许兴凯等先后加入马克思学说研究会和党、团组织中来。受他的影响，楚图南、邵式平、黄道等一批高师学生加入中国共产党，两高师及其附中的党、团组织由此很快建立起来，成为高校建设和发展党组织、学生爱国进步活动的一个中心。在李大钊的直接影响下，1920年11月，女高师学生缪伯英加入了北京社会主义青年团，同期又加入了北京共产主义小组，成为中共党组织的第一个女共产党员。1921年秋，中共北京西城支部和中共北京东城支部成立。这是北京地区最早的两个党支部。西城支部由以北京女子高等师范学校和北京高等师范学校的党员为主组成，学界也将其称为北京师范大学支部。①

2. 支持北高师图书馆学专业建设

今日北京师范大学图书馆建设和图书馆学专业的发展，多有当年李大钊支持之功。1919年，李大钊受邀参加"北京高等师范学校图书馆二周年纪念会"。在纪念会上，他作了激情演讲，宣传和支持北高师的图书馆建设。他结合本人的图书馆管理建设经验，从建馆思路、方法和步骤谈起，尤其是将欧美国家建设图书馆的理念和方法作了介绍。②按照李大钊的理解与阐释，图书馆学是一门值得深研的大学问。他洞察了现代图书馆和新式教育、社会教育的密切关系，故认为开办图书馆专业、开设图书馆学科势在必行，时不我待。也正是在此期间，李大钊和毛泽东有了不期之遇。③

3. 为侯外庐引路

著名思想史学家侯外庐在北高师求学期间，受李大钊影响开始研究马克思主义，并在后来奉之为毕生信念，最终成就了他作为一代马克思主义理论研究大家的学术地位。侯外庐初见李大钊，即为其深邃的思想折服。他曾回忆说："他对我们几个年轻人很热情，既谈思想，又谈学术。我向他讨教对中国革命前途的认识，和对各种理论的见解，他都一一作答。……与大钊同志的接触，使我的思想发生根本性的变化，我开始以更高的自觉性和更大的热

---

① 参见王淑芳、麻星甫：《李大钊与北京两师大》，载《北京师范大学学报》1989年第6期，第39-42页。

② 参见施欣：《李大钊图书馆教育思想研寻——以"北京高等师范学校图书馆二周年纪念会演说辞"为观照》，载《新世纪图书馆》2017年第8期，第16页。

③ 参见王淑芳、麻星甫：《李大钊与北京两师大》，载《北京师范大学学报》1989年第6期，第42-43页。

情参加学生运动。从他那里感染到的对理论的浓郁兴趣，对我一生都有影响力。"①

1926 年，侯外庐和几位朋友共同创办一个名为《下层》的刊物，以呼应南方革命，声讨军阀政府。因凑不够印刷费，便向李大钊求助。侯外庐后来说："《下层》的问世，对于我个人，可以说是青年时代第一个转折的标志。自此，我与无政府主义决裂了；自此，我迈出了接受马克思主义的第一步；自此，我已经向社会宣告了自己的立场。这一重大的进步，完全是李大钊同志教育和帮助的结果。"② 此后，侯外庐以研究《资本论》为起点开始研究马克思主义世界观，他告别北师大之后即赴法国勤工俭学，用十年之功，翻译出了马克思主义的经典《资本论》。

（四）陈垣

凡论北京师范大学发展史，必然离不开陈垣。他在 1926 年—1952 年担任辅仁大学校长，又从 1952 年起转任北京师范大学校长直到 1971 年，在校长任上前后干了四十多年，对北师大的发展产生了极其重要的影响，做出了卓越的贡献。就北师大发展史来说，陈垣是一个不可或缺、独一无二的人物。

1. 矢志于学、终成大家

年轻的陈垣也曾和许多热血青年一样，颇有经世济民、为国家建功立业之雄心壮志。但是，当他目睹袁世凯称帝、南北军阀之争后，对政治逐步失望，遂将精力注在史学研究上。1917 年，他给自己制订了"中国基督教史"的写作计划，开始研究宗教史。同年 5 月《元也里可温考》写成出版，后改为《元也里可温教考》。1917 年，陈垣赴日访求史籍，访得《贞元释教目录》《破邪集》，购得缩印本《大藏经》。此次访书拓宽了他研究宗教史的视野，开始扩展到唐代景教、佛教。1919 年，陈垣撰著成《开封一赐乐业教考》，为"古教四考"之一。③

1920 年，陈垣带领樊守执等人对藏于京师图书馆的文津阁《四库全书》作全面清点，这是中国近现代史上首次全面调查研究《四库全书》。1922 年

---

① 侯外庐：《韧的追求》，人民出版社 2015 年版，第 12-13 页。
② 侯外庐：《韧的追求》，人民出版社 2015 年版，第 14 页。
③ 参见中国国家图书馆：名人专藏馆——陈垣，http://www.nlc.cn/newhxjy/sjbwg/mrzcg/cy/rwsp/xsds/，最后访问日期：2023 年 8 月 14 日。

先后撰成《火袄教入中国考》《摩尼教入中国考》。在此过程中，陈垣做了许多开拓性的工作。他融会贯通地运用清代乾嘉考据学，并对乾嘉考据的成就和方法进行了系统总结，进而发展了目录学、年代学、史讳学、校勘学，开创了史源学，代表作如《二十史朔闰表》《中西回史日历》和《史讳举例》等。在研究宗教史的同时，陈垣还注意研究元史，从事《元典章》的校补工作，并采用了两百种以上的有关资料，写成《元西域人华化考》一文。仅此可知，他被时人誉为"史学四大家"之一，其名不虚，舍之其谁也？①

1929年2月前后，陈垣担任北高师史学系专任教授兼系主任。他到任之后，首先努力解决了北师大师资缺乏问题。他广聘当时京城各大学的史学名家，使北师大史学教育和研究队伍焕然一新，一时独领史学界风骚。

在促成北师大史学学科独立的基础上，陈垣还着手对史学课程体系进行改造。改造后的课程体系，既包揽了中国上下几千年各个时期的断代史，也包括各种制度史，更为新颖前卫的是还包括西洋上古史、西洋中古史、西洋近代史、西洋文化史、最近世界外交史、亚洲各国史、万国公法等，可谓立意高远，眼界广阔。他的课程体系改造并影响了此后北师大数十年的史学教育研究，奠定了北师大史学教育和研究在整个中国史学界中的领先地位。

2. 士人傲骨、民族气节

"崇德笃行，敦尚气节，首在担当"，这是北高师人文精神的体现。北平沦陷期间，北高师主要部分西迁，只有辅仁大学留在沦陷区继续办学。时任辅仁大学校长的陈垣与日伪政府勇敢周旋，使辅仁大学成为沦陷区中唯一不悬挂日伪旗帜、不读日伪所编的奴化教育课本的大学，他还用中国儒家经典中的话语巧妙地告诫学生做一个正直、爱国的人。②他与沈兼士、张怀、董洗凡、英千里等多位辅大的教授，借研究顾炎武的学说，"激发师生爱国家、爱人民、不附逆、不投降的热情，以人心不死、国家不亡相号召，鼓舞师生奋

---

① 参见中国国家图书馆：名人专藏馆——陈垣，http://www.nlc.cn/newhxjy/sjbwg/mrzcg/cy/rwsp/xsds/，最后访问日期：2023年8月14日。

② 参见孙邦华：《陈垣与抗日战争时期的北平辅仁大学》，载《北京社会科学》2007年第4期，第28-31页。

发图强,刻苦读书,积蓄力量,以待来日报效国家。"① 以陈垣为代表的教师们,坚守民族气节,不畏强虏、凛然正气,激励和鼓舞了沦陷区师生保持气节、爱国御侮的斗争情绪。

在担任史学系主任期间,陈垣本着"授之与鱼不如授之与渔"的道理,首先着力培养学生的志向和能力,同时使之树立民族文化观念与精神。他教导学生们说:"现在研究中国学问的中心,不在中国,而在法国、日本。他们研究我们的历史,比我们自己还有成绩。年青人要有志气,把这个中心夺回来。"② 1931年2月,史学系创办了《师大史学丛刊》,为师生发表学术研究成果提供了史论平台。其目的之一,就是借此呼吁史学系师生要在学术上奋起直追,以图自强。

(五) 黎锦熙

在中国现代语文教育史上,黎锦熙的贡献与影响巨大且深远。他曾历任北京师范大学、北京女师大、北京大学、燕京大学等校的教授,也曾担任北京师大教务长、文学院院长、国文系主任,而且三次出任北京师范大学校长。他在北京师范大学任教前后长达50余年,从事国文教学和研究工作近70年。他一生潜心研究学术,著述和编著甚丰。所涉学术领域包括语音、音韵、语法、修辞、汉语史、词典编纂和文字改革、推广国语(普通话)等,造诣精深,是近现代中国享誉海内外的语言文字学泰斗。他的《新著国语文法》《比较文法》《国语运动史纲》《国语模范读本》《三十年来中等学校国文选本书目提要》《新国语教学法》以及《国语辞典》等,直到今天仍然是中国语言教育未被逾越的经典。

1. 国语运动的中坚

黎锦熙从开始就是一个潜心学问、以文化学术为己任的学者,也曾是新文化的先锋和代表人物之一。1920年黎锦熙受聘到北高师讲授"国语文法",其目的就是要针对所谓"国粹派"攻击他们有新文学没有新文法作出回答,从而推动国语运动的发展。在他看来,要推行国语运动就不得不讲"语法",

---

① 孙邦华:《陈垣与抗日战争时期的北平辅仁大学》,载《北京社会科学》2007年第4期,第30页。
② 参见陈述:《陈述教授谈陈垣先生教育青年治学的几件事》,马文蔚整理,载《文史哲》1981年第4期,第79页。

说话对不对，下笔通不通，都是跟"语法"有直接关系。因此，他指出"国语"的范围，除语音已推行注音字母外，还应着手语法和词类两方面的工作。他广泛收集"五四"运动以来大量涌现的新文学语言资料，结合口语，进行深入研究，归纳出一些公式和规则，证明白话文是有法可循的。1924年，他出版了《新著国语文法》，这是我国第一部白话文的语法专著。《新著国语文法》确立并科学地阐明了语法学上的一些基本概念，如字、词、句子成分。此后，他又有《比较文法》《汉语语法教材》等著作。1926年，美国纪念建国150周年之际，中国参与其在费城举办的世界博览会。除了送展瓷器、刺绣等传统工艺品外，还有一个特殊展品：《国语四千年来变化潮流图》，由黎锦熙绘制，赵元任、钱玄同、刘半农参与审订。它展示了中国四千年来的文脉，震惊了世界，荣获甲等大奖。[①]

1928年，黎氏被聘为北平大学第一师范学院院长。他提议编一部"大辞典"，以此推动国语运动向前发展。他认为"要对中国文字作一番根本的大改革，因而不能不给四千年来的语言文字和它所表现的一切文化学术，结算一个详密的总帐，以资保障而便因革"。[②] 在他的倡导下，"国语统一筹备会"将过去的"词典编纂处"扩大，成立了"中国大辞典编纂处"，设在中南海居仁堂西四所，以黎为总编纂负责词义之审订，以钱玄同为总编纂负责字形、字音之审订。下设搜集、调查、整理、纂著、统计五部。预计找出每个词的变化规律，从字形、字音、字义三方面推知语源，说明流变，以便为将来推行新文字扫除障碍。计划出书十巨册、三十卷，二十年完成。然而是年秋，蒋梦麟出任教育部部长，由于国语运动声势渐大，使保守派不安，故蒋上任后采取平衡办法，将"国语统一会"改名为"国语统一筹备委员会"，缩小机构职权，使国语运动遇到困难。后来形势越发不利，当时的政府向保守派妥协，通过法令，将"注音字母"改为"注音符号"。黎锦熙等人原想用注音"字母"来拼写外来语、减少汉字的愿望落空，"注音符号"成为改良后的反切。[③]

1931年，北平男女两师院合并为国立北平师范大学时，黎锦熙被聘为文学院院长。在此期间，他撰写了《国语运动史纲》，详细记录了自清末以来的

---

① 参见黎锦熙：《国语四千年来变化潮流图》，北平和平门外文化学社1929年版。《黎锦熙国语变化潮流图出版》，载《时事新报》1926年12月22日，第二张第四版。
② 参见白吉庵：《黎锦熙传略》，载《文献》1983年第3期，第146-147页。
③ 参见白吉庵：《黎锦熙传略》，载《文献》1983年第3期，第147页。

汉字改革、注音字母、国语罗马字及大众语等运动之始末，为研究文字改革的历史提供了宝贵的资料。①

黎锦熙对于语文教育的贡献主要体现为他的《新著国语教学法》和《新国文教学法》两部论著，其涵盖了语文教育的性质、语文课程纲要、语文教材、语文教学法以及语文师资的培养问题。他明确提出语文教学的最大价值在于工具性，并指出当时语文教育的根本问题在于教材不适合时代需求。因此，在黎锦熙先生的语文教学实践中，早期编写中小学教材，中期在教育部编审教材。他的语文教育理论中"语文教学四法"，即"说法""读法""作法""书法"，至今仍是非常值得探究的课题。所以，黎锦熙被誉为中国"现代新语文第一人""中国注音字母之父"，可谓当之无愧。就现代中华文脉传续而言，黎锦熙的功业与贡献恐怕难有出其右者。

2. 黎锦熙与毛泽东

在近现代中国史上，与毛泽东相识最早、相交最久的文人学者非黎锦熙莫属，毛泽东一生与之保持交往并始终持师友之礼的学者并不多，黎锦熙则是其中一位。早在1913年春至1915年秋毛泽东在湖南四师和一师读书时，黎锦熙为历史和国文教员。因此，他与早年的毛泽东自然而然地建立了亦师亦友的关系，可谓渊源很深。由于毛泽东对历史课程非常有兴趣，故经常到黎锦熙住处请教，问题涉及古今中外，天文地理，特别是关于如何治学等问题。毛泽东曾在给朋友的信中流露出他对黎锦熙的敬佩与推崇："闻黎君劭西好学，乃往询之，其言若合，而条理加密焉，人手之法，又甚备而完。吾于黎君，感之最深，盖自有生至今，能如是道者，一焉而已。"② 同样，黎锦熙也对毛泽东颇为欣赏。他在1915年7月31日的日记中写道："晚，在泽东处观其日记，甚切实，文理优于章甫（指青年毛泽东挚友陈章甫），笃行俩人略同，皆大可造，宜示之以方也。"③ 由此可见，两人虽为师生，但彼此相互欣赏认可。正因如此，两人的师生情谊一直得以保持。1949年后，毛泽东虽然已经成为国家领袖，仍然多次前往黎锦熙住处请益交流，但由于安全原因，后改为黎锦熙去毛泽东住处交谈。他们在中华人民共和国成立初期的频密交

---

① 参见白吉庵：《黎锦熙传略》，载《文献》1983年第3期，第147-148页。
② 参见王淑芳：《毛泽东和他的老师黎锦熙》，载中国地方教育史志研究会《教育史研究》编辑部编《纪念〈教育史研究〉创刊二十周年论文集——中国教育思想史与人物研究》，2009年9月。
③ 参见段正初：《黎锦熙与毛泽东的师生情谊》，载《民主与科学》2021年第3期，第61页。

往,在黎锦熙留下的日记和信件中栩栩可见。"文化大革命"期间,因毛泽东的特别关照,黎锦熙得以免受许多困苦。他们之间的师友关系前后保持了64年之久,直到毛泽东去世。于今看来,这也是政治家和学者之间难得的一段佳话。当然,也是一代文人国士的荣誉和骄傲。①

(六) 侯外庐

在中国历史学界,特别是思想史学界,侯外庐是一名卓有成就,负有清誉的学者。作为一名马克思主义历史学家,他的思想信仰及治学成就,自始至终和北师大联系在一起。他于1923年考入北京师范大学历史系,1949年任北师大历史系主任,讲授社会发展史、辩证唯物论和历史唯物论等课程。

侯外庐作为中国现代马克思主义史学家、教育家、马克思主义史学奠基人之一,开创了马克思主义的中国思想史研究体系。他著作等身,研究领域涉及经济学、哲学、社会史、思想史、史学理论及三民主义和新民主主义理论研究等诸多方面。他的《中国近代哲学史》《中国思想史纲》等多部著作和他主编的五卷本《中国思想通史》在学术界产生了极大影响,其中《近代中国思想学说史》更是被誉为"中国学者努力用马克思主义指导,来研究中国近代思想史的第一部著作"②,至今还是现代中国思想史上不可逾越的高峰。

1. 侯外庐与中国古代史学批评研究

侯外庐先生在总结自己的治史道路和方法时说过:"从历史唯物主义观点来看,思想是存在的反映。历史从哪里开始,思想进程也应从哪里开始。因此,社会历史的演进与社会思潮的发展是相一致的。"③ 在此,他指出了思想史的研究应当以社会史研究为基础,从而使这类研究有社会基础,同时也能更好地说明不同历史时期的思想特点。这是非常明确和具体地以历史唯物主义方法论为指导,明确了中国思想史研究的方法和路径。④

---

① 参见申鸣凤、刘是今:《黎锦熙对青年毛泽东的影响》,载《湖南科技大学学报(社会科学版)》2014年第6期,第15-19页。
② 参见邱志红:《探索与发展之路:中国近代思想史研究的学术回顾》,载《湖北社会科学》2021年第4期,第84页。
③ 中国社会科学院历史研究所中国思想史研究室编:《侯外庐史学论文选集(上)》,人民出版社1987年版,第12页。
④ 参见瞿林东:《关于中国古代史学批评史的几个问题》,载《北京师范大学学报(社会科学版)》2018年第5期,第20页。

2. 侯外庐与中国社会史研究

侯外庐自己曾讲过，他从事中国社会史研究是从"1931年算起"的。是年，他在哈尔滨法政大学经济学系任教，开设中国经济思想史课程。次年，他迁往北平，开始在北平大学、北平师范大学讲授马克思的政治经济学和唯物史观两门课程。①

侯外庐对辩证唯物主义与历史唯物主义分别表现出认可和商榷的态度。在辩证唯物主义方面，侯外庐的认可程度颇高。在历史唯物主义方面，侯外庐的立场集中体现在关于中国历史分期问题和"亚细亚生产方式"的讨论。他在历史分期问题上基本与郭沫若站在统一战线，反对西周封建论、魏晋封建论等。当时史学界内部的主流思想是偏向西周封建论的，主要代表人物有吴玉章、范文澜、吕振羽、翦伯赞等。1940年毛泽东署名的《中国革命与中国共产党》发表后，这种趋势进一步加强。②

对此，侯外庐以提出"亚细亚生产方式"作为回应。他在承认斯大林强调的"五阶段论"基础上，更注重每个民族有不同的发展路径。他通过分析马克思在不同文本中关于"亚细亚""古典"的排列顺序，在1941年初步提出中国古典社会的"亚细亚性"，在1943年确立"亚细亚生产方法"，在1946年进一步提出"亚细亚路径说"。侯外庐提出的"亚细亚生产方式"，是在承认奴隶制前提下将中国古代与西方古典的奴隶制相区别。从他在1942年发表的《周代社会诸制度考》和1943年出版的《中国古典社会史论》中，能清晰地看出他与西周封建论者的"隔空对话"。③

3. 侯外庐的治学思想方法

侯外庐认为，以科学客观的态度对汗牛充栋的中国思想史史料进行考据和辨伪，提供科学的资料和证据，是学术研究的前提。一方面，他继承了乾嘉学派的学术方法，尤其是王国维的文献学方法，即"实事求是，谨守考证辨伪"；另一方面，他认为马克思唯物史观具备真正的科学性，他说："马克

---

① 参见任虎：《被塑造的形象：侯外庐中国社会史研究新论》，载《福建论坛（人文社会科学版）》2022年第9期，第168页。

② 参见任虎：《被塑造的形象：侯外庐中国社会史研究新论》，载《福建论坛（人文社会科学版）》2022年第9期，第173-174页。

③ 参见任虎：《被塑造的形象：侯外庐中国社会史研究新论》，载《福建论坛（人文社会科学版）》2022年第9期，第174页。

思主义的治史要求，在乎详细地占有史料从客观的史实出发，应用历史唯物主义的基本原理和方法，认真地分析研究史料，解决疑难问题，从而得出正确的结论，还历史以本来面目。"① 在客观整理史料的基础上，侯外庐上承"五四"时代"民主""科学"的学术思潮，批判性地研究了上起商周时代下至"五四"时期的中国思想史，其目的就是以实事求是的科学态度审视中国传统思想文化，全面客观地评判其价值与地位，以此完成新文化运动未完成的历史任务。②

侯外庐史学研究的一个主要特点，就是将中国历史视为社会历史和思想历史的统一整体。他说："自三十年代开始，我对于中国历史的研究，主要做了两方面的工作，一是社会史研究，二是思想史研究。我向来认为，社会史与思想史相互一贯，不可或缺，而'研究中国思想史，当要以中国社会史为基础'。"③ 他揭示的中国古代文明和国家起源的独特"维新"路径、中国封建社会土地国有制（土地所有权为皇族地主所有）、中国近代思想界的启蒙思潮等理论创见，在中国早期文明研究和中国封建社会史、近现代思想史研究领域都产生了重要影响。

（七）启功

启功，字元白，身为皇族却生于辛亥革命爆发的次年，可谓生不逢时又有时。他是离我们最近，集北师大荣耀和精神于一身，最能让我们感受北师大精神和楷模的学者之一。走进北京师范大学，映入眼帘的便是启功先生手书的校训："学为人师，行为世范"，这会让你立即感受到一种高尚的境界、庄重的教诲、无限的期待。你会意识到，这就是北师大的精神和使命，这就是你的责任与追求。于是，不经意间你已经接受了一次思想和精神的洗礼，开始了你生命存在的一个新的阶段。

1. 生逢知遇，三进辅仁

从1933年受聘于辅仁大学附属中学开始，直到2005年去世，启功在北京师范大学执教前后长达70余年。可以说，他几乎将一生奉献给了北京师范

---

① 侯外庐：《韧的追求》，人民出版社2015年版，第274页。
② 参见袁志伟：《〈侯外庐著作与思想研究〉与侯外庐的学术思想》，载《社会科学战线》2018年第1期，第275-276页。
③ 侯外庐：《我对中国社会史的研究》，载《历史研究》1984年第3期，第3页。

大学。或许，这就是他的宿命。因为使他与北师大结缘的老师陈垣，也几乎是将一生奉献给了北师大。

1933年，启功21岁时经傅增湘先生介绍得以受业于陈垣，①自此开始学习研究学术流派与考证之学。陈垣先生看了他的一些作品后，认为"写作俱佳"，对其艺术天分和文学功底甚为赞赏，于是在启功只是中学肄业，并无文凭的情况下，推荐他到辅仁附中任教。可惜不久后到底还是因为文凭问题被当时的校长辞退。②两年之后，陈垣再次安排被解聘不久的启功到辅仁大学美术系担任助教。然而命运又和他开了玩笑，这次他碰到的院长恰恰是当年辞退他的辅仁附中校长，于是又一次出师未捷人先走。③时隔三年，1938年陈垣又一次聘启功为大一年级的国文课老师。④从此之后启功终于能够立足于大学，开始被他自己视作终身职业的教师生涯。可以说，如果没有陈垣校长的赏识信任和几近固执的提携，启功的生命轨迹可能就是另外一个情形。所以，对于陈垣的知遇，启功终其一生铭感不已。晚年时启功曾说："在今天如果说予小子对文化教育事业有一滴贡献，那就是这位老园丁辛勤浇灌时的汗珠"。⑤

为报陈垣校长知遇之恩，以聊补晚年"酒酽花浓行已老，天高地厚报无门"的遗憾，年近八十的启功于1988年开始准备个人书画作品义卖活动，以筹集资金为北师大设立"励耘奖学助学基金"。1990年12月，启功书画义展在香港隆重举行，启功两年时间准备的一百幅书法作品和十幅绘画作品，被香港热心教育的人士认购一空，共筹得人民币163万元。当学校建议以他自己的名字命名奖学金时，启功推辞说："以先师励耘书屋的'励耘'二字命名，目的在于学习陈垣先生爱国主义思想，继承和发扬陈垣先生辛勤耕耘、严谨治学的精神，奖掖和培养后学，推动教学和科学研究事业的发展。"⑥

2. 书画文史，赓续文脉

对多数人来说，启功闻名于世主要是因其独成一体的书法。但他自己却

---

① 参见鲍文清：《启功杂忆》，中国青年出版社2004年版，第20页。
② 参见启功：《启功口述历史》，赵仁珪、章景怀整理，北京师范大学出版社2004年版，第87—88页。
③ 参见启功：《启功口述历史》，赵仁珪、章景怀整理，北京师范大学出版社2004年版，第88页。
④ 参见启功：《启功口述历史》，赵仁珪、章景怀整理，北京师范大学出版社2004年版，第90页。
⑤ 启功：《夫子循循然善诱人》，载《教书育人》2009年第22期，第29页。
⑥ 余玮：《启功：学为人师 行为世范》，载《中国高等教育》2003年第20期，第35页。

说："我的主业是教师",书法只是一项"副业"。而仅此"副业",也已经在中国书法史,乃至在中国文化史上增添了新页。如果撩开启功体书法这个光耀夺目的面纱,我们会在他文化学术成就中豁然发现更多绮丽的瑰宝,只要略微了解其中一二,已足可令人叹为观止,仰之敬之。就此而言,启功虽然已经离去,却仍然活着,而且随着时间的流逝,他的文化形象会越发活跃在世人眼前。

启功在绘画、古典文学研究、文史学、语言学和音韵学等多领域的著作和成就,均有独到之处,赓续了传统文化在当代中国的生长与绵延,传统文化的文脉在他手中得到了无可争议的承继与延续。启功生于其身所系的清王朝覆灭次年,一生坎坷,生命中最好、最安定、最平和的时光,是"文化大革命"之后,特别是改革开放后的几十年。但即使如此,他始终没有放弃过内心的确信与追求。无论逆境顺境,他终其一生遨游于中国传统文化的浩瀚海洋中,风帆所向,必有所获。1935 年,年仅二十三岁的启功就在辅仁大学任美术系助教,开始书画创作,此后直至 20 世纪末,他始终坚守在传统文化的研究著述、传播教育、发展保护的岗位上。他一生从事文化教育工作,著作等身,涉猎广泛。2005 年他去世后,北京师范大学出版社出版了 20 卷本的《启功全集》,这部全集收录了启功一生大部分研究著述成果,既可从中阅史,又可从中见人,更可从中觅学,是他留给身后学人的价值无法估量的财富。

当代中国文化史上,譬如美学、艺术、文学和教育史上,分别产生过许多大家,但能像启功这样在诸多领域都有独到的成就和贡献的人可谓少之又少。19 世纪中期以来,以中国文化为代表的东方文化与西方文化越来越多、越来越深刻地发生交流与碰撞,特别是在当代,这种交流与冲突愈加深入激烈。在这种时代大交流、大冲突中,一望即知启功先生是中国文化的杰出代表,他以毕生之力,诠释了什么是中国文化,她为什么这样有魅力,她为什么能够上下绵延四千年。可以说,没有启功先生,当代中国传统文化的画卷将缺少一道浓重的底色,北师大也会少了一块瑰丽珍奇的校宝。所以,启功先生的贡献及其生命意义,已经远远超出了书法领域,他是当之无愧的中华文化文脉传人。

3. 达观通透,坚净操守

从启功的一生看,他不是圣人,也不是神人,但一定是达人、高人和贤人。他的一生虽然一方面跌宕起伏、命运多舛、屡遭劫难,但另一方面却也载誉文坛、事业辉煌、名满天下。更可贵的是，他宠辱不惊、淡泊名利、看透生死，表现出一种超凡脱俗的达观通透和坚净操守。

当他遭遇逆境时，没有随波逐流自暴自弃，而是坚守内心、洁身自好。"文化大革命"期间，虽然正常读书写作活动被迫中止，但他仍然暗自坚持治学不辍。没有纸笔练字，他就通过抄写大字报练字，用废报纸练字。"文化大革命"结束，改革开放，中国走向世界，不少人可能在求新求广、看向和走向世界时忽略了对自身传统文化的研究、发掘与发展，而启功先生则自他开始治学那天起，直到他生命最后一刻，无论外面的世界多么混乱、喧嚣和躁动，他都静静地守在传统文化宝藏旁。从未人趋亦趋，更不图取功名，而是始终保持自己的确认与坚守。

启功书房雅号为"坚净斋"，自称"坚净翁"。这个雅号实际取自他的砚文："一拳之石取其坚，一勺之水取其净。"仅由此，我们便可以清楚地看到他的心志与胸襟，看到他与社会和外部世界相处的原则。他把自己比作一块无瑕的美玉，守身如玉，不入俗流；所作所为所写所言犹如纯净之水，育人养心。也许，这就是他为什么能够做到"举世皆浊我独清，众人皆醉我独醒"的原因。当然，这很可能也是导致"悲欣交集"宿命的原因。但无论如何，启功的一生证明他做到了"坚"与"净"。也正因如此，他终其一生践行并实现了"学为人师，行为世范"的北师大精神。

启功先生的达观通透和坚净操守，可以从他诙谐的诗词中窥见一二。他的《自撰墓志铭》超然通透，足见其对人生和生命的认识与达观。他的《贺新郎·咏史》，则寓庄于谐地说透社会与历史以及他自己也未来得及参透的世事人生。此处仅引此词作为结束，以求在启功先生未竟的文题下漫漫上下思索：

贺新郎·咏史

古史从头看。

几千年，兴亡成败，眼花缭乱。

多少王侯多少贼，早已全都完蛋。

尽成了，灰尘一片。

大本糊涂流水帐，电子机，难得从头算。

竟自有，若干卷。

书中人物千千万。

细分来,寿终天命,少于一半。

试问其余哪里去?脖子被人切断。

还使劲,龂龂争辩。

檐下飞蚊生自灭,不曾知,何故团团转。

谁参透,这公案?

(文脉小组:顾晨昊、顾珂、梁家玥、刘日超、毛嘉会、汤灵枫、曲政、王文、向雯、徐柏夷、袁治杰、赵永琦集体撰写,米健执笔)

(责任编辑:袁治杰)

学术论文

恢复性司法在我国的引入、发展和前景

吴宗宪[①]

摘要： "恢复性司法"是一个在翻译国外文献时新产生的术语，"人民调解"和"刑事和解"与其有密切的关系，从不同角度体现了恢复性司法的内容。我国对恢复性司法的系统介绍和研究开始于 2002 年，经历了最初引入和初步研究阶段、深入研究和高层重视阶段、立法确认和深入发展阶段。恢复性司法已经成为我国一个热点研究主题，发表了大量研究成果。研究得较为深入的主题包括对于环境犯罪的处理、未成年人犯罪案件的处理、在刑罚执行领域的应用。同时，犯罪侦查机关、检察机关、审判机关和刑罚执行机构都进行了应用恢复性司法的实践。恢复性司法已经具有可靠的制度保障，丰富的实践经验以及广泛共识、文化基础和人民调解基础，因而具有良好的发展前景。

关键词： 恢复性司法　人民调解　刑事和解

大体而言，"恢复性司法"（Restorative Justice）是指与特定犯罪有利害关系的各方共同参与犯罪处理的司法模式。[②] 这是一个翻译国外文献、引入国外学说时新产生的术语，不过，这个术语与另外两个常用术语"人民调解"和"刑事和解"有密切的关系。根据 2010 年 8 月 28 日通过的《中华人民共和国人民调解法》第二条，人民调解是指"人民调解委员会通过说服、疏导等方法，促使当事人在平等协商基础上自愿达成调解协议，解决民间纠纷的活

[①] 本文作者系法学博士，北京师范大学法学院暨刑事法律科学研究院教授，博士生导师。
[②] 参见吴宗宪：《恢复性司法述评》，载《江苏公安高等专科学校学报》2002 年第 3 期，第 69 页。

动"。虽然人民调解的主要案件是民事案件,但是也有大量轻微刑事案件通过人民调解处理,其中的很多做法与恢复性司法倡导的内容十分接近甚至完全相同。根据《中华人民共和国刑事诉讼法》第一百八十八条、第一百八十九条、第一百九十条的规定,刑事和解是指公安机关、人民检察院、人民法院对于涉嫌侵犯公民人身权利、民主权利罪以及侵犯财产罪,能判处三年有期徒刑以下刑罚,犯罪嫌疑人、被告人真诚悔罪的案件,通过向被害人赔偿损失、赔礼道歉等方式获得被害人谅解,双方当事人自愿解决案件时,可以对犯罪嫌疑人、被告人从宽处理的一种刑事案件处理程序。这是 2012 年 3 月修改《中华人民共和国刑事诉讼法》时新创建的一种刑事司法制度。刑事和解是恢复性司法的一个有机组成部分,是恢复性司法的具体内容。[①] 可以讲,"人民调解"和"刑事和解"从不同角度体现了恢复性司法的内容。因此,本文以"恢复性司法"为主线,同时结合"人民调解"和"刑事和解"的相关内容展开论述。

一、引入与发展的主要过程

从现有文献来看,恢复性司法在我国引入与发展的主要过程,大体上可以分为三个阶段:

(一)最初引入和初步研究阶段

这是指最先引入恢复性司法的概念和基本内容并进行初步研究的阶段。这个阶段从 2002 年开始到 2008 年中期以前。我国公开发表的第一篇系统介绍恢复性司法内容的论文,[②] 是本文作者在 2002 年发表的长篇文章《恢复性

---

① 参见吴立志:《论刑事和解与恢复性司法的关系》,载《学术论坛》2012 年第 2 期,第 107 页。

② 在写作本文时,偶然看到华东政法学院在 2000 年 7 月 21 日曾经举行过一个"中英青少年保护和犯罪预防研讨会",会上有一位英国来的女士在发言中提到了恢复性司法在英国的情况,不过,在会后发表的该女士发言稿中虽然"恢复性司法"概念出现了 3 次,但是没有给出英语术语,不大容易引起注意,也无法从"中国知网"等数据库中搜索到。[英]安吉拉·斯来文:《社区青少年犯罪预防的创新举措》,载《青少年犯罪问题》2000 年第 5 期,第 17 页。同时,在北京大学法学院读博士的张庆方 2001 年答辩了题目为《恢复性司法研究》的博士学位论文,不过,外界并不了解这个信息;此文后来收入陈兴良主编的《刑事法评论》第 12 卷(中国政法大学出版社 2003 年版),题目是《恢复性司法——一种全新的刑事法治模式》。

司法述评》，① 此文包括七部分：恢复性司法的概念；恢复性司法的特征；恢复性司法的基本理念；恢复性司法的历史与现状；恢复性司法与传统司法的比较；恢复性司法的运作模式；恢复性司法的效果。此文的主要贡献有三个方面：第一，确立了"恢复性司法"的汉语译名。第二，系统论述了恢复性司法的主要内容，提供了主要研究者和重要文献的信息。第三，积极评价了恢复性司法活动取得的效果。经过本文的推介，我国读者对恢复性司法有了较为全面的了解，恢复性司法的术语逐渐在我国流行开来。

同一年，最高人民检察院李忠诚发表了《关于恢复性司法方案中的几个问题》。② 作者根据参加 2002 年 4 月 16 日至 25 日在奥地利维也纳举行的联合国预防犯罪和刑事司法委员会第十一届会议的情况，简要介绍了联合国在恢复性司法方面的工作与文献。此后，介绍和探讨恢复性司法的文章逐渐增加。

2004 年 6 月，中国政法大学恢复性司法研究中心成立，这是我国第一个专门研究与实践恢复性司法的研究机构。该中心成立以来，编辑出版了 3 卷《恢复性司法论坛》③；翻译出版了 6 部专业书籍④；举办了几次恢复性司法理论与实践学术研讨会。

2006 年 7 月，南京大学犯罪预防与控制研究所与南京市人民检察院建立了恢复性司法研究基地。这是我国南方地区高校与实务部门合作建立的第一个恢复性司法研究基地，对我国恢复性司法理论研究与实践探索起到了积极的推动作用。⑤

---

① 参见吴宗宪：《恢复性司法述评》，载《江苏公安高等专科学校学报》2002 年第 3 期，第 69-85 页。

② 参见李忠诚：《关于恢复性司法方案中的几个问题》，载《中国律师》2002 年第 9 期，第 55-56 页。

③ 其中，第 1、2 卷于 2005 年和 2006 年由群众出版社出版，第 3 卷于 2007 年由中国检察出版社出版。

④ [比] 洛德·沃尔格雷夫：《法与恢复性司法》，郝方昉、王洁译，中国人民公安大学出版社 2011 年版。[英] 格里·约翰斯通著：《恢复性司法：理念、价值与争议》，郝方昉译，中国人民公安大学出版社 2011 年版。[美] 霍华德·泽尔著：《视角之变：一种犯罪与司法的新焦点》，狄小华、张薇译，中国人民公安大学出版社 2011 年版。[英] 格里·约翰斯通、[美] 国丹尼尔·W. 范内斯主编：《恢复性司法手册》，王平等译，中国人民公安大学出版社 2012 年版。[意] 安娜·迈什蒂茨、西蒙娜·盖蒂主编：《欧洲青少年犯罪被害人-加害人调解：15 国概览及比较》，林乐鸣等译，中国人民公安大学出版社 2012 年版。[澳] 约翰·布雷思韦特著：《犯罪、羞耻与重整》，王平、林乐鸣译，中国人民公安大学出版社 2014 年版。

⑤ 参见王平：《恢复性司法在中国的发展》，载《北京联合大学学报（人文社会科学版）》2016 年第 4 期，第 73 页。

在这个时期，还举行了多次研讨会，交流相关的研究成果。2006年9月27日，中国政法大学恢复性司法研究中心与司法部犯罪与改造研究杂志社联合举办了恢复性司法学术研讨会，对在创建和谐社会前提下开展恢复性司法的性质、价值、适用范围、适用方法、发展前景以及存在的问题进行了广泛深入的交流。① 2007年4月21日，山东大学法学院举办了"恢复性司法理论国际研讨会"，就"恢复性司法的理论基础""恢复性司法的价值取向""恢复性司法的实践模式""恢复性司法的具体运作"以及"恢复性司法引入中国的可行性"五个论题进行了探讨。② 中国犯罪学研究会（Chinese Society of Criminology，现更名为中国犯罪学学会）第十四届（2005）、十五届（2006）、十六届（2007）、十七届（2008）学术研讨会，也对恢复性司法进行了研讨。

这个时期的学术研究，对基层刑事司法机构也产生了影响，一些地区发布了相关的规定。例如，江苏省苏州市虎丘区检察院和该区人民法院、公安分局、司法局于2007年5月发布了《关于开展恢复性司法工作的暂行规定》，要求这些部门要根据"程序自愿，合法合理"的原则，在各自诉讼环节上适用恢复性司法的方式，注重各机关适用方式上的衔接，在有效整合司法资源的基础上，力求将宽严相济的刑事政策真正落实到侦查、审查逮捕、审查起诉、审判等各个阶段。③

（二）深入研究和高层重视阶段

这是指对恢复性司法的研究逐步深入并且引起我国高层官方机构重视的阶段。这个阶段从2008年12月开始到2012年初。这个阶段开始的标志是2008年12月中共中央转发中央政法委员会《关于深化司法体制和工作机制改革若干问题的意见》。该意见要求各地刑事司法机关要积极探索对刑事自诉案件和其他轻微刑事犯罪案件适用刑事和解，要明确其适用范围和法律后果，

---

① 参见何显兵、郝方昉：《恢复性司法理论与实践在中国的发展》，载《犯罪与改造研究》2006年第12期，第2页。

② 参见于改之、崔龙虓：《"恢复性司法理论国际研讨会"综述》，载《华东政法大学学报》2007年第4期，第156页。

③ 参见李明耀、虎剑：《恢复性司法实现延伸和联动》，载《江苏法制报》2007年5月21日，第005版。

并确立由全国人大常委会法工委牵头负责落实，公、检、法、司、安和国务院法制办等作为协办单位予以配合与协助。①

2009年12月，中共中央办公厅、国务院办公厅转发了中央政法委等部门《关于深入推进社会矛盾化解、社会管理创新、公正廉洁执法的意见》，该文件指出，对以下三类案件要探索运用和解方式进行处理：一是因民间纠纷引起的一般治安案件；二是轻微刑事案件；三是交通事故类案件。当然这三类案件已不全是刑事案件，还包括一般的治安案件。②

2010年2月5日，最高人民检察院发布《关于深入推进社会矛盾化解、社会管理创新、公正廉洁执法的实施意见》，要求对轻微刑事案件，依照法律规定，探索建立运用和解方式解决问题的机制，明确适用刑事和解的条件、范围和程序，对犯罪嫌疑人认罪悔过、赔礼道歉、积极赔偿损失并得到被害人谅解或者双方达成和解并切实履行，对社会危害性不大的案件，可以依法不予逮捕或者不起诉。

在这个时期，研究工作加快发展。随着研究工作的深入，发表文章的数量迅速增加，其间每年发表的文章数量都在100篇以上，构成了发表文章的一个高峰时期。

（三）立法确认和深入发展阶段

这是指恢复性司法的相关内容规定到国家法律中并且由此推动相关研究和实践工作深入发展的阶段。这个阶段开始的标志是2012年3月14日通过的《全国人民代表大会关于修改〈中华人民共和国刑事诉讼法〉的决定》，这个决定在刑事诉讼法中新增加一章，作为第五编第二章，专门规定了"当事人和解的公诉案件诉讼程序"，在国家法律中正式确立了刑事和解制度。这项立法的通过，对于恢复性司法的研究和实践，产生了极大的推动作用。刑事诉讼法不仅在实际上将恢复性司法的部分内容规定为法律制度，也促进了人们

---

① 参见王平：《恢复性司法在中国的发展》，载《北京联合大学学报（人文社会科学版）》2016年第4期，第75页。
② 参见王平：《恢复性司法在中国的发展》，载《北京联合大学学报（人文社会科学版）》2016年第4期，第75页。

对恢复性司法的了解，因为无论是在教科书中论述这种制度时，[1]还是在论文中探讨和解制度时，[2]往往都要涉及它与恢复性司法的关系。

2020年3月3日，中共中央办公厅和国务院办公厅发布《关于构建现代环境治理体系的指导意见》，要求探索建立"恢复性司法实践+社会化综合治理"审判结果执行机制。

2020年5月28日通过的《中华人民共和国民法典》第二百三十三条规定，"物权受到侵害的，权利人可以通过和解、调解、仲裁、诉讼等途径解决。"

2021年6月16日，最高人民法院和最高人民检察院联合发布的《关于常见犯罪的量刑指导意见（试行）》，规定了刑事和解的相关内容。对于当事人根据《刑事诉讼法》第二百八十八条达成刑事和解协议的，综合考虑犯罪性质、赔偿数额、赔礼道歉以及真诚悔罪等情况，可以减少基准刑的50%以下；犯罪较轻的，可以减少基准刑的50%以上或者依法免除处罚（第十二条）。对于被告人认罪认罚的，综合考虑犯罪的性质、罪行的轻重、认罪认罚的阶段、程度、价值、悔罪表现等情况，可以减少基准刑的30%以下；具有自首、重大坦白、退赃退赔、赔偿谅解、刑事和解等情节的，可以减少基准刑的60%以下，犯罪较轻的，可以减少基准刑的60%以上或者依法免除处罚。认罪认罚与自首、坦白、当庭自愿认罪、退赃退赔、赔偿谅解、刑事和解、羁押期间表现好等量刑情节不作重复评价（第十四条）。

我国最高人民法院和最高人民检察院已经发布了内容涉及恢复性司法的多个规范性文件以及多批典型案例。2022年8月18日，以"恢复性司法"为关键词在"北大法宝"数据库中检索，结果发现了41件司法解释。

二、主要理论研究及其发展

恢复性司法已经成为我国一个热点研究主题，发表了大量研究成果，并

---

[1] 陈光中：《刑事诉讼法》（第五版），北京大学出版社2013年版，第444页。樊崇义：《刑事诉讼法学》（第四版），法律出版社2016年版，第440-441页。

[2] 参见杨宇冠、王宇坤：《论我国刑事和解制度的完善》，载《湖南警察学院学报》2015年第3期，第60-70页。蒋志如、杨炳南：《恢复性司法视野中的中国刑事和解之审视》，载《内蒙古师范大学学报（哲学社会科学版）》2020年第2期，第63-68页。

且根据我国情况做了一些发展。2022年8月18日在中国知网以"恢复性司法"为"主题"词，检索发现了1771篇文章，其中，期刊论文1126篇，学位论文404篇（博士论文16篇，硕士论文388篇），会议文章70篇，报纸文章67篇，图书10种。同一天在国家图书馆网站中检索"恢复性司法"，发现了18种图书。

从文献检索的情况来看，在恢复性司法研究中，探讨最多的主题有三个：

1. 环境犯罪的处理

如何应用恢复性司法理念和方法处理环境犯罪，是探讨得最多的内容。毋郁东（2016年）探讨了恢复性司法视野下的环境刑事司法问题，作者以福建省古田县法院生态庭2011—2014年间审理的125件环境犯罪案件为样本，从案件类型、被告人情况、"补种复绿"的适用效果等角度进行分析，探究恢复性司法理念在环境犯罪案件中的未来发展空间，建议进一步发展环境恢复性司法；认为恢复性司法必将在我国处理环境犯罪的过程中发挥越来越重要的作用，从而实现真正意义上的人与自然和谐共处。[1] 王树义和赵小姣（2018年）将中国裁判文书网公布的2014—2016年间裁判的184份使用"补植复绿"方法处理的刑事案件判决书作为样本，分析了涉及环境刑事案件中适用恢复性司法的情况，发现这些案件主要是比较轻微的涉林刑事案件，罪名包括失火罪、滥伐和盗伐林木罪等。作者认为，在处理此类犯罪时，应当树立"有损害必修复"的理念，坚持"重惩罚更重修复"的优化目标，并且提出进一步完善对此类犯罪适用恢复性司法的具体建议。[2] 魏红（2019年）以西南少数民族山区环境资源犯罪防控为切入点，探讨了西南山区少数民族习惯法与恢复性司法理念的关系，认为它们具有共同的价值基础，可以在环境资源犯罪防控中发挥积极作用。[3] 曾睿（2019年）以福建省为例，探讨了生态恢复性司法的实践创新与制度完善问题。作者认为，福建省作为"生态文明先行省"已在生态恢复性司法探索方面取得较大成就，在实践中创新了生态

---

[1] 参见毋郁东：《恢复性司法视野下的环境刑事司法问题研究——以古田县法院"补种复绿"生态补偿机制为例》，载《福建警察学院学报》2016年第4期，第24-33页。

[2] 参见王树义、赵小姣：《环境刑事案件中适用恢复性司法的探索与反思——基于184份刑事判决文书样本的分析》，载《安徽大学学报（哲学社会科学版）》2018年第3期，第102-110页。

[3] 参见魏红：《恢复性司法中民族习惯法时代价值践行——以西南少数民族山区环境资源犯罪防控为切入点》，载《贵州民族研究》2019年第1期，第19-23页。

恢复性司法的审判方式、责任形式、专家参与及衔接互动机制，可为我国生态恢复性司法中存在的法律依据不明、专业化水平不高、适用范围较窄、标准体系缺乏等问题提供解决思路，认为应该从完善立法、充实专业知识和人才、拓展适用范围、建立责任保障机制等方面完善我国环境恢复性司法制度。① 蔡晔（2021年）以中国裁判文书网中发布的2017—2020年间相关的336篇法律文书为样本，探讨了在刑事附带环境民事公益诉讼中恢复性司法理念运用的情况。其中涉及的犯罪主要是破坏林木资源类罪（91件）、非法占用农用地罪（78件）、破坏野生动物资源类罪（75件）、非法捕捞水产品罪（49件）、污染环境罪（23件）、非法采矿罪（20件）。在分析现状的基础上，作者提出了在这类诉讼中更好适用恢复性司法理念的建议。② 李灿（2021年）以"威科先行·法律信息库"检索到的在2014—2020年5月间审理的230起污染环境犯罪为样本，探讨了在审理此类案件中引入恢复性司法模式的实践状况和存在问题，提出了完善的构想。③ 李景豹（2022年）完成了题目为《论恢复性司法在环境资源案件中的应用》的博士学位论文，对这方面的问题进行了深入系统的研究。④

2. 未成年人犯罪案件的处理

不少研究者探讨了恢复性司法在处理未成年人犯罪案件中的应用以及建立未成年人恢复性司法的问题。姚建龙（2007年）认为，以修复因为犯罪所侵害的社会关系为主要特征的恢复性少年司法，既是对传统福利型少年司法和报应型少年司法的折中，也是对两者的超越。作者认为，恢复性少年司法在我国有着广阔的发展前景，主张今后应当着眼于我国少年司法不同于西方国家的特点和社会环境，予以完善和推广。⑤ 莫洪宪和郭玉川（2009年）认为恢复性司法模式特别适合于未成年人犯罪的处理，也和我国

---

① 参见曾睿：《生态恢复性司法的实践创新与制度完善——以福建省为例》，载《理论月刊》2019年第2期，第100-106页。
② 参见蔡晔：《恢复性司法理念在刑事附带环境民事公益诉讼中的运用》，载《环境资源法论丛》2021年第13卷，第255-265页。
③ 参见李灿：《污染环境犯罪惩治的恢复性司法模式》，载《刑事法评论》2021年第1卷，第603-636页。
④ 参见李景豹：《论恢复性司法在环境资源案件中的应用》，吉林大学2022年博士学位论文。
⑤ 参见姚建龙：《恢复性少年司法在中国的实践与前景》，载《社会科学》2007年第8期，第114-120页。

的传统法律文化相契合,因此,应在我国建立起未成年人恢复性司法制度。在建立这项制度时,应借鉴西方国家一些成熟的经验,同时结合我国的历史传统和现实国情。① 吴啟铮(2015 年)认为,恢复性少年司法是继两种传统少年司法模式(福利型少年司法和报应型少年司法)之后的第三种少年司法模式,已经在我国的一些地方使用;作者分析了这种趋势发生的原因,提出了完善这种模式的建议。② 马丽亚(2016 年)分析了国际社会中未成年人恢复性司法的状况,探讨了在我国建立和完善未成年人恢复性司法的内容。③ 孙华红等人(2016 年)以检察机关的实践为样本,从未成年人恢复性司法的定位、适用条件、原则、程序及相关机制的完善等方面,探讨了建立未成年人恢复性司法的内容。④

还有一些作者探讨了恢复性司法在处理校园欺凌犯罪中的应用。校园欺凌是一类较为突出的犯罪,其中的很多犯罪人是未成年人。吴圆琴(2016 年)认为,校园欺凌问题的传统解决模式主要是集惩罚、教育和培训于一体的措施,但是收效甚微。恢复性司法理念融入了一系列的恢复性措施,允许学校成员积极参与欺凌者和受欺凌者的和解会议并发表意见,重视补偿损失、修复社会关系,具有解决校园欺凌的天然优势,也符合学校的设立初衷,能很好地修复受损的同学关系,在解决校园欺凌中具有明显优势,可以发挥很大作用。⑤ 狄小华和王心宁(2019 年)认为,恢复性司法从各方需求出发,兼顾了对欺凌者的教育矫正与对被欺凌者的伤害弥补,能够实现对未成年人保护的多方共赢,可以很好地解决校园欺凌问题。⑥ 帅红兰和刘建宏(2020 年)认为,当前减少校园欺凌的有效途径应当是采用"恢复性司法"的模式。这个模式的最终目标是修复损害,在国外的学校中得到成功施行,其不仅有

---

① 参见莫洪宪、郭玉川:《论我国未成年人恢复性司法的构建》,载《青少年犯罪问题》2009 年第 2 期,第 33-37 页。

② 参见吴啟铮:《少年司法模式的第三条道路——恢复性少年司法在中国的兴起》,载《刑事法评论》2015 年第 1 期,第 536-558 页。

③ 参见马丽亚:《未成年人恢复性司法的应然与实然》,载《刑法论丛》2016 年第 3 期,第 529-551 页。

④ 参见孙华红、元冰凌、赵刘佳:《论未成年人恢复性司法的构建——以检察机关的实践为样本》,载《预防青少年犯罪研究》2016 年第 5 期,第 74-81 页。

⑤ 参见吴圆琴:《惩罚之外:恢复性司法理念在校园欺凌中的适用》,载《安徽警官职业学院学报》2016 年第 4 期,第 42-46 页。

⑥ 参见狄小华、王心宁:《愈合、康复与成长:恢复性司法应对校园欺凌》,载《青少年犯罪问题》2019 年第 6 期,第 38-44 页。

助于偏差青少年认识到自身的错误并积极改过，进而回归校园、家庭和社会，同时也可以帮助受欺凌者获得精神抚慰和物质补偿，最终实现整个校园氛围与社会关系的和谐。①

3. 刑罚执行领域的应用

不少研究者探讨了恢复性司法在刑罚执行领域的应用，特别是在监狱刑罚执行中的应用。邵伟（2007年）探讨了恢复性司法视角下的监狱行刑社会化问题，主张让犯罪人通过积极的负责任的行为重新取得被害人及其家庭和社区成员的谅解，从而使其重新融入社区。② 崔会如和赵国玲（2008年）探讨了将恢复性司法引入监狱行刑的可行性，并提出了一些具体设想。③ 朱沅沅（2008年）探讨了在犯罪侦查阶段和犯罪起诉阶段引入恢复性司法存在的问题，赞同在刑罚执行阶段引入恢复性司法，但是，也分析了全面引入方面存在的困难。④ 刘立霞和张晶（2009年）认为，国内监狱行刑的人性化和社会化趋势、被害人权益的保护以及犯罪人改造和预防的需要证明，在监狱行刑中运用恢复性司法有其存在的理论依据和现实意义。作者主张，恢复性司法可以适用于监狱中的所有案件，可以在监狱机关主持下适用犯罪人—被害人调解模式。同时，为了保证监狱中恢复性司法的顺利实施，还应建立犯罪人人身危险性评估机制、被害人和犯罪人信息互动平台、恢复性司法基金等保障措施。⑤ 戴艳玲等人（2014年）认为，在监狱中使用恢复性司法，可以主要通过监狱服刑人员的悔罪、与家庭的联络和维系，向被害人道歉、赔偿等各种有益的方式进行，要重视培养并提高服刑人员通过沟通和协商解决问题的意识和能力，有针对性地强化他们了解社会并适应社会生活的能力。⑥

还有一些研究者探讨了恢复性司法在社区矫正中的应用。牟双武（2020

---

① 参见帅红兰、刘建宏：《恢复性司法对我国校园欺凌的应对》，载《天津法学》2020年第1期，第53-61页。
② 参见邵伟：《恢复性司法视角下的监狱行刑社会化初探》，载《枣庄学院学报》2007年第4期，第28-31页。
③ 参见崔会如、赵国玲：《恢复性司法引入监狱行刑的可行性及设想》，载《法治论丛（上海政法学院学报）》2008年第4期，第13-18页。
④ 参见朱沅沅：《恢复性司法在我国宜适用行刑阶段》，载《法治论丛（上海政法学院学报）》2008年第4期，第6-13页。
⑤ 参见刘立霞、张晶：《论恢复性司法在监狱行刑中的运用》，载《中国矿业大学学报（社会科学版）》2009年第1期，第28-34页。
⑥ 参见戴艳玲、陈志海、司绍寒：《监狱恢复性司法实践路径研究》，载《中国司法》2014年第11期，第63-66页。

年）探讨了恢复性司法视角下被害人参与社区矫正的问题，建议赋予被害人参与社区矫正的主体地位，明确被害人在社区矫正中的权利，同时，要在诉讼阶段、刑罚变更阶段和社区矫正实施阶段，设置被害人参与的恢复性程序，为被害人参与社区矫正创造机会。[1] 王瑞山（2020年）认为，恢复性司法与社区矫正在理念和价值追求上有着天然的契合，为社区刑罚执行提供了一种策略选择，而社区矫正法的实施为我国在社区矫正中践行恢复性司法理念提供了新契机。作者建议，首先，通过培训促进社区矫正工作人员理念从惩罚向惩罚与恢复并重转变，通过宣传促进民众对恢复性司法的认识和支持；其次，为社区矫正设定恢复性选项，加强对被害人利益的关注，促进社会服务的恢复能力；最后，尊重当事人意愿，确保和解的真实性，以过程性评估为主，科学评估社区矫正引入恢复性司法理念的效果。[2] 汤君（2019年）还探讨了运用恢复性司法理念完善未成年犯罪人社区矫正的相关问题。[3]

此外，还围绕众多主题进行了一定研究。这些主题包括恢复性司法与刑事政策的调整[4]；刑事和解程序[5]、恢复性司法与刑事和解的关系[6]；恢复性司法与被害人权利保护[7]和被害人宽恕[8]；恢复性司法在乡村中的应用[9]；恢

---

[1] 参见牟双武：《恢复性司法视角下被害人参与社区矫正的思考》，载《运城学院学报》2020年第4期，第53-58页。

[2] 参见王瑞山：《论社区矫正的恢复性选择与路径创新——以〈社区矫正法〉的实施为契机》，载《犯罪研究》2020年第2期，第34-42页。

[3] 参见汤君：《恢复性司法理念下未成年犯罪人社区矫正制度完善进路》，载《青少年犯罪问题》2019年第1期，第23-29页。

[4] 参见徐岱、王军明：《恢复性司法的刑事政策价值及中国引入的模式》，载《河南师范大学学报（哲学社会科学版）》2008年第1期，第137-141页。

[5] 参见狄小华、查迅宇：《刑事和解程序研究——以恢复性司法为研究视角》，载《南京大学法律评论》2007年春秋季号，第107-124页。

[6] 参见陈晓辉：《刑事和解与恢复性司法的比较与定位》，载《湖北社会科学》2009年第8期，第134-137页。吴立志：《论刑事和解与恢复性司法的关系》，载《学术论坛》2012年第2期，第107-110页。

[7] 参见李卫红：《恢复性司法模式中的被害人权利保护》，载《西部法学评论》2009年第1期，第102-107页。姚华：《论恢复性司法中的利益博弈——以被害人权利保护为视角》，载《河南社会科学》2012年第1期，第49-52页。

[8] 参见杜文俊、任志中：《被害人的宽恕与死刑适用——以恢复性司法模式为借鉴》，载《社会科学》2005年第12期，第72-76页。

[9] 参见刘群芳、赵琪：《中国乡村恢复性司法的探索》，载《西南民族大学学报（人文社科版）》2008年第9期，第207-210页。张恒艳：《论恢复性司法在我国乡村地区的适用》，载《周口师范学院学报》2015年第3期，第70-73页。

复性司法与警察权的行使①；恢复性司法与对未成年人的附条件不起诉模式②；恢复性司法与刑事简易程序调解模式的构建③等。

三、重要司法应用及其发展

恢复性司法在负责刑事司法不同环节工作的各类刑事司法机构都已经得到广泛应用，在应用过程中根据我国的情况做了相关发展。

（一）侦查机关的应用

我国的犯罪侦查机关主要是公安机关，恢复性司法在侦查实践中已经有了一些应用。2003 年，北京市委政法委出台文件《关于北京市政法机关办理轻伤害案件工作研讨会纪要》，这是我国较早出台的关于适用恢复性司法处理轻微刑事案件的官方文件，在全国有一定的示范效果。该纪要提出，对于因民间纠纷引起的轻伤害刑事案件，如果犯罪人一方能够认罪悔罪，并积极赔偿被害人的损失；被害人一方要求不追究犯罪嫌疑人刑事责任的，公安机关可以对其作出撤案处理决定。2004 年，浙江省公、检、法三机关联合发布的《关于当前办理轻伤犯罪案件适用法律若干问题的意见》提出，对符合条件的轻伤害案件，如果当事人双方和解，被害人一方要求或者同意不追究犯罪嫌疑人刑事责任的，公安机关可以按撤案方式处理。④

其他地方的公安机关也进行了相关实践。2004 年，上海市杨浦区的司法局、公安分局、人民检察院和人民法院联合发布了《关于对民间纠纷引发伤害案件联合进行调处的实施意见（试行）》《关于在办理轻微刑事案件中委托人民调解的若干规定（试行）》等文件，将恢复性司法应用于处理轻微刑

---

① 参见李卫红、时光：《警察权与恢复性司法》，载《山东警察学院学报》2012 年第 2 期，第 78-84 页。谢全发：《恢复性司法中的警察权》，载《中国人民公安大学学报（社会科学版）》2017 年第 5 期，第 124-129 页。张彦：《警察酌情决定权和中国的恢复性司法——基层警察的故事》，万立译，载《河南警察学院学报》2021 年第 4 期，第 50-60 页。
② 参见柴佳荣等：《论人民检察院在恢复性司法中的作用——以双流附条件不起诉模式为视角》，载《预防青少年犯罪研究》2016 年第 6 期，第 28-52 页。
③ 参见张云鹏：《刑事简易程序调解模式的构建——以恢复性司法理念为支撑》，载《甘肃政法学院学报》2007 年第 1 期，第 94-97 页。
④ 参见王平：《恢复性司法在中国的发展》，载《北京联合大学学报（人文社会科学版）》2016 年第 4 期，第 74 页。

事案件,通过人民调解解决此类案件,收到了很好的效果。在一起轻微伤害案件中,一位16岁的少年一时冲动,纠集他人将一位刚满20岁的青年殴打致轻伤,触犯刑律。派出所立案之后,将案件转给街道人民调解委员会进行调解。人民调解员对双方当事人进行调解;通过调解,双方在赔偿上达成一致,被害人同意不追究加害人的刑事责任。履行调解协议后,公安机关作了撤案处理。① 2011年5月,江苏省苏州市开展在侦查阶段对轻微刑事案件进行和解工作的试点,对一些初犯、偶犯的轻微刑事案件当事人,通过刑事和解,既使加害方接受法律惩戒,也使受害方得到及时赔偿。②

(二) 检察机关的应用

检察机关在办理案件过程中,进行了大量的应用恢复性司法的实践。2002年,北京市朝阳区人民检察院制定了《轻伤害案件处理和程序实施规则》,率先将刑事和解运用于司法实践。③

2004年4月江苏省无锡市惠山区检察院开始实行恢复性司法程序,2005年6月21日制定了《无锡市惠山区人民检察院恢复性司法操作规则》,规定对于犯罪较轻、社会危害不大的未成年犯罪嫌疑人、在校生犯罪嫌疑人与伤害案犯罪嫌疑人,使用处刑轻缓化的恢复性司法程序。④

2005年上海市杨浦区检察机关进行了应用恢复性司法处理轻微刑事案件的实践。加害人徐某与朋友在某娱乐城内消费娱乐时,与被害人周某等发生纠纷,将被害人的手臂等处砍成轻伤。徐某被逮捕后,对自己的行为追悔莫及。案件移送审查起诉后,承办检察官认为,被害人有明显过错在先,加害人主观恶意较小且事后认罪、悔罪态度比较诚恳,对其处理应当有别于其他伤害案件。为此,承办检察官告知双方当事人对此案有申请调解的权利,双方当事人也都表示愿意接受调解。经调解达成赔偿协议并履行协议后,对徐某作出不起诉处理。⑤

---

① 参见石先广:《司法新动向:恢复性司法在上海悄然兴起》,载《中国司法》2004年第1期,第35-36页。
② 参见马丽亚:《未成年人恢复性司法的应然与实然》,载《刑法论丛》2016年第3期,第542页。
③ 参见杨浩:《刑事和解制度的现实与重构》,载《法学论坛》2014年第5期,第121页。
④ 参见马丽亚:《未成年人恢复性司法的应然与实然》,载《刑法论丛》2016年第3期,第539页。
⑤ 参见石先广:《司法新动向:恢复性司法在上海悄然兴起》,载《中国司法》2004年第1期,第36页。

2006年，多地检察机关进行了制度建设和相关实践。湖南省人民检察院发布了《关于检察机关适用刑事和解办理刑事案件的规定（试行）》，在全国范围内首次提出"适用和解办理刑事案件"，并将刑事和解制度的适用范围扩展到未成年人案件。① 江苏省镇江市京口区检察院检察委员会通过了《京口区人民检察院恢复性司法操作规则》和相配套的《关于开展社区观护帮教工作办法》《关于在办理轻微刑事案件中委托人民调解的若干规定》等文件，将对轻微刑事案件的恢复性司法实践制度化。② 上海市闵行区检察院运用恢复性司法的理念和技术，成功地处理一起在校未成年学生犯罪案件。检察院安排犯罪人和被害人坐在一起充分交流，讲述犯罪发生的经过与产生的原因。经过检察官的循循善诱，双方最终达成刑事和解，检察院作出了不起诉处理决定。后来经过在社区3个月的教育考察，犯罪人表现良好，被害人再次当面表示谅解。在这起案件中，检察院运用恢复性司法的理念和措施，对案件作出对当事人双方都有利的处理决定。③

基层检察机关的实践，引起高层重视。2011年1月，最高人民检察院专门发布了《关于办理当事人达成和解的轻微刑事案件的若干意见》，对人民检察院针对轻微刑事案件适用刑事和解必须遵循的原则、适用的条件以及和解协议达成的步骤、和解协议的法律效果等事项作出规定，为地方检察机关如何运用刑事和解处理轻微刑事案件提供了依据和标准。

2016年9月29日，最高人民检察院发布《关于全面履行检察职能为推进健康中国建设提供有力司法保障的意见》，在第6条中规定，"依法惩治破坏环境资源和危害生态安全的犯罪，守护好绿水青山。……办案中应当贯彻恢复性司法理念，根据案件情况可以要求行为人修复环境、赔偿损失，降低环境污染的损害程度。行为人主动采取补救措施，消除污染，积极赔偿，防止损失扩大的，依法从宽处理。"同时，最高人民检察院推广福建、贵州、江西、重庆等地做法，探索"专业化法律监督+恢复性司法实践+社会化综合治

---

① 参见杨浩：《刑事和解制度的现实与重构》，载《法学论坛》2014年第5期，第121页。
② 参见戴有举：《镇江京口：恢复性司法工作制度化》，载《江苏法制报》2006年8月28日，第004版。
③ 参见龚瑜：《上海检察院首推恢复性司法，处理青少年刑事案件》，载《中国青年报》2006年10月21日。

理"生态检察模式,推动环境治理、生态修复。①

2021年4月16日,最高人民检察院在发布的《"十四五"时期检察工作发展规划》中提出,要促进绿色发展,深化"专业化监督+恢复性司法+社会化治理"生态检察工作机制,全面推开"河(湖、林)长+检察长"协作机制,务实深化长江经济带、黄河流域和沿海地区检察协作,推动长江十年禁渔依法落实。②

2021年12月3日,最高人民检察院发布《人民检察院办理认罪认罚案件开展量刑建议工作的指导意见》,其第十九条规定:"人民检察院可以根据案件实际情况,充分考虑提起公诉后可能出现的退赃退赔、刑事和解、修复损害等量刑情节变化,提出满足相应条件情况下的量刑建议。"

从目前的情况来看,检察机关已经普遍使用恢复性司法的理念和方式处理大量轻微刑事案件。

(三) 审判机关的应用

审判机关已经在大量刑事案件中,特别是在轻微犯罪案件和损害生态环境的案件中,运用恢复性司法的理念和方法处理案件。2005年,北京市朝阳区法院进行了相关实践,刑事自诉案件的当事人和刑事附带民事案件的当事人可以选择以和解方式解决刑事案件。③ 2007年3月1日,最高人民法院发布《关于进一步发挥诉讼调解在构建社会主义和谐社会中积极作用的若干意见》,其第6条指出,人民法院要通过刑事自诉案件及其他轻微刑事案件的和解实践,不断创新诉讼和解的方式方法,不断完善刑事案件和解工作机制。2010年6月10日,最高人民法院印发《关于进一步贯彻"调解优先、调判结合"工作原则的若干意见》,其中的第5条要求,积极探索刑事案件调解、和解工作。要在依法惩罚犯罪的同时,按照宽严相济刑事政策的要求,通过积极有效的调解工作,化解当事人恩怨和对抗情绪,促进社会和谐。2012年修改

---

① 《中国法治建设年度报告(2016)发布》,http://www.rmlt.com.cn/2017/0615/478716.shtml,最后访问日期:2022年8月18日。
② 《最高检发布"十四五"时期检察工作发展规划》,https://www.spp.gov.cn/spp/xwfbh/wsfbt/202104/t20210416_515886.shtml#1,最后访问日期:2022年8月18日。
③ 参见王平:《恢复性司法在中国的发展》,载《北京联合大学学报(人文社会科学版)》2016年第4期,第75页。

《刑事诉讼法》时规定了刑事和解程序之后，进一步促进审判机关通过和解处理刑事案件的实践。

2014年5月，福建省高级人民法院在全国率先出台《关于规范"补种复绿"建立完善生态修复司法机制的指导意见（试行）》，对部分破坏林木、林地等生态环境刑事案件，通过责令被告人补种林木、恢复植被等方式修复受损生态环境。①

2015年，最高人民法院在《关于审理环境民事公益诉讼案件适用法律若干问题的解释》中，明确规定了"生态环境修复"的相关内容。在2020年修正这个解释时，继续规定了这样的内容。

2016年2月3日，最高人民法院在发布的《关于为京津冀协同发展提供司法服务和保障的意见》第9条中明确规定，"……坚持预防性和恢复性司法理念，依法引入第三方治理环境污染的损害赔偿责任承担方式，确保环境恢复效果，推动京津冀生态文明建设、低碳循环经济和资源节约高效利用，促进人与自然和谐共生。"

2017年4月10日，最高人民法院在发布的《关于审理环境公益诉讼案件的工作规范（试行）》中规定："坚持修复为主的原则。落实以生态环境修复为中心的损害救济制度，合理运用原地修复、替代性修复以及限期履行、第三方治理等生态修复责任承担方式。"

2020年7月10日，最高人民法院在发布的《关于为长江三角洲区域一体化发展提供司法服务和保障的意见》中要求，"……坚持预防性和恢复性司法理念，加大环境公益诉讼和生态环境损害赔偿案件审理力度，推动建设绿色美丽长三角，促进人与自然和谐共生。"

根据最高人民法院2021年6月4日发布的信息，2020年全国法院坚持生态环境的全方位司法保护，强化事前预防性司法和事后恢复性司法的应用，判处各类环境资源刑事、民事、行政诉讼案件及公益诉讼案件、生态环境损害赔偿诉讼案件25.3万件。②

2021年10月8日，最高人民法院发布《关于新时代加强和创新环境资源

---

① 参见毋郁东：《恢复性司法视野下的环境刑事司法问题研究——以古田县法院"补种复绿"生态补偿机制为例》，载《福建警察学院学报》2016年第4期，第25页。

② 参见乔文心：《全面加强生态环境保护工作 为共建美丽家园贡献司法智慧》，载《人民法院报》2021年6月5日，第1版。

审判工作，为建设人与自然和谐共生的现代化提供司法服务和保障的意见》，提出"……要以体制机制建设为重点，构建环境资源案件刑事、民事、行政以及立案、执行协同审判大格局，完善预防性、恢复性司法措施，健全公益诉讼制度，丰富多元化纠纷解决方式。"

2022年7月8日，最高人民法院发布《关于充分发挥环境资源审判职能作用依法惩处盗采矿产资源犯罪的意见》，要求"坚持刑法和刑事诉讼法的基本原则，落实宽严相济刑事政策，依法追究盗采行为人的刑事责任。落实民法典绿色原则及损害担责、全面赔偿原则，注重探索、运用预防性恢复性司法规则，依法认定盗采行为人的民事责任。"

可以说，在人民法院系统，已经形成了较为完备的应用恢复性司法理念和方法处理案件的制度。

（四）执行机构的应用

在刑罚执行机构的工作中，也有一些应用恢复性司法理念和方法开展相关工作的实践。2005年，广东佛山监狱在全国率先开展服刑人员自觉履行财产刑和民事赔偿裁判的恢复性司法活动，鼓励服刑人员动员亲属或利用自己服刑劳动所获得的相应报酬，履行民事赔偿义务，补偿被害人及其家属或主动缴纳罚金。同时，建立"442"劳动报酬合理使用机制，使服刑人员自觉赎罪，即40%可以用于日常开支，40%留作回归储备金，20%资助家人、补偿被害人或进行民事赔偿。[①]

2005年，辽宁省凌源监狱管理分局在服刑人员中开展忏悔教育活动。监狱引导服刑人员根据犯罪行为和现阶段服刑实际情况，反省自己的行为给被害人、社会及自己家人所造成的伤害；引导他们撰写忏悔材料，表达内心真心悔悟和积极改造的愿望。此举引起了社会各界积极的反响，社会各界的回信，有支持，有理解，有鼓励，有希望，在服刑人员的心灵深处产生了强烈震撼和鼓舞。[②]

2013年，福建泉州监狱推行"恢复性司法活动"，让服刑人员给其曾经

[①] 参见戴艳玲、陈志海、司绍寒：《监狱恢复性司法实践路径研究》，载《中国司法》2014年第11期，第64页。

[②] 参见王平：《恢复性司法在中国的发展》，载《北京联合大学学报（人文社会科学版）》2016年第4期，第76页。

伤害过的被害人写信致歉，在确保不会给被害人造成二次伤害的前提下，有的服刑人员通过电话和信件等形式与被害人沟通，直接表达悔意和悔改的决心，征得了被害人的谅解及社会的包容和支持。上述实践探索取得了积极的社会反响，不少被害人在回信或者通话中对服刑人员表示了谅解和鼓励。[①]

恢复性司法在社区矫正中有更为广泛的应用。例如，在审判机关审理大量的损害环境犯罪时，对于判处犯罪人缓刑、判令其恢复被损害的生态环境案件，判决生效之后，就纳入社区矫正系统，犯罪人开始在社区矫正机构的监督之下，履行恢复生态环境的活动，这样的活动往往持续一定时间，在此期间，社区矫正机构要开展监督管理活动，促使犯罪人切实执行判决的内容。上述全国法院在2020年判处的25.3万件损害环境资源案件中，[②] 大量的案件最终都进入社区矫正系统。

四、恢复性司法的发展前景

在我国，恢复性司法已经具有可靠的制度保障，丰富的实践经验以及广泛共识、文化基础和人民调解基础，因而具有良好的发展前景。

（一）已有制度保障和实践经验

已经建立的相关法律制度，为恢复性司法的贯彻提供了坚实的制度保障。2021年修改《刑事诉讼法》时，将恢复性司法的重要方面——刑事和解上升为国家法律，使恢复性司法的适用具有了明确的法律依据和可靠的制度保障。《刑事诉讼法》修改之后，最高人民法院和最高人民检察院围绕《刑事诉讼法》的规定，发布了多个相关的司法解释，进一步丰富和完善了刑事和解的法律制度，为恢复性司法的适用提供了坚实而详尽的制度依据。

同时，已经积累的丰富实践经验，十分有利于恢复性司法理念和方法的继续应用。在2012年修改《刑事诉讼法》之前，有不少地方进行了刑事和解以及恢复性司法的大量尝试；2012年修改的《刑事诉讼法》中规定了刑事和

---

① 参见戴艳玲、陈志海、司绍寒：《监狱恢复性司法实践路径研究》，载《中国司法》2014年第11期，第64页。
② 参见乔文心：《全面加强生态环境保护工作 为共建美丽家园贡献司法智慧》，载《人民法院报》2021年6月5日，第1版。

解程序以及发布了相关的司法解释之后，各地刑事司法机关在贯彻落实《刑事诉讼法》的规定和司法解释的内容方面，做了大量的工作，积累了更加丰富的实践经验。

（二）符合绿色发展的广泛共识

绿色发展是以效率、和谐、持续为目标的经济增长和社会发展方式，它已经成为我国的广泛共识，恢复性司法不仅符合这个共识，也是落实这个共识的重要措施。早在2005年8月，时任浙江省委书记的习近平在浙江省湖州市安吉县余村考察时，首次提出"绿水青山就是金山银山"的重要论断。[①] 2012年担任党和国家领导人之后，习近平继续倡导这个观念，使绿色发展的理念不仅成为我国社会的广泛共识，极其深入人心，也成为最重要的国家战略之一，在制度层面得到大力发展，在实践层面得到有力落实。2016年8月，中共中央办公厅、国务院办公厅印发了全国首个国家级生态文明试验区实施方案——《国家生态文明试验区（福建）实施方案》，其中提出：完善"专业化法律监督+恢复性司法实践+社会化综合治理"生态检察模式，严格依法有序推进环境资源公益诉讼；推进环境资源专门化审判，建立大气、水、土壤、森林、海洋、矿产等领域的各类环境资源刑事、民商事、行政诉讼及相关非诉讼执行案件的公正高效审理机制，努力让人民群众在每一起司法案件中感受到公平正义。坚持发展与保护并重、打击犯罪和修复生态并举，全面推进生态恢复性司法的应用，推广延伸生态恢复性司法机制的适用领域。之后，又在2017年9月印发了《国家生态文明试验区（江西）实施方案》和《国家生态文明试验区（贵州）实施方案》，2019年5月印发了《国家生态文明试验区（海南）实施方案》，其中都有相同的内容和要求。2021年9月22日，中共中央和国务院发布了《关于完整准确全面贯彻新发展理念做好碳达峰碳中和工作的意见》，其中提出生态保护修复的具体要求，细化了绿色发展的观念和制度。2021年10月24日，国务院印发了《2030年前碳达峰行动方案》，提出要确保如期实现2030年前碳达峰目标；到2030年时，全国森林覆盖率要达到25%左右，森林蓄积量达到190亿立方米。要实现这个目标，必须科学运用恢复性司法理念和方法处理损害环境资源的犯罪案件，最大限度

[①] 参见仲音：《绿水青山就是金山银山》，载《人民日报》2022年8月18日，第004版。

地要求犯罪人恢复被破坏的生态环境。2020年3月3日，中共中央办公厅、国务院办公厅印发的《关于构建现代环境治理体系的指导意见》中，明确要求探索建立"恢复性司法实践+社会化综合治理"审判结果执行机制。在这些共识、政策和制度的推动下，恢复性司法在未来会得到持续实践与发展。

（三）与我国传统文化十分契合

恢复性司法的理念与我国传统文化的一些重要内容十分契合，具有深厚的文化基础。在我国传统文化中，下列思想与恢复性司法的关系十分密切：

（1）"无讼"思想。"无讼"是我国古代伟大的思想家孔子在《论语·颜渊》中提出的，原文是："听讼，吾犹人也。必也使无讼乎！"意思是"审理诉讼，我同别人差不多。一定要使诉讼的事件完全消灭才好。"① 以后，这个思想逐渐演变为人们发生纠纷时不愿意打官司，而是更愿意通过调解方法解决。因此，"无讼"思想是调解的重要思想基础。

（2）"和为贵"思想。这个思想是孔子在《论语·学而》中提出的，原文为"礼之用，和为贵"，意思是"礼的作用，以遇事都做得恰当为可贵。"② 以后，这个思想逐渐演变为人们重视和平、和谐，避免尖锐对立和对抗，这与恢复性司法的理念高度吻合。

（3）"仁爱"思想。这是我国古代的儒家学说中最重要的思想之一，也是孔子提出的。他的弟子樊迟问，什么是"仁"，孔子回答说，"仁"就是"爱人"（《论语·颜渊》）。③ 以后，这个思想逐渐演变为关心、理解、尊重和宽恕他人。这种思想是顺利开展调解与恢复性司法的重要伦理基础。

（4）"忠恕"思想。这是儒家的一种道德规范，是在《论语·里仁》中提出的，原文是"夫子之道，忠恕而已矣"，意思是"他老人家的学说，只是忠和恕罢了。"④ 按照孔子自己的解释，"忠"就是"己欲立而立人，己欲达而达人"⑤（《论语·雍也》）；"恕"就是"己所不欲，勿施于人"⑥（《论

---

① 杨伯峻：《论语译注》，中华书局2006年版，第144页。
② 杨伯峻：《论语译注》，中华书局2006年版，第8页。
③ 杨伯峻：《论语译注》，中华书局2006年版，第147页。
④ 杨伯峻：《论语译注》，中华书局2006年版，第42页。
⑤ 杨伯峻：《论语译注》，中华书局2006年版，第72页。
⑥ 杨伯峻：《论语译注》，中华书局2006年版，第139页。

语·颜渊》)。这种设身处地地为对方考虑的观念,是顺利开展调解和实践恢复性司法的重要心理基础。

同时,一些少数民族的传统文化,也与恢复性司法十分契合,有利于恢复性司法的落实。例如,在我国西南地区的少数民族中流行的一些朴素的生态伦理观,与恢复性司法理念具有共同的价值基础。[1] 又如,在我国广西壮族的习惯法中,就包含了恢复性司法的要素。[2] 再如,在我国藏族地区的习惯法中,蕴含恢复性司法的基本精神,为恢复性司法的应用提供了广泛的社会现实基础和心理基础。[3]

这些丰厚的传统文化,使恢复性司法的观念和实践具有良好的文化基础,会得到人们的普遍支持。

(四)有良好的人民调解基础

我国具有良好的人民调解基础,可以为恢复性司法的实践提供极大的便利。关于调解的思想渊源,可以追溯到我国古代思想家的很多论述,包括上述孔子等人的论述。千百年来,在这些思想的影响下,已经形成了普遍重视调解的牢固习惯。同时,中华人民共和国建立之前,我党在革命根据地也很重视调解,不仅通过调解处理大量的各类案件,还在大量实践的基础上形成了较为完备的调解制度,这方面的典型例子是陕甘宁边区政府于1943年6月11日发布的《陕甘宁边区民刑事案件调解条例》,它确立了一些重要的内容:所有民事纠纷和条例中列举的22项犯罪之外的刑事纠纷,都需要进行调解;调解的程序;调解自愿的原则;调解书的具体要求;调解组织形式(可分为民间调解、群众团体调解、政府调解、法院调解);调解的环节(在案件的侦查、审判、上诉和执行程序的所有环节中都可以开展调解工作)。[4] 1949年之后,我党继续重视人民调解工作,政务院1954年3月22日就发布了《人民调解委员会暂行组织通则》,规范调解工作。之后,发布了很多相关的司法解

---

[1] 参见魏红:《恢复性司法中民族习惯法时代价值践行——以西南少数民族山区环境资源犯罪防控为切入点》,载《贵州民族研究》2019年第1期,第19-23页。
[2] 参见田海:《广西壮族习惯法中的恢复性司法要素探析》,载《广西民族研究》2016年第2期,第84-92页。
[3] 参见马德:《恢复性司法在我国藏族地区刑事冲突解决中的特殊意义》,载《青海民族研究》2011年第3期,第157-162页。
[4] 参见姜迪:《陕甘宁边区调解制度研究》,吉林大学2021年博士学位论文,第26-27页。

释、部门规章和其他文件。2010年8月28日通过了《中华人民共和国人民调解法》。根据2020年的统计,全国有人民调解委员会70.8万个,调解人员320.89万人,调解民间纠纷819.57万件。① 人民调解工作的雄厚基础,可以有效促进恢复性司法理念和方法的实际应用。

On the Introduction, Development and Prospect of Restorative Justice in China

Wu Zongxian

Abstract: Restorative justice is a term newly created when translating foreign literature, and "people's mediation" and "criminal reconciliation" are closely related to it, reflecting the content of it from different perspectives. The systematic introduction and research on restorative justice in China started in 2002, which has gone through the stages of initial introduction and preliminary research, in-depth research and high-level attention, and legislative confirmation and in-depth development. Restorative justice has become a hot research topic in China, and a large number of research results have been published. The more in-depth research topics include the handling of environmental crimes, the handling of juvenile delinquency cases, and applications in the field of corrections. At the same time, criminal investigation agencies, procuratorial agencies, judicial agencies and penalty enforcement agencies have widely applied restorative justice. Restorative justice already has a reliable system guarantee, rich practical experience, broad consensus, cultural foundation and people's mediation foundation, so it has a good development prospect.

Keywords: Restorative Justice People's Mediation Criminal Reconciliation

(责任编辑:廖明)

---

① 国家统计局:《2021年度数据》,https://data.stats.gov.cn/easyquery.htm?cn=C01&zb=A0S06&sj=2021,最后访问日期:2022年8月18日。

话语与实践：近代法律史中的"习惯"问题

陈　颐[①]

摘要："习惯"虽为我国固有之词汇，但将"习惯"作为法律渊源，始自清末修律变法时期。晚至1907年，将习惯与习惯调查树立为体察中国礼教民情进而作为新法尤其是民法修订成了一个立法理念。在此思想背景下，我国近代三次民律/民法的编订，均曾开展了一系列的习惯调查，《大清民律草案》《中华民国民法》的第一条均将习惯明确列为民法的补充法源，北洋政府的大理院也不断重申习惯的法源地位。但从历史实践来看，习惯调查所得之成果基本上未能影响三次法典编纂，《大清民律草案》《民国民律草案》《中华民国民法》明确提到"习惯"的条款绝大部分并非我国实有的习惯；北洋时期大理院解释例、判决例涉及规范内容的习惯规则的总量相比非常之少，而其中承认与否定特定习惯效力的解释例、判决例的数量却旗鼓相当。《中华民国民法》颁布后，"习惯"已经不再是司法关注的焦点。导致话语与实践割裂的原因，一则在于我国缺少西方法律理论与实践中成文的、与法律并行的习惯规范，二则在于剧烈变动的近代中国社会，难以产生和维系习惯。如欲调和、更新中国优良传统，相比追求习惯法的幻象，借司法善用"公序良俗""诚实信用"，也许更有意义。

关键词：习惯　习惯调查　法典编纂　法律适用　近代法律史

"习惯"一词，因其渊源久远[②]及其在日常生活中的高频使用，往往使得

[①] 本文作者系法学博士，同济大学法学院教授。
[②] 《辞源》"习贯"条引《司马法·天子之义》"习贯成，则民体俗矣"。见《辞源》，商务印书馆2015年版，第3310页。

学者们容易忽视这一词的特殊性。然而，从近代法律史百二十年的历程①来看，"习惯"一词或隐或显地贯穿始终，少有其他新词能够如"习惯"那样不断地成为法律变革与法律研究的中心词汇。每当重要立法时刻，尤其是具有象征意义的民法典制定时刻，"习惯"一词便拥有了超乎寻常的意义。②

一、"习惯"的近代词源

"习惯"与法律勾连，进而将"习惯"作为法律渊源的观念，始自清末修律。

从词源上看，《辞源》虽收录了"习贯"及"惯习"二词，但将"习贯"解释为"即习惯，长时间养成不易改变的生活方式或行为"，将"惯习"解释为"熟练"与"习惯"，均不涉及法律、规则的意蕴。③ 近代早期的辞书中，"习惯"一词并不具有与法律相关的含义。如晚清邝其照编的《字典集成》中，将英文的 custom 译为"风俗、规矩、常规"。④ 许少峰先生编的《近代汉语大词典》将"习惯"解释为"一种地方习俗、风尚""适应新的情况""因常见常作而成一种自然行为或现象"，将"惯习"解释为"熟习、娴熟"。⑤ 均不涉及法律尤其是法源、法律渊源的意味。而 1903 年出版的《新尔雅》则未收录"习惯"或"惯习"的条目。⑥

1909 年出版日本学者清水澄编的《汉译法律经济辞典》虽未收录"惯习""习惯"等条目，但列了"商惯习法"专条，其解释为"关于商业上一般之习惯为国家所默认者也。得次于商法之规定，而适用之商惯习法，与仅为惯习者异。盖因国家之默认而有效力，以惯习而为法是也"。⑦ 应为所见明确赋予习惯/惯习以法源意义的词条。德国传教士卫礼贤（Richard Wilhelm）

---

① 此处以慈禧太后颁布《变法修律诏书》起算。
② 与此同时，与其他近代法政词汇有别，也与一般观念中的用词有别，近代法制变革以来，法律界对于"习惯"一词的评价几乎是全然正面的，少有负面或否定的评价。
③ 何九盈、王宁、董琨：《辞源》，商务印书馆 2015 年版，第 3310、1545 页。
④ （清）邝其照：《字典集成（珍藏本）》，[日] 内田庆市、沈国威编，商务印书馆 2016 年版，第 42、158 页。
⑤ 许少峰：《近代汉语大词典》，中华书局 2008 年版，第 1982、686 页。
⑥ 沈国威：《〈新尔雅〉：附解题·索引》，上海辞书出版社 2011 年版。
⑦ [日] 清水澄：《汉译法律经济辞典》，张春涛、郭开文译，王沛点校，上海人民出版社 2014 年版，第 252 页。

1911年编纂出版的《德英华文科学字典》收录了德文 Gewohnheit，对应英文为 habit、custom，中译为"惯能、风俗、习惯、习气"，同时收录了德文 Gewohnheitsrecht，对应英文为 consuetudinary law，中译为"民例、习惯之法律"。① 1913年版的《商务书馆英华新字典》，将 Fuero 解释为"a custom having the force of law"，给出的中译为"惯例，定例，有法令势力之习惯"。② 均已明确将"习惯"作为法律术语、法源对待。

由此大致可知，"习惯"虽为我国固有之词汇，但该词获得法律上的意义则始自清末修律变法时期，并且有着明显的日语背景。③ 而与之相应，"习惯法"一词则为近代新语。④ 黄河清先生编著的《近现代辞源》收入了"习惯法"条目，将之解释为"独立于国家制定法之外，依据某种社会权威确立的、具有强制性和习惯性的行为规范的总和"。其示例分别援引了1907年邱鸿文《民法物权引范》第三章"惯习，谓历久相沿之俗习也。若法律上认为可从者，则称为习惯法"以及1911年梁启超《论政府违法借债之罪》"不成文之习惯法皆法也"。⑤

不过，在法理上，"习惯""习惯法"二词的区分历来含糊。李祖荫所编《法律辞典》中称，"习惯未成法律以前，不过为单纯之习惯，既成法律以后，则为习惯法，故习惯为法律之渊源，习惯法非法律之渊源，乃法律之本体"。⑥ 汪瀚章《法律大辞典》的解释是，"习惯"是"关于同一种类之事物，普通的、永续的通行之社会规范""无社会规范之性质，不能成为习惯"。认为在古代立法机关未备、成文法不完密的时代，若无适用之法律，裁判官必以习惯为准；即今日之立法者，亦多采材于习惯。习惯既成为法律之后，则为习

---

① Richard Wilhelm (Hrsg.), Deutsch-Englisch-Chinesisches Fachwörterbuch (《德英华文科学字典》), Deutsch-Chinesischen Hochschule, 1911, S. 190.
② 商务印书馆编译所：《商务书馆英华新字典》，商务印书馆1913年版，第966页。
③ 1890年日本学者浦部章三翻译的《法律字汇》（原书为 John Bouvier's Law Dictionary 第15版），分别将 custom 译为"习惯"、general custom 译为"一般习惯"、particular custom 译为"特别习惯"、custom of merchants 译为"商业习惯"。[日]浦部章三译：《法律字汇》，江草斧太郎1890年版，第61页。
④ 上引诸辞书均未收录"习惯法"条目。
⑤ 黄河清：《近现代辞源》，上海辞书出版社2010年版，第795页。该书未收入"习惯""惯习"的词条。《近现代汉语新词词源词典》将"习惯法"解释为"经国家承认，具有法律效力的社会习惯"，《近现代汉语新词词源词典》编辑委员会：《近现代汉语新词词源词典》，汉语大词典出版社2001年版，第286页。
⑥ 李祖荫：《法律辞典》，朝阳大学1927年版，第372页；另见李祖荫编，解锟点校，上海人民出版社2013年版，第178页。

惯法。故习惯可为法律之渊源。而所谓"习惯法"则指"习惯而有法律的效力"。① 大体上，在 20 世纪二三十年代，可以认为，"习惯"一词具有了二重意义。其一，在立法阶段，习惯是成文法律的主要来源；其二，在法律制定完成以后，习惯仍可成为司法适用法律的补充法源。至于习惯与习惯法的区分，其意义反而不大。在习惯被成文法律固定下来或是被司法确认为有约束力的规范（以判例的方式呈现）之后——成为习惯法，但此时使用"习惯法"一词已无意义。在前一种情形，所谓习惯法不过是成文制定法的部分，在后一种情形，则为判例法的部分。

二、"习惯"、习惯调查与民法典编纂

光绪二十七年（1901 年）五、六月刘坤一、张之洞提交的《江楚会奏变法三折》第三折"采用西法十一条"中首提"定矿律、路律、商律、交涉刑律"。② 光绪二十八年（1902 年）二月，清廷颁发诏书，变法修律，明定宗旨"总期切实平允，中外通行，用示通变宜民之至意"。③ 光绪三十三年（1907 年）九月初五日上谕给出了具体如何实现"中外通行"的途径，即"参考各国成法，体察中国礼教民情"。④ 至于修律如何体察礼教民情，初未涉及习惯以及习惯调查。⑤

---

① 汪翰章：《法律大辞典》，大东书局 1934 年版，第 1212-1213 页；另见王瀚章主编：《法律大辞典》，陈颐点校，上海人民出版社 2014 年版，第 701 页。该书列举了多数主张习惯法与习惯的区别有三：(1) 习惯为事实，而习惯法则为法律。(2) 习惯为社会所通行，而习惯法则为国家所承认。(3) 习惯于审判时须当事人援引，法官纵对之有误断，亦不能为第三审上诉之理由。习惯法审判官对之有适用之责，违反时可为第三审上诉之理由。汪氏之说系来自日本学者渡部万藏。[日] 渡部万藏：《法律大辞典》，郁文舍 1907 年版，"惯习、惯习法""习惯、习惯法""不文法、不文律"各条，第 291、491-492、1076 页；[日] 渡部万藏：《法律辞书》，法律辞书刊行会 1929 年第 7 版，"不文法"条。
② 刘坤一、张之洞：《江楚会奏变法三折》，台湾文海出版社有限公司 1977 年版，第 155-161 页。
③ 《清德宗实录》卷四九五，中华书局 1987 年版，第 536-537 页。
④ 光绪三十三年九月初五日上谕："着沈家本、俞廉三、英瑞充修订法律大臣，参考各国成法，体察中国礼教民情，会同参酌，妥慎修订。"载《清德宗实录》卷五七九，中华书局 1987 年版，第 661 页。
⑤ 清廷最早的习惯调查，大致在 1906 年《破产律》制定颁布前后。光绪三十二年四月《商部修律大臣会奏议订商律续拟破产律折》中，"兹经臣等督饬司员，调查东西各国破产律及各埠商会条陈商人习惯，参酌考订，成《商律》之'破产'一门"。徐世虹：《沈家本全集》第二卷，中国政法大学出版社 2010 年版，第 441 页。但这一调查系由商部主导，与修律大臣及修订法律馆本身关系不大。《商部致顾问官张謇及上海商会等论破产律书》，载《商务官报》1906 年第 12 册。另见王雪梅：《近代中国的商事制定法与习惯法》，四川人民出版社 2015 年版，第 269 页。

将习惯与习惯调查树立为体察中国礼教民情进而作为新法尤其是民法修订的基础的观念，要晚至光绪三十三年（1907年）五月，方由大理院正卿张仁黼在《修订法律请派大臣会订折》中提出。张仁黼称，"一国之法律，必合乎一国之民情风俗。……特闻立法者，必以保全国粹为重，而后参以各国之法，补其不足。"因此主张"凡民法商法修订之始，皆当广为调查各省民情风俗所习为故常，而于法律不相违悖，且为法律所许者，即前条所谓不成文法，用为根据，加以制裁，而后能便民。此则编制法典之要义也"。① 张仁黼在此非常清晰地将民情风俗定位为"不成文法"。②

同年九月，奕劻等奏请设立各省调查局，主张"现在办法，必各省分任调查之责，庶几民宜土俗，洞悉靡遗。将来考核各种法案，臣馆得有所据依，始免两相牴迕。"十一月，沈家本上《修订法律大臣奏开馆日期并拟办事章程折》。修订法律馆上奏的《修订法律馆办事章程》，旋即得到清政府的批准。据《修订法律馆办事章程》规定，修订法律馆分设两科，第一科掌关于民律、商律之调查起草，第二科掌关于民事诉讼律、刑事诉讼律之调查起草（第二条）。馆中修订各律，凡各省习惯有应实地调查者，得随时派员前往详查（第十二条）。

然而清廷对于民事习惯调查与民律编订的关系，仍不十分清楚。于"礼教民情"，所重的仍为礼教。光绪三十三年（1907年）十一月，修订法律馆向礼学馆及各地方政府收集地方通志、官私刊印各书，以调查礼制资料。光绪三十四年（1908年）五月，辽沈道监察御史史履晋上奏称，"礼学馆宜专派大臣管理，与法律馆会同商订，以维礼教而正人心"。清政府会议政务处议复该御史奏折称，"近日修律大臣多采外国法律，于中国礼教诚不免有相妨碍之处"，建议"应请敕下学部，择其有关礼教伦纪之条，随时咨会法部暨修律大臣虚衷商榷，务期宜于今而不戾于古，庶几责任不纷，而可以收补偏救弊之益"。清政府采纳了该建议，由学部、法部、修律大臣会商议订"有关礼教

---

① 《大理院正卿张仁黼奏修订法律请派大臣会订折》（光绪三十三年五月初一日），载故宫博物院明清档案部编：《清末筹备立宪档案史料》下册，中华书局1979年版，第835—836页。
② 同年9月，清廷颁发谕旨派沈家本、俞廉三、英瑞充修订法律大臣，编纂民法、商法、民事诉讼法、刑事诉讼法诸法典及附属法，所用措辞仍为"体察中国礼教民情"。载《清德宗实录》卷五七九，中华书局1987年版，第661页。

的法律条文"。①

修订法律馆的习惯调查工作，迟至光绪三十四年（1908年）才由修订法律馆派调查员到直隶、江苏、安徽、浙江、湖北、广东等地调查，②且主要为编纂商律草案而进行。③而为编纂民律草案所作的习惯调查，则集中于宣统二年（1910年）正月至宣统三年（1911年）春。④修订法律馆制定《民事习惯调查章程》10条和《调查民事习惯问题》217问，以规范调查工作。⑤

应该说，清末民商事习惯调查还是取得了一定的成绩的。就民事习惯，除安徽外，各省均有报告，共计828册；商事习惯调查报告，计有直隶、江苏、浙江、福建、湖南、四川、广东、广西、贵州、奉天、吉林11省共53册，此外另有法律馆调查江苏省民事习惯文件8种，直隶、广西、吉林所报

---

① 《会议政务处奏议复御史史履晋奏〈礼学馆宜专派大臣管理与法律馆会同商订折〉》，载《政治官报》，光绪三十四年（1908）八月初一日，第300号。

② 江兆涛区分了清末民事习惯调查的两个系统，各省调查局以及修订法律馆派出的调查员。江兆涛：《始并行而终合流：清末的两次民事习惯调查》，载里赞主编：《近代法评论》（2009年卷），法律出版社2010年版，第64-78页。另见韩梅：《南京图书馆所藏清末民初习惯调查报告概论》，《图书馆杂志》2019年第7期。

③ 王雪梅：《近代中国的商事制定法与习惯法》，四川人民出版社2015年版，第275-276页。

④ 参见俞江：《〈大清民律（草案）〉考析》，载《南京大学法律评论》1998年春季号；张生：《清末民事习惯调查与〈大清民律草案〉的编纂》，载《法学研究》2007年第1期。

⑤ 清末习惯调查，为过去20余年近代法律史的重点领域，主要论著有：眭鸿明：《清末民初民商事习惯调查之研究》，法律出版社2005年版；苗鸣宇：《民事习惯与民法典的互动：近代民事习惯调查研究》，中国人民公安大学出版社2008年版；胡旭晟：《20世纪前期中国之民商事习惯调查及其意义》，载《湘潭大学学报（哲学社会科学版）》1999年第2期；俞江：《清末民事习惯调查说略》，载梁慧星主编：《民商法论丛》总第30卷，法律出版社2004年版；张勤、毛蕾：《清末各省调查局和修订法律馆的习惯调查》，载《厦门大学学报（哲学社会科学版）》2005年第6期；郑定、春杨：《民事习惯及其法律意义——以中国近代民商事习惯调查为中心》，载《南京大学法律评论》2005年春季号；春杨：《民事习惯及其法律意义——以清末民初民事习惯调查为中心》，载曾宪义主编：《法律文化研究》（第2辑），中国人民大学出版社2006年版；张生：《清末民事习惯调查与〈大清民律草案〉的编纂》，载《法学研究》2007年第1期；黄源盛：《大理院裁判中的民事习惯》，载氏著：《民初大理院与裁判》，元照出版有限公司2011年版；江兆涛：《清末诉讼事习惯调查与清末诉讼法典的编纂》，载曾宪义主编：《法律文化研究》第5辑，中国人民大学出版社2010年版；江兆涛：《始并行而终合流：清末的两次民事习惯调查》，载里赞主编：《近代法评论》（2009年卷），法律出版社2010年版；江兆涛：《清末民事习惯调查摭遗》，载程雁雷主编：《安徽大学法律评论》2013年第1辑，安徽人民出版社2013年版；邱志红：《清末法制习惯调查再探讨》，载《广东社会科学》2015年第5期；马建红：《清末民初民事习惯调查的勃兴与民间规范的式微》，载《政法论丛》2015年第2期；范一丁：《清末民初商事习惯调查中涉及的契约习惯法规则——以〈上海商事惯例〉为》，载上海中山学社编：《近代中国》第31辑，上海社会科学院出版社2019年版；韩梅：《南京图书馆所藏清末民初习惯调查报告概论》，载《图书馆杂志》2019年第7期等。另，邱志红编、点校的《清末社会调查资料丛编（初编）习惯卷》已由广西师范大学出版社出版。

诉讼习惯4册。①

由此之故，宣统三年（1911年）九月，修订法律大臣俞廉三等奏进民律草案，汇报《大清民律草案》编订经过称，"遴派馆员分赴各省采访民俗习惯，前后奏明在案。臣等督饬馆员依调查之资料，参照各国之成例，并斟酌各省报告之表册，详慎从事。"② 潘维和教授亦称："（《大清民律草案》）立法者能注意本国传统，且实地调查，广蒐远绍，博访周咨，厥为最进步的思想"。③

然而，很难说清末围绕编订民律、商律展开的习惯调查对于民律、商律的编订是否具有实质性的意义，抑或只是满足了朝野对于修律应符合本国礼教民俗的期待。

从时间上说，《大清民律草案》编订，始于光绪三十三年（1907年），至宣统二年（1910年）十二月，即修订法律馆已奏呈的民律草案"条文稿"。如张生教授所说，虽然修订法律大臣声称按照朝廷的上谕兼采"各国大同之法理"与"我国大端之习惯"，但是，在民事习惯调查尚未完成、修律极为仓促的情况下，修律大臣所谓"斟酌采用民事习惯"，近乎虚言。④ 杨幼炯先生亦直言，《大清民律草案》前三编"于我国旧有习惯未加参酌"。⑤

而就立法者所阐述的"四项编辑要旨"而言，纵然是亲属、继承两编，"或取诸现行法制，或本诸经义，或参诸道德，务期整饬风纪"，也仅仅采纳了固有的制定法、儒家经义、道德，弃民事习惯于不顾。⑥

即便时间允许，清末的习惯调查有无可能真正在体系上实现西洋法律与中国礼俗的融合呢？恐怕可能性并不大。一则因为调查的组织本身是建立在近代西方民法的基本框架下的，所调查的问题乃依据近代西方民法体例来

---

① 《各省区民商事习惯调查报告文件清册》，载《司法公报》第232期（第37次临时增刊），（北京）司法公报发行所，1927年3月。
② 《修订法律大臣俞廉三等奏编辑民律前三编草案告成缮册呈览折》（宣统三年九月初五日），载故宫博物院明清档案部：《清末筹备立宪档案史料》下册，中华书局1979年版，第911-913页。
③ 潘维和：《中国历次民律草案校释》，汉林出版社1982年版，第21页。
④ 参见张生：《清末民事习惯调查与〈大清民律草案〉的编纂》，载《法学研究》2007年第1期，第125-134页。
⑤ 杨幼炯：《近代中国立法史》，商务印书馆1936年版，第74页。
⑥ 参见张生：《清末民事习惯调查与〈大清民律草案〉的编纂》，载《法学研究》2007年第1期，第125-134页。

设计；① 二则调查语言完全依赖于近代西方法律术语，修订法律馆《通行调查民事习惯章程》第七条明确要求，"法律名词不能迁就若徇，各处之俗语必不能谋其统一，调查员应为之剀切声明，免以俗语答复，致滋淆乱"。②

江南商务总局称，"馆章指询各节类多根底东西法典，义蕴宏深，非通知时事、洞明新学之士不易解释"，所属商会"其能力亦不过如是，欲求其淹贯领悟，条对详明，窃恐难副所望"，由局分派委员前往各属实地调查，"此项人员不可多得"，因此专请宪台咨请"请法律馆用粗浅文义编发""所有前项问题"。③ 由此调查难以作为法典编纂之据，也就可以理解了。清末习惯调查不可谓不轰轰烈烈，但落实到《大清民律草案》上，最终只得一个"草案继承外国法，对于本国固有法源，不甚措意"，"不能认为适宜之法案也"的评价。④

清末修律未竟之业，民国继之。民国七年（1918年）一月，北洋政府司法部"感于民商法典编订之必要"，着手调查民商习惯，⑤ 并训令各省高等审

---

① 修订法律馆《调查民事习惯问题清单》所载需调查的习惯共217问，包括：第一编总则，第一章与人及团体有关之习惯19条，第二章与物有关之习惯2条，第三章与代理有关之习惯7条；第二编物权，第一章所有权关系20条，第二章共有权关系7条，第三章地上权关系1条，第四章抵押权关系27条，第五章物权之消灭1条；第三编债权，第一章契约26条（另有赠与契约3条，买卖契约17条，借贷契约中消费借贷4条、使用借贷6条，租赁借贷中不动产租赁18条、动产租赁5条，雇佣契约8条，承揽契约10条，委托契约7条，寄托契约7条，合伙契约12条），第二章无委托之事务管理8条，第三章无因得利1条，第四章不法行为8条；第四编亲属关系，第一章总则4条，第二章家制5条，第三章婚姻16条，第四章亲子6条，第五章监护8条，第六章亲属会1条，第七章扶养之义务7条；第五编承继关系，第一章总则5条，第二章宗祧之继承13条，第三章遗产之承继12条，第四章遗书10条，第五章遗留财产2条，第六章无人承认之承继4条，第七章债权者及受遗人之权利4条。见修订法律馆：《调查民事习惯问题清单》，《江苏自治公报》第51-57、59-60期连载。法律馆《调查各省商习惯条例》列明需调查的习惯包括：第一章总则20条；第二章组合及公司，第一节总则3条，第二节股份16条；第三章票据11条；第四章各种营业1条；第五章船舶14条。见《法律馆调查各省商习惯条例》，载《东方杂志》第6卷第8期（1909），第15-19页。
② 《修订法律馆颁行调查民习惯章程》，载《江苏自治公报》第51期。
③ 参见《江南商务总局禀护院樊请核咨编发粗浅文义商事习惯问题文》，载《北洋官报》第2168期。
④ 江庸：《五十年来之中国法制》，载《清华法学》第8辑，清华大学出版社2006年版。
⑤ 参见汤铁樵：《各省区民商事习惯调查报告文件清册叙》，载《司法公报》第232期（第37次临时增刊），（北京）司法公报发行所，1927年3月。在此之前，为满足民商事纠纷调处和审判的需要，北洋政府司法部即已发布《审理民事件应注重习惯通饬》（四年九月十五日第一三〇二号），称"现在各省司法衙门受理诉讼案件以民事为多，而民事法规尚未完备，习惯又各地不同，审判官除依据法规兼采条理外，于各当地之习惯苟认为无背公安者，亦不应略而不论，有时即据习惯以为判决基础，转有足以折讼争者之心而合乎情理之允当者。各国于民法无可依据者，多依其习惯定断，意盖为此。嗣后各司法衙门审理民事案件遇有法规无可依据而案情纠葛不易解决者，务宜注意于习惯。各地不无公正士绅，博访同寅，未为无补。或事前就某项习惯随时探讨，或于开庭时由厅长礼延公正士绅到庭就某项习惯听其陈述，以备参考，均可酌定行之。各该厅长并宜督率民庭各推事于各地习惯随事就所闻见编为记录，由该厅长汇核详部，本部将以之为编订法规之助，幸勿以具文视之。"载《司法公报》第42期，第66-67页。

判厅处仿照奉天高等审判厅,附设民商事习惯调查会。① 民国八年(1919年)一月,司法部训令颁布了由司法部参事汤铁樵拟订的民商事习惯调查会报告书样式和编制办法。此次调查前后持续8年(1918年至1926年),各高等审判厅处呈送民事及商事习惯调查报告,计16省、3特别区共67册,商事习惯单独调查报告1册。② 主事者汤铁樵认为,"将来民商法典之胚胎在于是矣"。③ 不过,由北洋政府司法部民事司李炘主持的这一民商事习惯调查资料的整理、编纂工作未及完成,北洋政府即垮台了。④

与此同时,民国民律草案于民国十年(1921年)以后开始着手编订。但因法权调查会议召开在即,全部草案即于1926年紧先完成,次第公布。从时间上看,民国民律草案的起草,仍然难以有效利用、采纳清末民国两次民商事习惯调查的成果。曾任《中华民国民法》起草委员会纂修的胡长清指出,《民国民律草案》"总则及物权较第一次草案变动甚少,债编间采《瑞士债务法》,亲属及继承则多取材于'《现行律》民事有效部分'及历年大理院判例"。⑤

南京国民政府成立伊始,继续民法编纂工作,但最初并未进行民事习惯调查工作。至起草亲属、继承两编时,"因与国民党党纲及各地习惯关系甚大,故民法起草委员会极主郑重,一面商同该院(立法院)统计处制定调查表多种,发交各地征求习惯;一面就前北京司法部之习惯调查报告书妥为整理;并将各种重要问题分别交付该会各委员、顾问、秘书、纂修等比较各国

---

① 同年七月,法律编查会重组为修订法律馆,《修订法律馆条例》第一条便明文规定"修订法律馆掌编纂民刑事各法典及其附属法规,并调查习惯事项"。
② 系遵照民国八年(1919年)一月十六日司法部令《划一全国各厅民商事习惯调查报告书式用纸及编制办法六则》办理。缺广东、广西、云南、贵州、四川、新疆6省及京兆一区。
③ 《各省区民商事习惯调查报告文件清册》(《司法公报》第37次临时增刊)有学者评价为"井然有序并富有成效",见眭鸿明:《民国初年遗从民商事习惯风格之考证》,载《河北法学》2005年第11期,第89-97页。
④ 据《司法公报》第232期所载《司法部整理民商事习惯分期编印预告》,所有调查资料计划分13期刊出,但实际只刊出了2期。另见胡旭晟:《20世纪中国之民商事习惯调查及其意义(代序)》,载前南京国民政府司法行政部编:《民事习惯调查报告录》(上册),胡旭晟、夏新华、李交发点校,中国政法大学出版社2000年版,第13-14页。
⑤ 胡长清:《中国民法总论》,商务印书馆1933年版,第16页;另见杨幼炯:《近代中国立法史》,商务印书馆1936年版,第328页;谢振民:《中华民国立法史》下册,张知本校订,中国政法大学出版社2000年版,第748页。

法制详加研究。"① 因此，国民政府立法院于1930年5月训令各省政府分饬民政、教育两厅调查民事习惯；② 并由国民政府司法行政部将前北京政府司法部所得、所编之《民商事习惯调查录》的民国时代民事部分酌加修订，于1930年5月印行了《民商事习惯调查报告录》。③ 同年秋，民法起草委员会着手起草《中华民国民法》亲属、继承两编，并于是年冬间先后完成。

然而，《中华民国民法》亲属、继承两编是否受习惯调查的影响，也不易明了。民国民法起草委员会五人委员之一的史尚宽以及纂修胡长清所述亲属编的特色，无一及于习惯或礼俗。④ 就继承编，胡长清论《中华民国民法继承编》特色，认为国民党中央政治会议议决继承法之始所列9点，"悉依最新学理以为决定，实为我继承法上之特色"，未曾涉及习惯或习俗。⑤ 至于民法债编的起草"参以各国法例，准诸本国习惯，期于至善"，⑥ 恐怕多为套话。⑦

综观近代三次民律/民法典的编订，其所展开的习惯调查名为编订法典所必须，为法典编订之基础，然而习惯调查所得之成果基本上未能影响法典编订。其原因除时机、时局与时间外，依据近代西洋式民法设定的调查问题展开的习惯调查于某种意义上亦不过是缘木求鱼、刻舟求剑。

---

① 胡长清：《中国民法总论》，商务印书馆1933年版，第17-18页；史尚宽：《民法总论》，中国政法大学出版社2000年版，第60页；杨幼炯：《近代中国立法史》，商务印书馆1936年版，第379-380页。

② 《令各省政府仰分饬民政教育两厅调查民事习惯由》（国民政府立法院训令第六五六号），1930年5月29日，载《立法院公报》第19期。根据该训令，民法起草委员会专门拟定了《民事习惯调查表》，印发了6400份交由各省民政厅、教育厅下发查填。

③ 胡旭晟：《20世纪中国之民商事习惯调查及其意义（代序）》，载前南京国民政府司法行政部编：《民事习惯调查报告录》（上册），胡旭晟、夏新华、李交发点校，中国政法大学出版社2000年版，第13-14页。

④ 史尚宽：《亲属法论》，中国政法大学出版社2000年版，第6-8页；胡长清：《中国民法亲属论》，商务印书馆1936年版，第8-10页。极端的批评出自董康。董康指责南京国民政府立法"竞骛新奇，罔顾习俗，而尤以亲属、继承两编颁行以来，青年以家庭为桎梏，妇女视操行为等闲，定夫妻财产之制度，反召乖睽，倡男女平权之党纲，弥增讼累。""尤以民法之亲属、继承两编不特违背我国历久相沿之礼俗，且一般社会之实现状况亦属显然不符。"董康：《民法亲属继承两编修正案》，"司法委员会呈临时政府文"，1939年。

⑤ 胡氏认为继承编"堪称为特色之特色者，厥维废止宗祧继承及确定男女平等继承权之二点"。胡长清：《中国民法继承论》，商务印书馆1936年版，第7-10页。

⑥ 谢振民：《中华民国立法史》下册，张知本校订，中国政法大学出版社2000年版，第762页。

⑦ 谢振民先生所指出的物权编参酌我国固有习惯，仅有"特于827至830条设公同共有之规定，解决祠堂、祭田、合伙等问题"。谢振民：《中华民国立法史》下册，张知本校订，中国政法大学出版社2000年版，第776页。

三、近代立法文本中的"习惯"

与慨叹习惯调查时运不济、未能善用相比,《大清民律草案》第一条却获得了巨大的支持,并在百二十年后犹有回响。①

《大清民律草案》第一条规定:"民事,本律所未规定者,依习惯法;无习惯法者,依条理"。② 其立法理由称:"以凡属民事,审判官不得借口于律无明文,将法律关系之争议拒绝不为判断,故设本条以为补充民律之助。"③

通常认为本条规定出自1907年《瑞士民法典》,《瑞士民法典》第一条第二款的文字为,"法律未规定者,法官得依习惯法,无习惯法时,得依其作为立法者所提出的规则,为裁判"。④ 如《大清民律草案》第一条确实出自《瑞

---

① 《中华人民共和国民法典》第十条规定:"处理民事纠纷,应当依照法律;法律没有规定的,可以适用习惯,但是不得违背公序良俗"。立法机关给出的理由是:本条确认了习惯作为民事法律渊源,主要考虑一是承认习惯的法源地位与我国现行立法是一致的。合同法、物权法等法律已明确规定习惯可以作为判断当事人权利义务的根据。二是承认习惯的法源地位也符合现实需要。民事生活纷繁复杂,法律很难做到面面俱到,习惯可以在一定程度上弥补法律的不足。在商事领域和社会基层,对将习惯作为法律渊源的需求较为强烈。三是根据习惯裁判更贴近社会生活,有利于定分止争,且在司法实践中有时确有必要根据习惯处理民事纠纷。黄薇主编:《中华人民共和国民法典解读——总则编》,中国法制出版社2020年版,第30页。

② 据黄源盛先生考证,《大清民律草案》第一条似直接根据日本明治八年(1875年)太政官布告103号"裁判事务"第三条(该条规定:"于民事裁判有成文法者,依成文法;无成文法者,依习惯;成文法与习惯均不存在时,则推考条理而判断之")而来。黄源盛:《民初法律变迁与裁判(1912—1928)》,政治大学2000年版。如果进一步追索,日本这一民事法令并非日本法律家所创设,而是来自法国、德国民法。1874年开始起草的"德国民法第一次草案"曾规定,"裁判官应依照本法进行裁判,本法没有规定的依习惯法;不存在习惯法的情况下,裁判官依照法理进行裁判。"但是德国民法典在定稿时,该条文被删除。在立法中正式规定可以引用习惯进行裁判的是《瑞士民法典》。

③ [民国]修订法律馆:《法律草案汇编》,修订法律馆、司法公报处1926年版。

④ 民政部1907年《编纂民法之理由》(草稿)在论证本国民律草案应采取的篇章结构时,明确提及了"瑞士民法首冠以法例,第一编人事法,第二编亲族法,第三编承继法,第四编物权法(虽无债权法将来置诸第五编可想而知)",可知清末修律时已熟悉瑞士民法(草案)。张生:《〈大清民律草案〉的编纂:资料的缺失与存疑的问题》,载《中国古代法律文献研究》第5辑,社会科学文献出版社2012年版,第401页。另,宣统元年(1909)十二月,修订法律馆已经翻译了瑞士民律总则条文、瑞士亲属法条文(《修订法律大臣奏筹办事宜折并单》,载《政治官报》宣统元年十二月四日,第798号);修订法律大臣俞廉三等奏《编辑民律前三编草案告成缮册呈览折》亦提及"瑞士、日本属折衷系,……瑞士民法以人事法为先,而物权先于债权……"等语(故宫博物院明清档案部编:《清末筹备立宪档案史料》下册,中华书局1979年版,第911—913页)。另外一项重要的证据是,《大清民律草案》第二条("行使权利、履行义务,应依诚实及信用方法")、第三条("关于权利效力之善意,以无恶意之反证者为限,推定其为善意")与《瑞士民法典》第二条("行使权利,履行义务,应依诚实及信用为之""显属滥用权利者,不受法律保护")、第三条("依本法,法律效果的发生,以当事人善意为要件者,应推定有善意存在""依情事应尽相当之注意而未尽此注意者,不得主张自己为善意")亦存在直接的对应关系。《瑞士民法典》,戴永盛译,中国政法大学出版社2016年版,第2页。

士民法典》第一条,但在《大清民律草案》几乎整体性地仿自《日本民法典》、日本专家松冈义正以及留日法政学生作为法典起草人的背景下,颇不寻常。从《日本民法典》来看,《日本民法典》本身无此规定,类似规定出自明治三十一年(1898年)《法例》第二条,其文为,"凡不背于公共之秩序,与良善之风俗之惯习,以依法令之规定认定者,及关于法令未规定之事项者为限,与法律有同一效力"。① 日本民法草案三人起草委员之一的富井政章给出的理由和解释是:"法律关系,千差万别,立法者,断不能网罗无遗悉萃诸法典之中,甚有为政治上之情状所迫,仓卒制定法典,则脱漏之患,更不可免。势不得不认惯习法为补充法,以助成文法之不逮",故此"《日本民法典》中所定私法通例,不言惯习法之效力。《法例》第二条,始定二者之关系,不认惯习法有优先效力(不认其有先成文法而适用之效力)。惟于法令所承认,及成文法所未规定者,有补充效力而已。而在补充范围以内,其惯习又以不背公共秩序,及善良风俗为准。"②

应该说,《大清民律草案》与日本《法例》仍有不同,日本《法例》未涉及条理,而《大清民律草案》亦未涉及对公共秩序、善良风俗之习惯适用的限制。

张生教授依据修订法律馆《奏为民律草案告成谨缮具条文进呈御览折》(草稿)认为,"我国幅员辽广,各地习惯未能纤悉皆符",各地习惯难以强行划一,修订法律馆无法将民事习惯采纳为民法条文,只能通过草案第一条"法例",对民事习惯加以概括性承认。③ 或许这一条打动清末修律者的地方在于,一则该条多少弥补了草案已经采用习惯调查成果的空言[《奏为民律草案告成谨缮具条文进呈御览折》(草稿)称"臣馆迭经派员分赴各省详细调

---

① 南洋公学译书院:《新译日本法规大全(点校本)》第1卷,商务印书馆编译所补译校订,何佳豪点校,商务印书馆2007年版,第179页。

② [日]富井政章:《民法原论》,陈海瀛、陈海超译,王兰萍点校,中国政法大学出版社2003年版,第55页。不过,富井氏本人对于此条可能有所保留,他同时强调,习惯问题,应当在法典编纂时解决,法典编纂完成后,"宜解释法律全体,以发见可以适用之法理","然如今日成文法之完备,复认惯习有补充效力,是否不背编纂法典之本旨,是诚大肆争论之问题也。盖民法必具自行补充力,以生完全适用之机能。"同书,第56页。

③ 中国第一历史档案馆藏档案藏:《修订法律馆全宗》(524-10-1)第7档,《奏为民律草案告成谨缮具条文进呈御览折》(草稿)。转引自张生:《〈大清民律草案〉撷遗》。

查陆续报告前来，业由臣等斟酌采用"]，① 二则也为将来进一步整理、采用习惯留下空间。

不过，此说仍可进一步展开。《大清民律草案》第一条立法理由又称："条理者，乃推定社交上必应之处置。例如：事君以忠、事亲以孝，及一切当然应遵奉者皆是"，则条理与礼教习俗似乎又是同一意义。而修律大臣在《编辑民律前三编草案告成缮册呈览折》中表述的编辑民律主旨四端第三点"求最适于中国民情之法则"称，"是编凡亲属、婚姻、继承等事，除与立宪相悖酌量变通外，或取诸现行法制，或本诸经义，或参诸道德，务期整饬风纪，以维持数千年民彝于不敝"②，是民律第一条法源顺序中的"习惯"是真习惯或仍只是"注重世界最普通之法则""原本后出最精之法理"而已？

1925年完成的《民国民律总则草案》删去了《大清民律草案》第一条，较为出人意料。民国民律草案的起草人，大抵皆有大理院背景。③ 而大理院自民国二年（1913年）开始，即在二年上字六十四号判决例中确认了《大清民律草案》第一条，明确肯认"法律无明文者从习惯法，无习惯法者依条理"。可以猜测的理由或有两点。其一是，王世杰于1926年发表的观点。王氏称："修订法律馆新订民律总则草案，不仿照旧草案明认习惯效力优于条理，亦不明认习惯为法源，依着愚见，殊为得体。"其理由是，"既存的习惯，尽管与社会现时的需要在在相反，既存的习惯却什九存而未灭，为社会上许多新制度与新事业发展的大障碍。在此种情状之下，国家机关正宜间接直接促进这些习惯的改变，不当更给这些习惯以优越的法律效力"，他主张，"在新民律未颁布以前，法院诚有不能不援用习惯的地方。……但法院尽可以把那些比较适于现时社会情状的习惯当作'条理'或'公道'采用"。④ 王氏的观点无疑较为激进，未必合于民国民律草案起草人的立场。其二是，经由大理院十四五年的实践，可资作为补充法源的习惯已经由大理院判决转化为判例并被

---

① 修订法律大臣俞廉三等奏《编辑民律前三编草案告成缮册呈览折》中的表述为"依据调查之资料，参照各国之成例，并斟酌各省报告之表册，详慎从事"。用语差别明显。
② 修订法律大臣俞廉三等奏《编辑民律前三编草案告成缮册呈览折》。
③ 《民国民律草案》的起草工作由时任大理院院长余棨昌主持，余棨昌同时具体负责起草了总则编，修订法律馆副总裁应时、修订法律馆总纂梁敬錞负责起草债权编，北京大学法律学教授黄右昌负责起草物权编，修订法律馆总纂负责起草亲属、继承两编。张生：《中国近代民法法典化研究（1901-1949）》，中国政法大学出版社2004年版，第155-157页。
④ 参见王世杰：《大理院与习惯法》，载《法律评论》1926年第168期。

整理到草案中去，并无太多新的习惯可以成为将来裁判的依据，毕竟民律如获颁行，司法机关裁判民事纠纷基本上可从民律的规定及对民律的解释获得依据，对于补充性法源的需要并不迫切。①

1929年民国民法总则恢复了《大清民律草案》第一条，仍将之列为法典第一条，其文曰："民事，法律所未规定者，依习惯；无习惯者，依法理"，并新定第二条规定："民事所适用之习惯，以不背于公共秩序或善良风俗者为限。"②

《中华民国民法》第一条之规定，与大清民律草案第一条出入不大，但意图已有所不同，从民国民法编订的过程看，习惯列为法源只是本诸通例与传统（大清民律草案以及大理院诸判例），并未上升到清末借用历史法学式样将"习惯"视为"民族精神"的集中呈现这样的高度。③ 而民国民法第二条对于适用习惯之限制，既有他国立法例（如日本《法例》第二条）的影响，也有民国大理院判决例的支持。

依胡长清之解释，"限制习惯适用之范围"系为民国民法总则的三个特点之一。胡氏称"我国幅员辽阔，各地习惯错综不齐，其适合国情者固多，而

---

① 当然，从大理院对于习惯的采纳情况来看，大理院对于坚持习惯作为民律施行后的补充法源的立场并不坚决。

② 查1928年12月中央政治会议议决《民法总则编立法原则》，第一条即为"民法所未规定者依习惯，无习惯或虽有习惯而法官认为不良者依法理"。（"或虽有习惯而法官认为不良者"13字，审查案增入）其说明称：法律无明文规定者，从习惯，各国民法大都相同。所谓习惯者，专指善良之习惯而言，以补法律之所未规定者。但各国判例，法院承认习惯之效力有数条件，其中尤以合于情理者为最要。我国自民国成立以来，亦有此判例。兹为唤起法官注意起见，拟将此要件定为明文，故于原案"无习惯"三字之下增如上文。杨幼炯：《近代中国立法史》，商务印书馆1936年版，第375页。

③ 王伯琦先生指出："吾民法（《中华民国民法》）第一条所谓习惯，指习惯而言，抑指习惯法而言，颇有争议。实则此一问题，涉及法律哲学上之基本观念。就分析法学派之思想而言，其所谓法，除实证法之外，别无他物，故其认为实证法为法之唯一渊源。且其认为实证法之基础，惟在国家之权力。故在分析法学派之目光中，法律即为主权者之命令。由此而论，在实证法之外，既再无法之存在，吾民法第一条之所谓习惯，当不能谓为习惯法而与成文之法并存。从而此之所谓习惯，应系指社会一般人之惯行而言，必须由法官（主权者之机关）予以采用而成为判决（命令），方始具有法之效力。另就历史法学派之思想而言，其所谓法，即为特定民族社会之惯行，其形成与一民族之言语文字无异。且其认为法之基础，在于社会之压力，与政治力量，毫无关系。故立法者只能发现法律，而不能创制法律。由此而论，在立法者立法之先，法律以其自身之力量早已存在。从而吾民法第一条之所谓习惯，应即为法官所发现之习惯法。依予所信，吾民法第一条之所谓法律、习惯、法理三者，乃为自十九世纪以来分析法学派、历史法学派及自然法学派三种思想之汇集。成文之法律为分析法学派之所谓法律，习惯法为历史法学派之所谓法律，法理则为自然法学派之所谓法律。三者同为吾人社会生活之法则，惟法理又为法律及习惯法形成之原素，乃其最为基本者也。"王伯琦：《民法总则》，台北"国立编译馆"1979年版，第5页。

不合党义、违背潮流者，亦复不少。新民法总则，则限制习惯适用之范围，明定民事须先依法律，法律未规定者，始得援用习惯。且其援用之习惯，以不背公共秩序或善良风俗者为限"。①② 应该说，民国民法第一条与大清民律草案第一条，文字虽大体相同，而其意蕴已悄然迁移了。

除《大清民律草案》《中华民国民法》第一条确立了习惯的法源地位外，《大清民律草案》《民国民律草案》及《中华民国民法》中仍有相当数量的条文涉及习惯的法律适用。据苗鸣宇先生统计，《大清民律草案》除第一条外，明确提到"习惯"的有22条，另有1条使用了"通常惯例"，其结论是，"《大清民律草案》的起草者没有对习惯加以应有的注意，更没有从法典总体布局的高度上来考虑习惯适用的分布问题。民事习惯调查结果在民律起草中的作用的确可以用'微乎其微'这四个字来概括。"③ 他指出，这23条中，有20条是从《日本民法典》中直接翻译过来的，2条仿效了《瑞士民法典》的规定，其结论是"我们只能说，这些法条不仅法律原则是抄来的，就连其中的'习惯'二字也是抄来的！这里的'习惯'二字，其背后所隐藏的种种风俗习惯或者是存在于外国民众的生活中，或者是存在于立法者的头脑中，但是绝对不存在于当时中国民众的生活中。"④

---

① 胡长清：《民法总则》，商务印书馆1930年版，第8页。就民国民法中习惯的理解，胡长清解释道，"盖在外国，如瑞士各邦原有习惯法之称谓，但确有一种成文的习惯法存在，故我新民法为避免混淆起见，不称习惯法而称习惯。"该"习惯"的解释与德国学者所称之"习惯法"相同，即此处"习惯"为法律、为国家所承认、审判官有适用之义务。胡长清：《中国民法总论》，商务印书馆1936年版，第29-30页。但后世在解释论上，往往区别第1条与第2条所称之习惯。王泽鉴即认为，《中华民国民法》第1条之"习惯"乃《瑞士民法典》所称的Gewohnheitsrecht（习惯法），《中华民国民法》第1条以外条文所称习惯，仅指事实上习惯而言，因法律的特别规定而具有优先效力。至于第2条所称"习惯"，兼指习惯法及事实上习惯而言。王氏并着重强调，"法律明定习惯（事实上惯行）应优先适用者，此乃依法律规定而适用习惯，此项习惯本身并不具法源的性质"。王泽鉴：《民法总则》（修订本），北京大学出版社2009年版，第47-48页。黄茂荣教授则认为，第1条及第2条中所称之习惯都是属于事实上的惯行。黄茂荣：《法学方法与现代民法》，台湾大学2020年增订七版，第21页。

② 同时可资验证者，为条理/法理的解释。胡长清认为，法理指法律通常之原理，如历来办案之成例及法律一般之原理是。条理更多指向事物当然之理。胡长清：《中国民法总论》，商务印书馆1936年版，第32页。

③ 苗鸣宇：《民事习惯与民法典的互动——近代民事习惯调查研究》，中国人民公安大学出版社2008年版，第114页。分别为《大清民律草案》第208条（契约），第600、601条（买卖之效力），第994、1001、1002、1012、1013、1016、1020、1021条（不动产所有权），第1077、1079、1083条（地上权），第1090、1091、1092、1094、1095、1096、1099、1100、1101条（永佃权）。

④ 苗鸣宇：《民事习惯与民法典的互动——近代民事习惯调查研究》，中国人民公安大学出版社2008年版，第115、137、139-147页。

《民国民律草案》明确承认"习惯"适用的条文共38条,①保留了《大清民律草案》的22条条款（删除的1条亦与习惯的适用无关），新增了18条。苗鸣宇认为新增的条款绝大多数是能够在中国民众的生活中找到实实在在的习惯作为依据的。②

《中华民国民法》明确承认"习惯"适用的条文共39条,③据苗鸣宇统计,《中华民国民法》删去《民国民律草案》的"习惯"适用条文13条,保留了17条,实质修改3条,新增19条（追加型8条、创新型11条）。④

苗鸣宇认为，相比《大清民律草案》和《民国民律草案》还是处于探索阶段，无暇区分具体的外国立法经验和特定的本国固有习惯的优劣，《中华民国民法》的立法者的经验积累已经足以开始去芜存菁的工作，把"明定"条文根据我国的实际，结合政治、社会的需要，做了更为合理的安排。⑤但这一结论仍有进一步讨论的余地，如苗的讨论未涉及对应的外国立法例，也未涉及大理院的判决例与解释例。如征诸民国民法起草委员会委员史尚宽、纂修

---

① 分别为《民国民律草案》第99条（物），第143条（契约），第462条（买卖之效力），第534、535条（使用租赁），第548、551条（用益租赁），第575条（雇佣），第591条（承揽），第618条（居间），第627条（委任），第644条（寄托），第776、778、781、785、786、793、796、798、804条（不动产所有权），第854、858、861、863条（地上权），第867、868、869、870、871、872、873条（永佃权），第1000、1002、1010条（典权），第1068条（家制总则），第1385条（分析遗产），第1493条（特留财产）。苗鸣宇：《民事习惯与民法典的互动——近代民事习惯调查研究》，中国人民公安大学出版社2008年版，第148-149页。

② 苗鸣宇：《民事习惯与民法典的互动——近代民事习惯调查研究》，中国人民公安大学出版社2008年版，第177页。苗先生是通过比对条文与《民事习惯大全》《民商事习惯调查报告录》得出的结论，恐怕未尽周全，实际上恐怕多源自大理院判例、解释例。

③ 分别为《中华民国民法》第68条（物），第161、207、314条（债通则），第369、372、378条（买卖之效力），第429、439、450条（租赁），第483、486、488条（雇佣），第491条（承揽），第524条（出版），第537、547条（委任），第560条（经理人及代办商），第566、570条（居间），第579、582条（行纪），第592条（寄托），第632、654条（运送营业），第776、778、781、784、785、786、790、793、800条（不动产所有权），第834、836、838条（地上权），第846条（永佃权），第915条（典权）。苗鸣宇：《民事习惯与民法典的互动——近代民事习惯调查研究》，中国人民公安大学出版社2008年版，第178-179页。

④ 苗鸣宇：《民事习惯与民法典的互动——近代民事习惯调查研究》，中国人民公安大学出版社2008年版，第180-196页。苗先生承认，新增条文中相当一部分在《民事习惯大全》《民商事习惯调查报告录》中找不到相关的习惯记载，其给出的理由是相关条文多数涉及商行为，《民事习惯大全》《民商事习惯调查报告录》均缺少商事习惯的记录。苗鸣宇：《民事习惯与民法典的互动——近代民事习惯调查研究》，中国人民公安大学出版社2008年版，第196页。

⑤ 苗鸣宇：《民事习惯与民法典的互动——近代民事习惯调查研究》，中国人民公安大学出版社2008年版，第197页。

胡长清等人的著述，恐怕难以完全验证上述结论。

四、近代法律适用中的"习惯"

法律文本中的"习惯"，大抵与我国民事习惯没有太大关系，已如上述。而在近代法律史"习惯"问题的论述中，引起广泛注意且不能回避的是民国司法对于"习惯"的适用。

因民律迟迟未能颁行，民初大理院亟须裁判依据，故此大理院将《大清民律草案》第一条作为一般法理援引，确认了法律、习惯与条理在民事审判中的法源地位。[①] 民国大理院所谓"法律"，其主体为大理院创造的"《现行律》民事有效部分"（所谓"第一法源"），然而"《现行律》民事有效部分"作为"第一法源"名实难副。[②] 因此，"习惯"作为法源的重要性不言而喻。然则大理院对于习惯的肯认并未如预想的全面予以承认，实则往往拒绝习惯之适用。

大理院二年上字第2号通常被认为确立了习惯的法源地位，明确认定了习惯具有法的效力（习惯法）的标准。大理院主张，习惯法成立的要件有四：（一）要有内部要素，人人有法之确信心。（二）要有外部要素，即于一定期间内，就同一事项反复为同一之行为。（三）要系法令所未规定之事项。（四）要无悖于公共秩序利益。[③] 但正是在此案中，大理院以公共利益为由，否定了该案上告人所主张吉林习惯（本族本旗本屯人卖地时有先买之权）的效力。大理院认为，该习惯虽前述第一至第三要件皆备，但"于经济上流通与地方之发达均不无障碍，为公共利益计，断难与以法之效力"。[④] 在三年上字第733号、三年上字第988号、四年上字第282号、七年上字第1438号判决中，大理院分别以"公共秩序""交易安全""于经济上流通及地方之发达

[①] 大理院元年第21号民事判决即称，"判断民事案件，应先依法律所规定；无法律者，依习惯；无习惯者，依条理。通例所在，不容稍有假借"。民国二年上字第64号判决例再次重申，"判断民事案件，应先依法律所规定；法律无明文者，依习惯法；无习惯法者，依条理。"

[②] 在民初只有中央行政机关颁布《国有荒地承垦条例》（1914年3月）、《矿业条例》（1914年3月）、《管理寺庙条例》（1915年10月）、《清理不动产典当办法》（1915年10月）等少数几种条例。陈颐：《在变革社会中赓续传统："〈现行律〉民事有效部分"考实》，《政法论坛》2021年第5期。

[③] 黄源盛：《大理院民事判例辑存（1912-28）总则编》，元照出版有限公司2012年版，第4页。

[④] 黄源盛：《大理院民事判例辑存（1912-28）总则编》，元照出版有限公司2012年版，第5页。

均有障碍""交易上之安全"为由否定了习惯的适用。① 而在四年上字第1276号判决中，大理院以当事人的约定排除了习惯的适用。②

通检郭卫编《大理院判决例全书》民法部分，除去法例一章外，民法部分共计收录大理院判决例2188则，其判决例要旨涉及法律、法源意义上的习惯共有108则，占民法部分（不含"法例"章）判决例的4.9%。其中承认具有规范内容的习惯规则有36则，仅占民法部分（不含"法例"章）判决例的1.6%；与此同时，直接否定特定习惯效力的则有12则。此外一般性承认习惯效力的10则（含一般性地肯定法律、习惯、条理法源地位的判决例1则），一般性地承认习惯、当事人特约具有优先效力的45则（通常表述为"除有习惯法则外""除地方有特别习惯及当事人有特别订定外"等），主张可以借助习惯补充、推定当事人意思的有5则。（参见表1）③

通检大理院有关民法的421则解释例，涉及法律、法源意义上的习惯共有34则，占有关民法的解释例的8.1%。其中承认具有规范内容的习惯规则有8则，仅占有关民法的解释例的1.9%；与此同时，直接否定特定习惯效力的则有13则，另有3则回避了习惯效力的认定问题。此外一般性承认习惯效力的3则，一般性承认习惯具有优先效力的6则，主张可以借助习惯补充、推定当事人意思的有1则。（参见表1）④

---

① "本案上告人主张之旧习，具备其他条件与否兹姑不论，……此项旧习即使属实，而为公共秩序计，亦断难予以法之效力。""所主张商号负债不能涉及家产之办法，于交易安全实有妨碍，纵令果属旧有之习惯，亦断难认为有法律之效力""卖业先尽亲房之习惯，既属限制所有权之作用，则于经济上流通及地方之发达均有障碍，即难认为有法之效力。""收欠还欠之办法，无论有无此种习惯，既于交易上之安全显有妨碍，亦难认为有法之效力"。同前注，第26页、31页、55页、68页。

② "凡法律无明文规定者，本应适用习惯，但习惯通常概无强行之效力，故当事人间有特别约定者，自应依据特约，即无更行适用习惯之余地，此定则也。"黄源盛：《大理院民事判例辑存（1912-28）总编》，元照出版有限公司2012年版，第62页。此外，就三种法源之次序，大理院先后在判决中，坚持适用法律（"《现行律》民事有效部分"）而排斥了习惯的适用。如二年上字第64号、三年上字第70号、三年上字第1198号、四年上字第22号、八年上字第219号、八年上字第234号、八年上字第394号。但在习惯与条理之间，大理院也称，"当事人主张之习惯法则，经审判衙门调查属实，且可认为有法之效力者，自应援用之以为判断之准据，不能仍凭条理处断"（四年上字第2354号判例）。同前注，第64页。

③ 根据郭卫先生的《大理院判决例全书》（上海法学编译社、会文堂新记书局1932年版第3版）统计。

④ 郭卫：《大理院判决例全书》（上海法学编译社、会文堂新记书局1932年版第3版）。另，黄源盛教授整理的"大理院关于民事习惯判例及解释例汇整"（载氏著：《民初大理院与裁判》，第228-234页），只列了30件。

表1 大理院对于习惯效力的态度

大理院的主张		判决例		解释例	
		件数	占比	件数	占比
承认并适用特定习惯	明确承认并适用特定习惯规范	36	33.3%	8	23.5%
	承认可依据习惯补充、推定当事人意思	5	4.6%	1	2.9%
一般性地承认习惯效力但并未适用特定习惯	一般性地承认习惯效力	10	9.3%	3	8.8%
	承认特别习惯、当事人特约优先效力	45	41.7%	6	17.6%
否认特定习惯效力		12	11.1%	13	38.2%
回避特定习惯效力认定		—	—	3	8.8%
合计		108	100%	34	100%

如从时间上看,大理院判决例、解释例较为集中涉及习惯问题的,基本上集中在民国九年(1920年)之前(参见图1)。而北洋政府司法部训令各高等审判厅处调查民商事习惯,则在民国八年(1919年)。依常理推测,各高等审判厅处当借此机会大量接触习惯规范,因习惯规范上诉到大理院或呈请大理院解释的案件应当有所增加。但从大理院涉及法律法源意义上习惯的判决例、解释例分布时间看,1920年之后,相关判决例、解释例急遽萎缩。这也从侧面证实司法当局对于习惯的适用并不十分热衷。

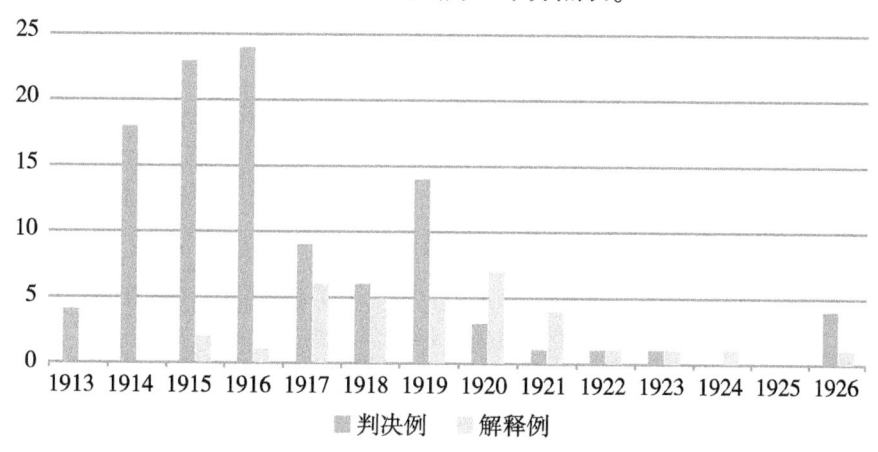

图1 大量院涉及法律法源意义上习惯的判决例解释例的时间分布

显然，这与大理院不断重申的"通例"及北洋时期因民律未颁行习惯因此具有极其重要的法源地位的一般印象有着非常大的差异，就"习惯"问题，大理院的实践与其话语间有着不可逾越的鸿沟。

南京国民政府最高法院在《中华民国民法》颁布前，最高司法当局对于习惯的态度大体与北洋政府大理院一致。在南京国民政府最高法院1928年—1930年公布的判例中，共33件涉及民商事习惯，其中8件判决承认具有规范内容的习惯规则，4件判决一般性的承认习惯的效力；14件判决一般性地承认习惯、当事人特约具有优先效力；8件判决否认了具体习惯地效力。（参见表2）

表2 南京国民政府最高法院对于习惯效力的态度

南京国民政府最高法院的主张		1928年-1930年		1931年-1949年	
		件数	占比	件数	占比
承认并适用特定习惯	明确承认并适用特定习惯规范	8	23.5%	5	13.5%
	承认可依据习惯补充、推定当事人意思	—	—	6	16.2%
一般性地承认习惯效力但并未适用特定习惯	一般性地承认习惯效力	4	11.8%	1	2.7%
	承认特别习惯、当事人特约优先效力	14	41.2%	6	16.2%
否认特定习惯效力		8	23.5%	19	51.4%
合计		34①	100%	37	100%

随着南京国民政府颁行《中华民国民法》，司法中"习惯"问题的意义已经不再是关注的焦点。1931—1949年，南京国民政府最高法院公布的判例中仅有37件民商事习惯问题，其中1931年7件，而1933年—1936年、1938年、1945年—1947年均无判例涉及（参见图2）。在这37件判决中，5件判决承认具有规范内容的习惯规则；1件判决一般性地承认习惯的效力；6件判决一般性地承认习惯、当事人特约具有优先效力；6件判决主张可以借助习惯补充、推定当事人意思；而否认具体习惯效力的判决则有19件之多。

---

① 18年上字第2080号判例因同时涉及否认与承认特定习惯，此处作为两件计算。

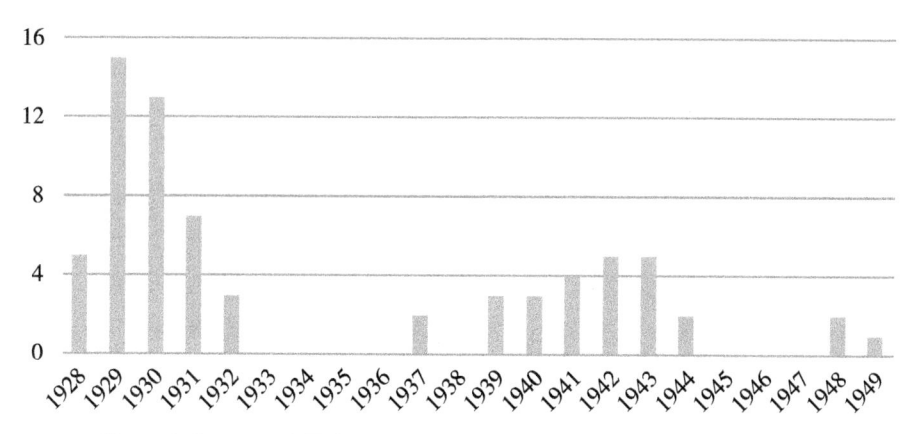

图 2　南京国民政府最高法院涉及法律法源意义上习惯判例的时间分布

可以说，无论如何批判《中华民国民法》没有本土的因素，从相关史实看，近代法律史中的"习惯"问题，其实已经随着《中华民国民法》的颁行而落幕。

五、结语

早在 1911 年，署名蕴华者即在《法政杂志》发表了《论惯习与法律之关系》的长文，详述了梯鲍（蒂堡）与萨比尼（萨维尼）的论战，比较了《德国民法典第一草案》《德国民法典》《德国民法典施行法》《日本民法典》相关规定以及英国法律史上的习惯，结论是"至于今日，则惯习法之效力，有渐即于薄弱之趋势"。[①] 然而何以在我国近代法律史上，仍对于"习惯"孜孜以求呢？恐怕最主要的原因仍在于德国历史法学派强大的影响力。在历史法学派看来，法律是历史的，是民族的，是民族精神的呈现，这样一种作为民族精神的法律首先以习惯法的面貌呈现出来，法典编纂的任务即是将习惯法上升为法典。这一路径被视为法典编纂的正途，所谓"民族的科学的"。这样的观念对于继受过而言，当然具有特别的意味。其一，如果法律的力量和效用来自人们内心的确信的话，那么继受而来的法律该当如何获得这样的确信呢？融入民族习惯在法典继受编纂中自然而然地具有了天然的吸引力。其二，全然继受的西化的法律是否会由此切断民族的精神命脉呢？何况日本著名法

[①] 参见蕴华：《论惯习与法律之关系》，载《法政杂志》1911 年第 1 卷第 7 期。

学家穗积八束著名的"民法出则忠孝亡"之说对清末民初的国人尤其具有动摇人心的力量。①

就前述第一个问题，原则上继受法典当然应该融合习惯，但是我国是否存在着历史法学派所称的具有规范意义的习惯呢？虽不至于说没有，但也很难说有很多，而且有些所谓习惯早已见诸《大清律例》《户部则例》等成文立法，将之归入习惯或习惯法恐亦不妥当。巩涛教授即明确主张，"'习惯'（customs）和'习惯法'是西方舶来的新范畴，它们就像民事立法本身一样，在中国往昔并无根基""帝制中国的'习惯'，只是意味着现代历史学家所推断的那些模糊松散、难以捉摸的现象，而不是欧洲史上那些成文的、与法律并行的规范"。② 我国近代历次民事习惯调查，与其说是对固有习惯的整理，毋宁是以近代西方式的民法规范来求证我国习俗中所可以验证者。③

尤需注意的是，习惯的维系依赖于长久稳定的社会生活，近代恰恰是我国历史上社会变化最为剧烈的时期，于此剧烈变动中的社会强求习惯，是否有其必要，亦值得注意。杜正贞教授通过对龙泉司法档案的研究即证实，"民国的法律改革和建设，是与整个传统礼仪国家的消失配合出现的。法律放弃宗法原则，采用个人主义而消灭家族主义的倾向，在国家制度的层面上将这些藩篱尽数撤毁。这场变革与社会中一直存在的对礼、法的自由阐释和实质上的突破相配合，加速了社会结构和观念层面上不可逆转的变化。"④ 德国法学家科殷也曾说，"习惯法不仅是法律发展的前阶段；它主要是形成于一个小范围空间且易于掌握观察的人际生活关系中，像中世纪时期平均居住人口只有一到两万人的城市、封建领主的土地（Grundherrschaften）或村庄内。但在现代一个平均人口动辄数百万的国家内，要形成一个统一的习惯法，实在难以想象。剩下的，只有一些个别职业团体的观念，但因无关公共利益而不能

---

① ［日］加藤雅信等：《民法学说百年史：日本民法施行100年纪念》，牟宪魁等译，商务印书馆2017年版，第20-21页。

② ［法］巩涛：《失礼的对话：清代法律和习惯并未融汇成民法》，邓建鹏译，载《清帝国司法的时间、空间和参与者》，法律出版社2018年版，第198、204页。

③ 而有关中国古代有无民法的争论中，习惯法的话语仍具有非常重要的意义。不过，从诸多细故钱粮的记载中剥离出习惯法的研究，且不论是否能够抽象出所谓"习惯法"的规范的确定性，如梁治平对于清代习惯法的著名研究，其考察习惯法的主要依据是"乡例""俗例""乡规""土例"等，梁氏认其中所含的"法谚"足以被视为习惯法上的"规范"（梁治平：《清代习惯法：社会与国家》，中国政法大学出版社1996年版，第38-41页），本质上仍可能是西方式的以国家法规范为参照的产物。

④ 杜正贞：《近代山区社会的习惯、契约和权利——龙泉司法档案的社会史研究》，中华书局2018年版，第158-159页。

被认为是一个普遍性的法则。它们虽非不重要，但只配称为法秩序中的交易习惯或者职业标准而已！"①

就前述第二个问题，传统中国的礼教恰恰很少在民间习惯的层面呈现，民间习惯更多时候反而是游离乃至背离于礼教的，由习惯的融入维系礼教恐怕也是一厢情愿的。与其借由追求习惯法确定性的幻象维系礼教或民族精神，莫若重归"情理"，借由司法善用近代西洋民法中本已预留的"公序良俗""诚实信用"，② 调和、更新中国传统，或许较之追求习惯法的幻象更有意义。

表3 民国时期涉及习惯效力认定的判例、解释例

司法机关的主张	大理院判决例、解释例，南京国民政府最高法院判例字号
明确承认并适用特定习惯规范	**大理院判决例** 2年上字第137号、2年上字第239号、3年上字第119号、3年上字第181号、3年上字第336号、3年上字第347号、3年上字第432号、3年上字第570号、3年上字第669号、3年上字第669号、3年上字第7号、3年上字第850号、3年上字第975号、3年上字第975号、4年抗字第35号、4年上字第836号、4年上字第1581号、4年上字第1658号、4年上字第2200号、4年上字第2242号、4年上字第419号、4年上字第429号、4年上字第735号、5年上字第873号、5年上字第970号、6年上字第80号、6年上字第886号、7年上字第755号、8年上字第24号、8年上字第269号、8年上字第792号、8年上字第1328号、9年上字第869号、12年上字第1897号、15年上字第574号、15年上字第1022号 **大理院解释例** 统字第502号、统字第623号、统字第919号、统字第943号、统字第1365号、统字第1639号、统字第1645号、统字第1986号 **南京国民政府最高法院判例** 18年上字第90号、18年上字第390号、18年上字第1274号、18年上字第1473号、18年上字第2080号、19年上字第19号、19年上字第1045号、19年上字第2284号、20年上字第452号、20年上字第1803号、30年上字第454号、32年上字第1608号、33年上字第3027号

---

① 转引自吴从周：《试论判例作为民法第1条之习惯法：为我国判例制度而辩护》，载《台大法学论丛》2010年第2期。

② 马克斯·韦伯在百余年前就明确指出，所有的"习惯法"就是（过去是，现在还是）法曹法，此乃历史事实。……现代的法源理论瓦解了历史主义所造作出来的那个半神秘的"习惯法"的概念。[德]马克斯·韦伯：《法律社会学》，广西师范大学出版社2005年版，第328页。拉伦茨表达了类似的观点，他指出，"实际上，原初意义上的习惯法在今天几乎不再发挥任何作用。相反，在今天的实务上，通过所谓的'判例'而创造出来的'法官法'具有愈来愈重大的意义"。[德]卡尔·拉伦茨：《法学方法论》，黄家镇译，商务印书馆2020年版，第449页。吴从周教授也证实，"自德国帝国法院时代以来，几乎不再见到习惯法作为依据的判决。习惯法作为制定法或成文法以外的第二大法源，已经丧失了它的现代的意义"。吴从周：《试论判例作为民法第1条之习惯法：为我国判例制度而辩护》，载《台大法学论丛》2010年第2期。

续表

司法机关的主张	大理院判决例、解释例，南京国民政府最高法院判例字号
承认可依据习惯补充、推定当事人意思	**大理院判决例** 3年上字第86号、4年上字第633号、8年上字第67号、11年上字第244号、15年上字第1554号 **大理院解释例** 统字第665号 **南京国民政府最高法院判例** 26年沪上字第69号、28年上字第1977号、31年上字第3363号、32年上字第2079号、32年上字第3014号、37年上字第6064号
一般性地承认习惯效力	**大理院判决例** 3年上字第901号、4年上字第771号、4年上字第977号、4年上字第1349号、4年上字第2351号、5年上字第208号、5年上字第333号、5年上字第712号、6年上字第1437号、7年上字第1174号 **大理院解释例** 统字第228号、统字第1229号、统字第1559号 **南京国民政府最高法院判例** 17年上字第613号、17年上字第691号、18年上字第2259号、19年上字第916号、26年渝上字第948号
承认特别习惯、当事人特约优先效力	**大理院判决例** 2年上字第140号、2年上字第226号、3年上字第535号、3年上字第595号、3年上字第718号、4年上字第364号、4年上字第444号、4年上字第653号、4年上字第669号、4年上字第709号、4年上字第813号、4年上字第1283号、4年上字第1760号、5年上字第115号、5年上字第483号、5年上字第530号、5年上字第579号、5年上字第820号、5年上字第907号、5年上字第931号、5年上字第1015号、5年上字第1026号、5年上字第1051号、5年上字第1211号、5年上字第1222号、5年上字第1280号、5年上字第1290号、5年上字第1295号、5年上字第1452号、5年上字第2317号、6年抗字第18号、6年上字第438号、6年上字第453号、6年上字第501号、7年上字第77号、7年上字第520号、8年上字第253号、8年上字第389号、8年上字第655号、8年上字第1042号、8年上字第1332号、9年上字第865号、9年上字第953号、10年上字第704号、15年上字第227号 **大理院解释例** 统字第607号、统字第773号、统字第917号、统字第1164号、统字第1201号、统字第1295号 **南京国民政府最高法院判例** 17年上字第366号、17年上字第1109号、17年上字第1165号、18年上字第25号、18年上字第34号、18年上字第1074号、18年上字第1532号、18年上字第2033号、18年上字第2110号、19年上字第31号、19年上字第295号、19年上字第422号、19年上字第856号、19年上字第2074号、20年上字第910号、20年上字第2459号、21年上字第1598号、31年上字第149号、33年上字第884号、38年穗上字第45号

续表

司法机关的主张	大理院判决例、解释例，南京国民政府最高法院判例字号
否认特定习惯效力	**大理院判决例** 3年上字第709号、4年上字第432号、5年上字第51号、5年上字第154号、6年上字第1156号、6年上字第1014号、7年上字第224号、7年上字第1465号、8年上字第219号、8年上字第234号、8年上字第394号、8年上字第1289号 **大理院解释例** 统字第272号、统字第624号、统字第628号、统字第677号、统字第744号、统字第844号、统字第953号、统字第966号、统字第1032号、统字第1232号、统字第1426号、统字第1467号、统字第1735号 **南京国民政府最高法院判例** 18年上字第153号、18年上字第1346号、18年上字第2080号、18年上字第2772号、19年上字第1710号、19年上字第1813号、19年上字第1863号、19年上字第1897号、20年上字第1437号、20年上字第2307号、20年上字第3253号、21年上字第2037号、21年上字第3253号、28年上字第1078号、28年上字第559号、29年上字第20号、29年上字第618号、29年上字第1513号、30年上字第131号、30年上字第191号、30年上字第2040号、31年上字第1554号、31年上字第2235号、31年上字第2665号、32年上字第796号、32年上字第6039号、37年上字第6809号
回避特定习惯效力认定	**大理院解释例** 统字第1405号、统字第1847号、统字第1881号

Discourse and Practice: The Issue of "Custom" in Modern Chinese Legal History

Chen Yi

Abstract: Although "custom" is an inherent term in China, the use of "custom" as the legal resource started from the legal reform in the late Qing Dynasty. As late as 1907, the notion of establishing custom and customary survey as the basis for understanding Chinese rituals and public sentiments, and thus for the revision of new legislation, especially the civil law, began to spread. This far-reaching concept obscured the wide gap between the narration and the practice of custom. Therefore, over modern China, all three modern codifications of civil law conducted a series of surveys on custom, both the Draft Civil Law of the Qing Dynasty and the Civil

Law of the Republic of China list explicitly customary law and custom as supplementary sources of civil law, and the Da Li Yuan reaffirm constantly the status of custom as a source of law. However, from a practical point of view, the results of the customary survey basically failed to influence the three codifications. The number of customary rules in the judicial interpretations and binding judgments of the Da Li Yuan during the Beijing Government period that involve normative content is minimal compared to the total number of customary rules. After the promulgation of the Civil Law of Republic of China, "custom" had ceased to be the focus of judicial practice. The reason for this fragmentation of narration and practice lies in the lack of codified customary norms which can meet the criteria of Western legal theory and practice, in addition, it was difficult to generate and sustain custom in modern Chinese while the society went through dramatic changes. Moreover, considering that custom, not alienated or even deviated from the traditions of rituals, so it may be more meaningful to use modern legal principles as "public order and morality" and "honesty and trust" through judicial practice than to pursue the illusion of customary law.

Keywords: Custom Customary survey Codification Legal application Modern legal history

（责任编辑：夏扬）

论作为家庭美德的孝道在民事司法实践中的运用

朱晓峰[①]

摘要：在家庭原子化加速的现代社会，作为中国传统人伦道德核心的孝道，在当代中国法律实践中仍然存在广泛影响。一方面，《民法典》在第八条规定了公序良俗原则，在第一千零四十三条规定了"家庭应当树立优良家风，弘扬家庭美德"这样的倡导性规范，在第一千零六十七条第二款规定了成年子女的赡养义务，为孝道进入民事司法实践提供了规范基础；另一方面，在民事司法实践当中，法院通过引入孝道来解释制定法中的一般原则和具体规定，为其准确理解和适用寻找正当性基础。由此，《民法典》第八条、第一千零四十三条、第一千零六十七条第二款以及《老年人权益保障法》第十四条等作为孝道在制定法上的载体，用来调整主要包括但不限于父母子女关系中的赡养关系及相应法律效果评价的问题。这样，在家庭关系的传统规范与现代理念的冲突与融合中，将司法实践中仍在发挥作用的孝道与《民法典》的具体规定结合起来，一方面，在解释论上可以使《民法典》的内在体系与外在体系在父母子女关系领域实现融贯，贯彻法典编纂的体系性目标；另一方面，在具体法律规则的运用及法律效果评价上，可以使相应判决的论证过程以看得见的方式呈现出来，夯实法院相应法律论证的正当性与合法性基础，使判决易被当事人和社会接受，有助于实现最高人民法院在指导案例93号中所强调的"确保司法裁判既经得起法律检验，也符合社会公平正义观念"的基本目标。

关键词：孝道　赡养　父母子女关系　家庭美德　人伦道德

[①] 本文作者系中央财经大学法学院教授，法学博士。本文是2020年教育部哲学社会科学研究后期资助项目（20JHQ074）的阶段性成果。

一、问题的提出

孝道一直以来都是中国社会普遍重视的家庭伦理道德。在中国传统社会道德法律化的背景下，因孝道而衍生出来的行为规则具有强行法效力。而在当代社会背景下，尽管孝道不再被制定法明确规定，但早已融入民族精神的孝道文化仍深刻影响着社会生活中每个人的思想观念和行为选择，导致相应的法律实践亦需深切关照并灵活应对由此形成的社会需求。最高人民法院在2021年1月19日发布的《关于深入推进社会主义核心价值观融入裁判文书释法说理的指导意见》中即指出，在涉及老年人等弱势群体保护，诉讼各方存在较大争议且可能引发社会广泛关注的案件裁判文书中，法院应立足时代、国情、文化，综合考量法、理、情等因素，强化运用社会主义核心价值观释法说理，不断提升司法裁判的法律认同、社会认同和情理认同。[1] 另外，最高人民法院2020年5月13日发布的《人民法院大力弘扬社会主义核心价值观十大典型民事案例》中的第9个案例"自愿赡养老人继承遗产案"即以"中华孝道"为核心价值，实现了情、理、法的有机融合，弘扬了团结友爱、孝老爱亲的中华民族传统美德。[2] 与这种司法实践立场相一致，《民法典》第一千零四十三条在原《婚姻法》第四条基础上增加了"家庭应当树立优良家风，弘扬家庭美德，重视家庭文明建设"的表述，为在解释论上将孝道中内含的与当代社会主义法治精神相一致的内容引入当前民事法律实践提供了规范基础。[3] 但是，作为中国社会家庭伦理道德核心的孝道通过《民法典》第一千零四十三条等进入当前民事法律实践领域的正当性基础是什么？受其影响的当事人之间的权利义务关系具体为何？对此应如何对待？等等。学理上仍有进一步讨论的空间。下文即在《民法典》第一千零四十三条的基础上，以民事判决中的法律论证为视角，来探讨前述问题的答案。

---

[1] 最高人民法院《关于深入推进社会主义核心价值观融入裁判文书释法说理的指导意见》（法〔2021〕21号）第一条第三项、第四条第三项。

[2] 《最高法发布弘扬社会主义核心价值观十大典型民事案例》，https://www.chinacourt.org/article/detail/2020/05/id/5215132.shtml，最后访问日期：2023年3月27日。

[3] 参见朱晓峰：《孝道在民法典婚姻家庭编的表达及适用》，载梁慧星主编：《民商法论丛》第72卷，社会科学文献出版社2021年版，第97页。

二、孝道入法的基础论证

当代司法实践与传统有别的一个显著特征是依法裁判,任何具体判决的作出都必须以有效的法律规则、原则为依据,一般不得直接依据价值理念、伦理道德等作为裁判依据。[1] 但这并不意味着司法实践不关注人伦道德。最高人民法院在指导案例93号中强调,法院在具体的司法裁判中应充分关注和考虑人格尊严或包含孝道在内的人伦道德,以确保司法裁判既经得起法律检验,也符合社会公平正义观念。于此情形下,作为人伦道德的孝道究竟如何作用于民事司法裁判?其作用于司法裁判的正当性基础究竟为何?

(一) 孝道入法的合法性基础

现行制定法并没有直接规定孝道的具体法律规则与原则。为应对现实生活中人的正当需求,当前司法实践中法院往往通过对可能内含孝道理念的法律规则加以解释并援引为法律论证的规范依据,支持孝道对现实生活的规范指引。[2]

于此,《民法典》第一千零六十七条第二款(原《婚姻法》第二十一条第一款第二分句和第三款)、《老年人权益保障法》第十三条至第二十六条特别是第十四条,在涉及孝道的民事判决中尤其被作为裁判依据而广泛运用。[3] 以这些具体法律规则为基础,法院所作判决通常采用的表述方式有:"孝道是中华民族的传统美德,所谓百善孝为先,为人子女不尽赡养义务,不仅不为法律所允许亦不为道德所容。被告某某等子女今后均应积极履行赡养义务,保障原告某某老人安享晚年。依照《婚姻法》第二十一条,《老年人权益保障法》第十四条之规定,判决……"[4] 学理上亦将此视为是当代法律实践"对传统孝道文化的正面呼应,也是对传统法律价值的回归"。[5] 法院于此所持之

---

[1] 参见孙海波:《疑难案件否定法治吗:依法裁判立场之重申》,载《政治与法律》2017年第5期,第57-58页。
[2] 参见朱晓峰:《孝道理念与民法典编纂》,载《法律科学》2019年第1期,第82页。
[3] 北京市高级人民法院民事裁定书(2016)京民申27号。
[4] 河北省石家庄市中级人民法院民事判决书(2014)石民二终字第00682号。
[5] 参见龙大轩:《孝道:中国传统法律的核心价值》,载《法学研究》2015年第3期,第193页。

立场及与之呼应的理论观点，实质上就是将《婚姻法》第二十一条（《民法典》第一千零六十七条第二款）和《老年人权益保障法》第十四条等视为孝道在当代法律实践中的制度载体，孝道可以通过这些具体规则进入现行法律体系，并对当代社会背景下的家庭纠纷解决产生实质影响。此外，将制定法中的具体规定作为人伦道德的核心即孝道的制度载体，有助于防止学理上担忧的法官以社会效果为由而通过宏观的政策、理念、原则甚至口号枉法或违法裁判所导致的社会效果异化现象发生，① 殊值肯定。

传统法律中的孝道理念之所以会与《民法典》《老年人权益保障法》等制定法在老年人赡养问题上无缝对接，实质上与法律规则赖以生发和运行的特定社会现实密不可分。这种关系主要表现为如下两个方面：

一是，无论是作为传统法律制度之重要构成的孝道，还是现代家庭法律制度中的父母子女关系，都要解决老年人的赡养问题，二者的调整对象具有同一性。具体而言，传统社会中的老年人赡养完全是经由家庭而实现，在此背景下，孝道入法并成为当时法律制度的核心构成；② 而在现代社会，老年人赡养不再由家庭一力承担，社会保障制度的出现与完善逐渐为家庭之外的养老提供了可选方案，但即便如此，家庭养老的制度功能依然被《老年人权益保障法》明确承认，孝道依然是理解当代中国社会结构的一个重要视角，其作为当代家庭伦理的重要构成而在代际关系的调整中发挥着重要作用。③《民法典》《老年人权益保障法》等规定的父母子女关系中的赡养义务，亦可经由孝道而展开正当性论证。④

二是，现代社会背景下调整对象具有同一性的孝道理念和父母子女关系中的赡养规则发生作用的机制并不完全相同。⑤ 对于孝道理念而言，作为一种非正式法律规范的孝道，仍然是当代中国家庭情感实践中最具原生力的行为动机而首先在家庭伦理道德层面产生约束人之行为的效力，使行为人在家庭生活中能自发地履行赡养老人的义务。对于作为正式法律规范的制定法而言，

---

① 参见焦和平：《法律之内实现社会效果的合理途径》，载《河北法学》2013年第6期，第3页。
② 参见朱晓峰：《孝道理念与民法典编纂》，载《法律科学》2019年第1期，第83页。
③ 参见胡安宁：《老龄化背景下子女对父母的多样化支持：观念与行为》，载《中国社会科学》2017年第3期，第82-83页。
④ 参见郑玉双：《孝道与法治的司法调和》，载《清华法学》2019年第4期，第45页。
⑤ 参见龙大轩：《孝道：中国传统法律的核心价值》，载《法学研究》2015年第3期，第76-79页。

这种非正式法律规范的孝道发生作用的基础与积极意义在于：由于在传统法律制度的实践运行中，通过孝道调整家庭关系的做法不断得以强化且被整个社会普遍接受，由此导致孝道观念逐渐浸入并且实质性地形塑了中国社会家庭关系的伦理道德和精神气质。因此，即使孝道在现代社会因法律制度的剧变而丧失赖以存在的制度基础之后，依然可以作为现代制定法中规定的父母子女关系中的赡养义务的正当性基础而发挥作用。

亦即言，在中国当代社会背景下，作为正式法律规范的赡养规则和非正式法律规范的孝道理念因为具有同一性的调整对象而在家庭法律实践领域再次紧密地结合起来。这种结合的内在机理在于：作为正式法律规范的赡养规则为孝道理念的入法提供了制度载体，而作为非正式法律规范的孝道理念则为赡养规则的实践运用提供了正当性论证基础，二者的结合强化了具体案件中相应说理的正当性与合法性基础。而在《民法典》第一千零四十三条第一款明确规定"家庭应当树立优良家风，弘扬家庭美德，重视家庭文明建设"的背景下，孝道理念作为论证赡养规则正当性基础的一般法律思想的价值，就显得更为突出了。

（二）孝道的法律属性

以制定法的具体规定作为孝道的制度载体，解决的是孝道入法的合法性基础问题，对此司法实践中法院的立场基本一致。与此不同，对于孝道的法律属性，实践中法院的理解并不一致，主要表现为如下四种基本立场：

1. 道德义务论

该观点将制定法上规定的赡养义务的履行与一般社会生活观念中的孝敬或者孝顺行为相区别。持这种观点的法院普遍认为"孝敬父母是中华民族世代相传的传统美德，赡养老人是我国法律明文规定的法律义务"等。[①] 从法院法律论证时的修辞来看，该观点并没有将孝道内含的照顾、探望父母等要求当然与制定法上的赡养义务等而视之。这也意味着，向父母尽孝并不当然发生履行赡养义务的法律效果。例如，对于继子在生母去世后仍探望照顾继父的，在法院看来，此举是儿女应尽的孝道，不是法律意义上的扶养行为，不能认定其系制定法所规定的继承人以外的对被继承人扶养较多的人，其要求

[①] 江苏省常州市中级人民法院民事判决书（2016）苏04民终2425号。

继承继父的遗产亦不应被支持。①

当然，坚持孝敬或者孝顺老人以尽孝道属于道德义务这一立场的司法实践并未完全切断孝道与法律的联系。有法院在判决书中表明：孝敬父母、诚实守信是中华民族的传统美德，法律的实施本身就具有普及并弘扬美德的作用。② 所以法院通常会在判决书中对孝敬或孝顺行为予以褒扬，③ 甚至有法院将孝道作为判定法律行为效力、④ 遗产分割数额、⑤ 责任轻重及减免的重要考量依据。⑥

2. 双重属性论

关于赡养与孝道的规范关系，实践中有法院在判决书中将之表述为："孝敬父母，为父母养老送终是每一个儿女应尽的法定义务。"⑦ 当然，也有法院将二者的关系表述为："子女赡养父母既是道德上应该遵守的孝敬行为，也是法定的义务"，⑧ 或"赡养父母、孝敬父母是中华民族的传统美德，也是子女应尽的法定义务"等。⑨ 事实上，法院于此无论是将赡养与孝敬并列以观，还是将赡养视为孝敬的种概念或将孝敬视为赡养的种概念，实质上都在孝道与现行法规定的赡养义务之间建立起了规范关系，孝道因此亦具备了法律与道德的双重属性。基于此，有法院在判决书的说理部分明确表示："赡养父母是中华民族的美德，百善孝为先，作为人子，理应承担孝顺父母的义务与责任"，⑩ 若"子女不尽赡养义务，不尽孝道，则不仅不为法律所允许，亦不为道德所容。"⑪

既然孝敬老人是子女应尽的法定义务，那么其履行该法定义务当然不能期望从中获益。例如，对于以"照顾母亲，为母亲送终做了主要工作"为由而主张多分遗产的，法院会以"孝敬父母，为父母养老送终是每一个儿女应

---

① 上海市高级人民法院民事判决书（2015）沪高民一（民）再提字第3号。
② 吉林省高级人民法院民事裁定书（2016）吉民申2204号。
③ 中华人民共和国最高人民法院民事裁定书（2015）民申字第1759号。
④ 河南省高级人民法院民事判决书（2014）豫法民提字第00007号。
⑤ 辽宁省大连市中级人民法院民事判决书（2014）大民一终字第1319号。
⑥ 河南省高级人民法院刑事裁定书（2015）豫法刑执字第00543号。
⑦ 广西壮族自治区高级人民法院民事裁定书（2014）桂民申字第851号。
⑧ 湖南省芷江侗族自治县人民法院民事判决书（2015）芷民一初字第627号。
⑨ 陕西省安康市中级人民法院民事判决书（2013）安民终字第00369号。
⑩ 安徽省颍上县人民法院民事判决书（2014）颍民一初字第03610号。
⑪ 浙江省绍兴市中级人民法院民事判决书（2013）浙绍民终字第683号。

尽的法定义务"为由，而拒绝行为人提出的多分一份遗产的请求。① 在不具备法律承认的能产生第一顺位继承人法律效果的祖父母与孙子女关系中，孙子代替父母照顾赡养祖父母的，法院还认为，这种孝敬祖父母的行为是人之常情，行为人不能以此为由主张遗产分割请求权。②

3. 人格利益论

持此观点的法院在判决书中表示，孝敬老人是中国的传统美德，对老人的生养死葬是其重要内容，在老人去世后，子女按照习俗进行安葬是其作为死者近亲属的人格利益。依据该观点，近亲属按照习俗安葬老人是与其人身不能分离的固有人格利益，属于法律保护的民事权益，若他人违反社会公德侵犯该人格利益，则应承担相应法律责任。例如，刘某某等人的父亲死亡后，其亲朋好友从各方到其家中参加葬礼，但村委会堵断公路不让治丧车辆通行，法院认为该行为有悖社会公德，侵犯了刘某某等人按照习俗安葬老人的人格利益，因此判决村委会承担侵权责任。③

当然，老人的近亲属于此基于孝敬老人而享有的人格利益，在与老人的自由意志产生冲突时，基于孝道的基本内涵，近亲属人格利益应让位于老人意志自由的保护。例如，对于请求亲自照顾母亲张某的刘某甲，法院认为，此种"想尽孝的诚心应予肯定，但百善孝为先的孝不仅应体现在对父母的孝敬即尊敬方面，还应体现在孝顺即顺从老人的意愿方面，现在张某因长年卧病在床并已经习惯了刘某乙夫妻的照顾，不愿意刘某甲到其身边照顾，所以应尊重张某的意愿"，据此法院驳回了刘某甲的诉讼请求。④ 法院于此所持的立场反映了孝道内含的基本价值观，即"孝是中华传统文化提倡的行为，指儿女的行为不应违背父母、家里的长辈以及先人的心意，是一种稳定伦常关系的表现。孝的一般表现为孝顺、孝敬等。孝顺指为了回报父母的养育，而对父母权威的肯定，从而遵从父母的指点和命令，按照父母的意愿行事"。⑤ 在不违背子女平等、自由与尊严的前提下，法院的这种观点原则上应予赞同。

---

① 广西壮族自治区高级人民法院民事裁定书（2014）桂民申字第851号。
② 中华人民共和国最高人民法院民事裁定书（2015）民申字第1759号。
③ 重庆市高级人民法院民事判决书（2012）渝高法民提字第218号。
④ 河北省唐山市中级人民法院民事判决书（2014）唐民一终字第623号。
⑤ 湖南省临湘市人民法院民事判决书（2016）湘0682民初92号。

4. 公序良俗论

依据公序良俗的通行界定标准，被我国当前司法实践普遍承认的作为中华民族传统美德且为百善之首的孝，因对其违反具有较强的反社会性，当然属于公序良俗的涵摄范畴。① 对此，实践中亦有法院在判决书中表示："孝敬老人是中华民族优良传统，赡养义务是法定义务，属于公序良俗的范畴。"② 然而不论是传统的孝道观念，还是当代司法实践所奉行的孝道的一般准则，原则上都是将孝道理解为家庭关系中长幼亲属之间的行为准则，孝道所调整的对象原则上是此类亲属之间的家庭关系，原则上并不调整非亲属之间的关系。③

另外，若子女违反孝道而未对父母生养死葬的，法院亦视之为对公序良俗原则的违反。例如，在黎某一与黎某二等共有纠纷案中，法院即在判决书中明确表示：原告作为儿子，理应孝顺、善待其父母，但其在母亲病重住院时甚少过问，去世之时也未前来料理后事及祭拜，其行为不仅违反法律规定，而且违反社会道德及公序良俗。④ 甚至有法院在法律文书中还将子女"不顾父母内心感受和身体上的病痛而向法院提起诉讼，与自己的父亲对簿公堂"的行为视为对公序良俗的违反。⑤

（三）小结

在传统法律实践中，孝道当然内含着卑亲属对尊亲属，尤其是子女对父母承担的法定义务。⑥ 与此不同，在制定法未明确规定孝道的当代法律体系中要引入孝道，势必要解决其入法的合法性与正当性问题。而当前司法实践中法院通过理性的运用，巧妙地解决了这一问题。尽管对于孝道法律属性存在分歧，但此种分歧并不影响孝道作为人伦道德之核心而对制定法的规则适用产生实质性的影响。在当代中国的社会背景下，法院在法律论证中引入孝道，

---

① 参见于飞：《公序良俗原则与诚实信用原则的区分》，载《中国社会科学》2015 年第 11 期，第 162 页。
② 北京市高级人民法院民事裁定书（2016）京民申 27 号。
③ 参见汤一介：《"孝"作为家庭伦理的意义》，载《北京大学学报（哲学社会科学版）》2009 年第 4 期，第 11 页。
④ 海南省三亚市中级人民法院民事判决书（2014）三亚民一终字第 337 号。
⑤ 辽宁省高级人民法院民事判决书（2015）辽审一民抗字第 69 号。
⑥ 参见林明：《传统法制中的孝道文化因素释义》，载《法学论坛》2011 年第 6 期，第 3 页。

可以对当事人不接受判决构成实质性的反驳。法院通过孝道的证立会使当事人明白，判决并非单单直接从法律中推导出来。① 而在《民法典》婚姻家庭编第一千零四十三条规定"家庭应当树立优良家风，弘扬家庭美德，重视家庭文明建设"的背景下，司法实践通过引入孝道来增强个案审判中判决的说理效果，正当性基础与合法性基础更为充分。

三、孝道入法的主要内容

当代社会背景下孝道入法的社会基础在于，孝道理念能够满足具体的人基于现实需要而对法提出的伦理性要求，而司法实践中法院则通过引入孝道适当扩展了制定法规则的适用范围。对此主要表现在如下方面：

（一）孝道适用的法律关系

法院在法律论证中通过孝道进行说理时，原则上仍将之适用于父母子女关系的处理上。这与传统法律实践相一致。② 在当代的司法实践中，法律上的父母子女关系既包括生父母子女关系、养父母子女关系、继父母子女关系，有时也包括那些并未形成法律上父母子女关系的继父母子女关系。除父母子女关系之外，传统社会中强调的对尊长应予孝敬的观念，在当前的司法实践中亦获得了普遍承认。易言之，孙子女/外孙子女无论对祖父母/外祖父母是否负有法律上的赡养义务，都应孝敬/孝顺老人。换言之，此种情形下二者之间的关系依然在孝道涵摄的范围内。③

当然，传统社会男尊女卑并将孝的对象主要限定为父系尊亲的观念，④ 在当前的司法实践中仍有影响。法院在判决书中仍普遍承认丧偶儿媳应对公婆恪尽孝道，对此的常见表述是："作为儿媳，虽然丈夫已逝，但为人儿媳之基本孝心不能失，日常生活需谨记谦和、克制，凡事以宽容、善待老人为宗旨。"⑤ 与

---

① ［德］诺伊曼：《法律论证学》，张青波译，法律出版社2014年版，第9页。
② 杨洪烈：《中国法律发达史》，中国政法大学出版社2009年版，第262页。
③ 中华人民共和国最高人民法院民事裁定书（2015）民申字第1759号。
④ 参见李汉武：《中国古代社会的家庭结构及其对社会政治思想的影响》，载《史学理论研究》1997年第2期，第22页。
⑤ 湖北省荆门市中级人民法院民事判决书（2015）鄂荆门民一终字第00049号。

此同时，由于男女平等观念的深入人心和独生子女政策导致的家庭结构的显著变化等，使得孝道的调整对象亦扩展到女婿对岳父母的关系上，女婿也要和孝敬父母一样孝敬岳父母，做到尊老、敬老、养老，安排好老人的生养死葬。① 法院认为，女婿对岳父母理应孝敬关爱，平等相处，建立和睦的家庭关系。② 相应地，如果儿媳、女婿未能向老人尽孝而生养死葬老人的，自然不能主张相应的请求权。③

与传统社会奉行的家庭伦理不同，在当代中国社会生活中，妻子在丈夫死亡后有权选择其他生活方式，如寡居、改嫁或与他人同居而不登记结婚。妻子在丈夫去世后与他人同居的，若其与前夫所生之子女和同居者以父子相称且父慈子孝的，那么法院于此亦肯定为人子者的孝行。实践中有法院通过把这里的孝行纳入公序良俗的范畴而将之适用于因同居关系所生之民事关系的处理上来。④ 这显然是对传统孝道内涵的新解，值得肯定。

（二）孝道内含的主要权利义务

我国当代司法实践中的孝道主要在养老送终即生养死葬两个方面对义务人提出要求。⑤ 法院通常认为："父母对子女有抚养教育的义务，子女对父母有赡养的义务，尤其是子女对父母生养老、死安葬更是我国自古以来的优良传统和民间习俗。"⑥ 当然，于此需要明确，当代司法实践中法院认定的孝道与传统法律实践中的孝道既有联系，亦有显著不同。

1. 生养

有法院在判决书中明确承认，所谓"孝有三：大孝尊亲，其次不辱，其下能养"。⑦ 对老人而言，当其在世时，最基础的莫过于"能养"。当前司法实践主要从三个方面来认定"能养"。

（1）充分合理地给付

司法实践普遍承认孝的给付内容主要包括经济供养、生活照料、精神慰

---

① 山东省济南市中级人民法院民事判决书（2015）济民五终字第462号。
② 山西省长治市中级人民法院民事判决书（2015）长民终字第00246号。
③ 陕西省安康市中级人民法院民事判决书（2013）安民终字第00369号。
④ 江苏省如东县人民法院民事判决书（2015）东民初字第00598号。
⑤ 重庆市高级人民法院民事判决书（2012）渝高法民提字第218号。
⑥ 江苏省南京市中级人民法院民事判决书（2015）宁民终字第2975号。
⑦ 四川省梓潼县人民法院民事判决书（2016）川0725民初963号。

藉以及患病老人的医疗四个方面。

第一，经济供养。这里主要涉及的是对于年老体弱而无经济来源的老人提供金钱等物质支持。① 在法院看来，"对父母孝以钱财，使其衣食无忧"②"保证老人居者有其屋，使其安享晚年生活"等，③ 是子女孝敬父母以及履行赡养义务的当然之理，即使子女属于低保对象而经济困难，也不能当然免于承担此种义务。因为"赡养父母系法定义务，亦是社会伦理道德的基本要求"。④ 当然如果子女确实存在经济困难等客观因素，法院一般亦会根据实际情况酌情减轻其供养负担。⑤ 另外，经济供养应是合理的，即考虑老人的实际需要而能满足其正常生活之需，⑥ 一般以当地平均生活水平为准。⑦ 对于老人主张的数额巨大的赡养费，一般不会获得支持。⑧

第二，生活照料。这主要是指对生活不能自理的老年人的照顾。实践中法院一般认为，老年人因年事已高、体弱多病等导致生活不能自理的，赡养人应对老人承担照料责任。⑨ 在不违背公序良俗且老人同意的前提下，原则上要求赡养人亲自照料。⑩ 若有数个赡养人，可以采取轮换的方式亲自照料。⑪ 轮换照料必须取得老人的同意，否则不被法院支持。⑫ 对不能亲自照料的，应按照老人的意愿选择具体的照料方式，如委托他人或养老机构照料。⑬ 另外，有疾在身的子女并不因此当然免除照料父母的义务，若子女有疾病但未丧失劳动能力，法院一般仍坚持认为其应孝敬赡养父母。⑭ 对照顾和护理老人较多的子女，法院一般会肯定行为人发扬了中华民族孝老敬亲的传统美德，并在言辞上给予鼓励。⑮

---

① 河南省三门峡市中级人民法院民事判决书（2014）三民终字第813号。
② 北京市第三中级人民法院民事判决书（2014）三中民终字第14609号。
③ 青海省高级人民法院民事判决书（2015）青民提字第49号。
④ 安徽省池州市中级人民法院民事判决书（2015）池民一终字第00379号。
⑤ 甘肃省陇南市中级人民法院民事判决书（2015）陇民一终字第153号。
⑥ 重庆市第五中级人民法院民事判决书（2015）渝五中法民终字第00394号。
⑦ 江苏省南通市中级人民法院民事判决书（2014）通中民终字第1913号。
⑧ 重庆市第五中级人民法院民事判决书（2015）渝五中法民终字第00387号。
⑨ 山西省高级人民法院民事裁定书（2010）晋民申字第575号。
⑩ 北京市第三中级人民法院民事判决书（2017）京03民终6413号。
⑪ 河南省许昌市中级人民法院民事判决书（2015）许民终字第284号。
⑫ 江苏省南通市中级人民法院民事判决书（2014）通中民终字第1913号。
⑬ 重庆市第五中级人民法院民事判决书（2015）渝五中法民终字第00394号。
⑭ 陕西省宝鸡市中级人民法院民事判决书（2016）陕03民终1467号。
⑮ 河北省高级人民法院民事裁定书（2016）冀民申4413号。

第三，精神慰藉。法院普遍重视精神慰藉的重要意义，并会在法律论证中强调这一点。① 对此的通常表述是："对老人顺以脸色以使其心情愉悦"② "应多探望、关心父母"，③ 对父母应当"嘘寒问暖，让其心中宽慰"④ "关爱和呵护父母以让其颐养天年"等。⑤ 法院亦普遍承认能达到慰藉父母精神的"亲情关怀发自肺腑，非外力强制可以实现"。⑥ 因此，法院多会强调子女尽孝的自觉性和主动性。⑦ 对实践中有老人要求子女每月给其打电话一次的请求，即使未被法院支持，但法院在判决书的论证中却殷殷期望子女能从遵循孝道、增进父母子女间感情的角度出发，经常与父母电话联系，对其精神予以慰藉。⑧ 当然，也有法院以子女应当重视对年迈父母精神上的慰藉为由而支持父母要求子女回家看望的请求权。⑨ 对常年不回家看望父母的，法院指出此举有违孝道，违反了做人的基本准则。⑩

另外，法院还要求子女通过顺从老人的意愿来慰藉老人的精神。法院在法律论证中清楚地表明："孝是中华传统文化提倡的行为，指儿女的行为不应该违背父母、家里的长辈以及先人的心意，是一种稳定伦常关系的表现。孝一般表现为孝顺、孝敬等。孝顺指为回报父母的养育而对父母权威予以肯定，从而遵从父母的指点和命令，按照父母的意愿行事。"⑪ 父母因长年卧病在床并已习惯了某特定子女的照顾而不愿意其他子女到其身边照顾的，法院认为其他子女应顺从老人的意愿，从而拒绝了相应的照顾请求。⑫ 若老人愿意在养老院养老，在不违背公序良俗的前提下，子女亦应尊重老人的意愿。⑬ 在法院看来，"体谅并理解老人的情绪"，是慰藉其精神并给其创造安详幸福之晚年

---

① 浙江省绍兴市中级人民法院民事判决书（2013）浙绍民终字第683号。
② 山西省平遥县人民法院民事判决书（2015）平民初字第1225号。
③ 北京市第二中级人民法院民事判决书（2015）二中民终字第06836号。
④ 四川省梓潼县人民法院民事判决书（2016）川0725民初963号。
⑤ 北京市第三中级人民法院民事判决书（2014）三中民终字第14609号。
⑥ 浙江省绍兴市中级人民法院民事判决书（2010）浙绍民终字第255号。
⑦ 河南省三门峡市中级人民法院民事判决书（2014）三民终字第813号。
⑧ 重庆市第五中级人民法院民事判决书（2015）渝五中法民终字第00387号。
⑨ 上海市浦东新区人民法院民事判决书（2016）沪0115民初48993号。
⑩ 河北省正定县人民法院民事判决书（2015）正民新初字第00417号。
⑪ 湖南省临湘市人民法院民事判决书（2016）湘0682民初92号。
⑫ 河北省唐山市中级人民法院民事判决书（2014）唐民一终字第623号。
⑬ 北京市第三中级人民法院民事判决书（2017）京03民终6413号。

生活的重要内容。①

第四，患病老人的医疗。法院普遍将患病老人的治疗与护理理解为子女除经济供养、生活照料与精神慰藉之外的独立赡养内容。② 从对患病老人治疗、护理的具体内容看，虽然其主要内容亦为其他三种类型所涵盖，但也有独立存在的必要：首先，患病具有突发性，区别于其他三种常规性的赡养内容，要求对患病老人的及时治疗和护理。③ 其次，对老年人而言，患病尤其具有严重性，因此更要求子女积极救治，悉心护理。④ 再次，对子女而言，在父母患病时尽孝尤其具有迫切性。由于患病之于老年人的严重性，因此法院在裁判文书的说理部分通常用"树欲静而风不止，子欲孝而亲不待"的古谚来强调子女在父母患病时尤其要及时表达自己的孝心。⑤ 最后，对子女而言，患病老人的医疗与护理可能会使其赡养义务加重。⑥ 于此情形下，司法实践通常要结合具体案件中的实际情况来确定子女尽孝的方式与履行标准。⑦

在实践中，若无特殊约定或其他证据证明，子女为父母支付医药费一般被认为是子女恪尽孝道的行为，其并不当然会被认为是由子女垫付而能产生嗣后需父母向子女清偿的法律效果。⑧

（2）及时自愿地给付

法院普遍强调子女对老人尽孝应自愿且及时。一般而言，法院作出的判决书说理部分对此的表述都极具人情味，说教意味浓重。对此的常见表述包括但不限于："子欲孝而亲不待"⑨ "人生买不到回头票，孝敬父母不能等"⑩ "孝是稍纵即逝的眷恋，孝是难以重现的温馨，孝是一种美德，尽孝时机一旦失去就难以挽回"等。⑪ 因此，在涉及对老人的经济支持时，法院一般认为子女应自觉及时地支付赡养费而不得拖延，判决书中也会确定费用支付的具体

---

① 北京市朝阳区人民法院民事判决书（2013）朝民初字第25597号。
② 河北省高级人民法院民事裁定书（2016）冀民申4413号。
③ 重庆市第五中级人民法院民事判决书（2015）渝五中法民终字第00394号。
④ 四川省梓潼县人民法院民事判决书（2016）川0725民初963号。
⑤ 四川省梓潼县人民法院民事判决书（2016）川0725民初963号。
⑥ 上海市第一中级人民法院民事判决书（2014）沪一中民二（民）终字第794号。
⑦ 重庆市第五中级人民法院民事判决书（2015）渝五中法民终字第00394号。
⑧ 广东省珠海市中级人民法院民事判决书（2014）珠中法民一终字第40号。
⑨ 辽宁省大连市中级人民法院民事判决书（2015）大民一终字第1565号。
⑩ 河北省石家庄市中级人民法院民事判决书（2014）石民二终字第00682号。
⑪ 江西省奉新县人民法院民事判决书（2016）赣0921民初420号。

期间;① 在涉及生活照料时,法院一般会强调子女照顾的充分及时及对老人特殊需要的满足等;② 在涉及精神慰藉时,法院一般会承认精神赡养在实践中难以强制执行而强调子女平时应自愿及时地慰藉父母;③ 在涉及患病老人的医疗时,法院普遍强调子女应使老人得到及时的治疗与护理。④ 当然,对于老人医疗费用的负担,所谓的给付及时并不意味着预支,实践中一般要求此等费用的主张以实际发生且老人无力负担为必要,否则相应费用的给付请求权不会获得法院的支持。⑤

(3) 无条件给付与反馈模式

当代司法实践一般也会强调对老人尽孝的无条件性。在法院看来:百善孝为先,孝顺老人是中华民族的传统美德,是做人之根本、为人之本分,是个人修身立志的首选,无论条件,也不求报答。⑥ 对老人尽孝,应不受自己与老人之间是否存在经济纠纷、诉讼纷争之影响,⑦ 亦不受老人是否将其所有之财产处分给自己之影响。⑧ 有法院认为:子不言父之过,即使供养子女成人的父母曾经存在过错行为,但在其年老无助时,成年子女亦应对之恪守孝道。⑨

法院强调的尽孝的无条件性实际上与赡养义务的法定性密切相关,而法定赡养义务存在的正当性基础恰恰又在于中国传统家庭伦理中存在着所谓的反馈模式,即中国家庭是"甲代抚育乙代,乙代赡养甲代,乙代抚育丙代,丙代又赡养乙代",这有别于西方的接力模式。⑩ 从当代司法实践中法院所持的立场观察,这种反馈模式也获得了普遍认同。法院在论证中对此的典型表述有:"羊有跪乳之恩,鸦有反哺之义,人何以堪"⑪ "老年人为社会辛勤劳动,贡献毕生的精力,为子女操劳终身,为家庭做出贡献。在他们年老体弱

---

① 河南省许昌市中级人民法院民事判决 (2014) 许民终字第 1243 号。
② 河北省石家庄市中级人民法院民事判决书 (2015) 石民二终字第 00552 号。
③ 重庆市第五中级人民法院民事判决书 (2015) 渝五中法民终字第 00387 号。
④ 重庆市第五中级人民法院民事判决书 (2015) 渝五中法民终字第 00394 号。
⑤ 江苏省常州市新北区人民法院民事判决书 (2015) 新民初字第 2732 号。
⑥ 山东省临沭县人民法院民事判决书 (2016) 鲁 1329 民初 2900 号。
⑦ 北京市第二中级人民法院民事判决书 (2015) 二中民终字第 06836 号。
⑧ 北京市西城区人民法院民事判决书 (2015) 西民初字第 02790 号。
⑨ 四川省梓潼县人民法院民事判决书 (2016) 川 0725 民初 963 号。
⑩ 参见费孝通:《家庭结构变动中的老年赡养问题》,载《北京大学学报(哲学社会科学版)》1983 年第 3 期,第 7 页。
⑪ 江苏省常州市新北区人民法院民事判决书 (2015) 新民初字第 2732 号。

时，丧失劳动能力时，理应得到社会和子孙们的尊敬、关怀，给予生活上的帮助，使他们安度晚年"。① 当然，于此的反馈并不单指父母抚育年幼之子女、子女成年后赡养老迈的父母，② 也包括其他公序良俗范畴内的情形，如父母将自己的房屋全部赠与子女，子女亦应在父母年老时保证其居者有其屋。③

需要强调的是，被当代法律实践认可的无条件性应当区别于传统孝道所坚持的子女应当绝对服从父母的律令。④ 法院普遍认为，在家庭关系中，"不仅是子女必须孝顺父母，老人亦应善待子女"⑤ "体谅子女生活艰难"。⑥ 在法院看来，父母子女关系的理想模式是"双方应互相体恤，母慈子孝，共建和睦家庭，传承良好家风：作为父母，不妨以德报怨、海纳百川；作为儿子，应恪尽孝道，努力让父母安度幸福晚年"。⑦ 法院的这种立场实际上是新时代背景下法律基于人之尊严以及人格自由独立等现代法治原则而对孝之内涵的修正，符合社会主义法治理念的基本要求。

2. 死葬

在传统私法的视野里，私法是活着的人的法。⑧ 私法对死者能做得最多的也仅是为其提供一个体面的葬礼。⑨ 但在孝道理念中，死葬并不简单地体现为对于死者的尊重，而是体现为人伦道德对父母祖先之永恒性的深切关怀，这种关怀主要通过子女应尽的义务体现出来。

（1）安葬的法律属性

在父母去世后将之妥善安葬，是子女孝敬父母及履行法定赡养义务的必然要求，司法实践对此亦予明确肯定。⑩ 有法院在判决书中明确表示："孝敬老人是我国的传统美德，对老人的生养死葬是其重要内容"，若他人违反公序良俗致死者不能被正常安葬，则被认定构成对死者之近亲属人格权益的侵犯，

---

① 安徽省池州市中级人民法院民事判决书（2015）池民一终字第00379号。
② 江苏省常州市新北区人民法院民事判决书（2015）新民初字第2732号。
③ 北京市第三中级人民法院民事判决书（2014）三中民终字第05009号。
④ 瞿同祖：《瞿同祖法学论著集》，中国政法大学出版社2004年版，第51页。
⑤ 四川省广元市中级人民法院民事判决书（2015）广民终字第438号。
⑥ 浙江省绍兴市中级人民法院民事判决书（2010）浙绍民终字第255号。
⑦ 湖北省高级人民法院民事裁定书（2016）鄂民申2275号。
⑧ ［日］星野英一：《民法劝学》（ほしの えいいち，民法のすすめ），张立艳译，北京大学出版社2006年版，第153页。
⑨ 朱晓峰：《侵权可赔损害类型论》，法律出版社2017年版，第443页。
⑩ 广西壮族自治区高级人民法院民事裁定书（2014）桂民申字第851号。

需要依法承担法律责任。①

(2) 安葬义务人

死者有多个子女时，应由谁安葬父母？有法院依据孝道认为，"父母死亡后，由子女负责丧葬事宜并分担相关费用是我国的民间习俗，也是我国文化中子女的孝道之一，是子女对父母养育之恩的回报"。因此，若其中某个子女在丧事结束后向其他子女主张返还其已支付的丧葬费用，则会被认为"有违社会常理"，不会获得法院的支持。②亦有法院认为，丧葬费包括父母在世时子女为父母购置墓地所支出的费用，应由负有赡养义务的子女分担，一方出资购买而他人未予反对的，购买方在安置父母后有权向其他人主张相应费用的返还。③当然，若死者与安葬者之间仅存在事实上的父母子女关系而没有法律上的父母子女关系时，即使安葬者为尽孝道而已经支付了安葬费用的，其也有权向负有法律上安葬义务的主体主张费用返还请求权。④

(3) 安葬中的特殊事宜处理

第一，骨灰的处理。法院认为："骨灰保管、处理，均应包括在老人去世后的'后事'范围之内。"老人去世后，入土前，"对骨灰的处理应在法律范围之内，首先要考虑死者生前的愿望，其次要考虑在世配偶和子女的愿望。这也是中华民族子女对父母'孝'的应有之义"。⑤

第二，丧葬费的给付。老人因侵害行为致死的场合，关于丧葬费，虽然学理上有观点认为，丧葬费是法律为人之尊严而在其死亡后为其提供的体面葬礼而设。⑥但司法实践并不认为丧葬费是对死亡本身的赔偿，而是对与死者有特定法律关系的人所遭受的财产损失的赔偿，因此法院普遍认为该项费用的请求权不属于死者本人。这也就意味着，与死者没有亲属关系的民政局等即使安葬了死者，也不得主张此项费用的给付。⑦另外，对尚未死亡的人而言，在其死后才发生的丧葬费用，在其生前自无须为子女确定该项费用的负

---

① 重庆市高级人民法院民事判决书（2012）渝高法民提字第218号。
② 上海市第二中级人民法院民事判决书（2015）沪二中民一（民）终字第344号。
③ 江苏省南京市中级人民法院民事判决书（2015）宁民终字第2975号。
④ 江苏省如东县人民法院民事判决书（2015）东民初字第00598号。
⑤ 江苏省高级人民法院民事裁定书（2015）苏审三民申字第00118号。
⑥ 朱晓峰：《侵权可赔损害类型论》，法律出版社2017年版，第443页。
⑦ 某县民政局诉王某胜、吕某、天某保险江苏分公司交通事故人身损害赔偿纠纷案，载《中华人民共和国最高人民法院公报》2007年第6期。

担，若其请求为子女确定其去世后丧葬费的负担，则不会获得法院支持。①

第三，死亡赔偿金的归属。对与死者没有法律上亲属关系的人，即使其确已向死者尽孝，对死者生养死葬，但依然不能依据尽孝这一事实本身主张死者近亲属才有权主张的损害赔偿，如交通事故中的死亡赔偿金。法院认为，死亡赔偿金形成于死亡之后，并非死者遗留的个人合法财产，也不是基于自然人死亡前设定的民事法律行为所形成的请求权，该赔偿金的权利人是死者近亲属而非死者本人。但非近亲属已实际支出的合理费用如丧葬费、处理交通事故人员的交通费以及误工费等，行为人有权向死者近亲属主张返还。②

四、孝道入法的主要法律效果

在传统社会，义务本位的法治环境使得关于孝道的法律实践多从对不孝的制裁中体现出来，孝道的法律效果一般而言也是消极性的。③ 与此不同，当代法律实践中孝道入法的私法效果则要丰富得多。

（一）对于继承权得丧与遗产分配的影响

根据《民法典》第一千一百二十九条、第一千一百三十条及相应司法解释的规定，丧偶儿媳对公、婆，丧偶女婿对岳父、岳母，尽了主要赡养义务的，作为第一顺序继承人；对被继承人尽了主要扶养义务或与被继承人共同生活的继承人分配遗产时，可以多分；继承人虐待被继承人情节严重或故意杀害被继承人的，均丧失继承权。这表明，是否对老人尽孝，在特定情形下影响继承权的取得和遗产的分配。有法院认为，孝老敬亲并较多承担照顾和护理老人的行为，属于应予鼓励和支持的美德。④

关于影响程度，由法院在具体案件中依据个案情形自由衡量，于此并无客观统一的判断标准。例如，对虐待被继承人情节是否严重的判断，法院主要从实施虐待行为的时间、手段、后果和社会影响等方面予以认定。在王某甲与王某乙等法定继承纠纷案中，二被继承人生前与王某乙共同生活，且二

---

① 浙江省绍兴市中级人民法院民事判决书（2013）浙绍民终字第683号。
② 江苏省如东县人民法院民事判决书（2015）东民初字第00598号。
③ 参见范忠信：《"亲亲尊尊"与亲属相犯》，载《法学研究》1997年第3期，第117页。
④ 河北省高级人民法院民事裁定书（2016）冀民申4413号。

被继承人年老多病，其中之一常年瘫痪在床，均由王某乙夫妻照顾直至养老送终。王某甲在二被继承人生前所尽赡养义务较少，且两次以书面形式向二被继承人明确表示，要求不尽或少尽赡养义务，并以断绝书的方式要求脱离与父母、兄弟的关系。法院认为，王某甲的行为严重伤害了被继承人的感情，有违孝道，但该院同时又以"王某乙认可王某甲作为家中长子，被继承人生前一直挂念并期盼儿子回家看望，其与父母之间客观存在血缘关系"等为由，承认了王某甲的继承权而仅在分配遗产时对其适当减少了份额。①

另外，在涉及抚恤金的分配问题上，行为人是否在死者生前尽孝，也构成法院决定分配份额的重要考量因素。法院认为，抚恤金系对死者亲属的精神抚慰和经济补助，在分配时，应考虑家属和死者生前的关系以及是否尽到了应尽的扶养义务等。对于不孝顺、不关心被继承人的子女而言，在分配抚恤金的数额上应适当少分。②

当行为人自始即不存在继承权或虽有继承权但继承顺位靠后的，若不存在法律规定的特别情形，如丧偶儿媳/女婿对公婆/岳父母尽了主要赡养义务，或者养祖父母与养孙子女的关系被视为养父母与养子女关系的，则即使行为人对与其有特定亲属关系的老人尽孝，也不会对继承权和遗产的分配产生影响。③

需要注意的是，在遗嘱继承的场合，行为人是否向老人尽孝原则上并不影响遗嘱对遗产的处分。在金某一诉金某二等遗嘱继承纠纷案中，虽然金某一及其配偶孝敬、赡养母亲的行为被法院肯定，但法院依然认为，《民法典》第一千一百三十条第三款（原《继承法》第十三条第三款）规定的"对被继承人尽了主要赡养义务的继承人，分配遗产时，可以多分"系在法定继承下适用，由于被继承人在生前已通过公证遗嘱的方式将财产指定由原告之外的其他子女继承，因此尽管金某一及其妻子在被继承人去世前几年确实尽了主要赡养义务，但于此被继承人之遗产的分配应以尊重被继承人之遗嘱意愿为先。④

---

① 辽宁省大连市中级人民法院民事判决书（2014）大民一终字第1319号。
② 四川省高级人民法院民事裁定书（2015）川民申字第809号。
③ 中华人民共和国最高人民法院民事裁定书（2015）民申字第1759号。
④ 北京市西城区人民法院民事判决书（2015）西民初字第02790号。

(二）影响民事行为的法律效力

司法实践中有法院将孝道纳入公序良俗的范畴进行理解并确定相应行为的法律效果。依据《民法典》第八条以及第一百五十三条第二款，违反公序良俗的民事行为无效。因此，在符合其他有效要件的前提下，相应行为若符合孝道，则产生法律上的效力而受法律保护，否则即为无效，不受法律保护。例如，在杨某甲等与杨某丁分家析产纠纷案中，由于杨某丁长期随父母生活且对父母孝敬照顾较多，所以父母将其所有的房屋赠与杨某丁。法院认为，这种父慈子孝的行为符合善良的社会风俗和道德风尚，应受法律保护，杨某甲不得主张对已因有效赠与而发生物权变动的房屋的继承权。① 而在王某一与闫某某、王某二共有纠纷案中，对于王某一主张的其已将与父母共有的房屋出租给父母而向对方收取租金的请求，法院认为，不向父母尽孝反而向其收取租金的行为违反公序良俗，因此驳回了其请求父母支付租金的主张。②

另外，子女是否尽孝、善待老人，也会对家庭关系之外第三人对该子女所为之民事行为产生法律上的影响。例如，在某电子公司与张某某劳动争议案当中，张某某依公司规定请假到期后，因其父胃癌需做手术，在其他家人身体残疾无法照顾的情况下，再次向公司管理人员请假照顾患病父亲未获批准而导致旷工。法院认为，张某某的行为虽然违反公司规章制度，但符合孝道人伦及社会主流价值，公司因此解除双方劳动关系明显不合理，不予支付经济补偿金有违公平合理原则。③

（三）构成侵权责任的减免事由

由于子女向老人尽孝被法院普遍认为是子女负担的义务，在子女应当尽孝而没有尽孝时，他人采取其他手段惩戒不孝子女即使构成侵权，在承担侵权责任时，法院也会考虑受害人的不孝行为而适当减轻或免除侵权人的责任。在张某一与张某二等健康权纠纷案中，由于张某二未尽孝道，疏于照顾其智力存在障碍并因伤住院的母亲，张某二的舅舅张某一出于气愤殴打张某二并

---

① 河南省高级人民法院民事判决书（2014）豫法民提字第00007号。
② 陕西省宝鸡市中级人民法院民事判决书（2016）陕03民终1467号。
③ 广东省高级人民法院民事裁定书（2016）粤民申1797号。

造成其身体伤害。法院在判决书中表示：虽然侵权人"进行了不当劝诫，行为不当，但如果张某二不存在对其母亲疏于照顾的行为，也不会发生此事件"。法院最后判决：受害人对本次事故的发生存在过错，诱发了本次事件，故受害人对自身的损失应承担百分之四十的责任，侵权人承担百分之六十的赔偿责任。①

在于某故意伤害案中，尽管于某防卫过当导致一人死亡、二人重伤、一人轻伤的严重后果，但二审法院在认定刑事责任和民事责任时充分考虑了"被害人实施严重贬损他人人格尊严或者亵渎人伦的不法侵害"的情节，②作出了于某应负刑事责任，但应当减轻处罚的判决；对于相应的民事责任，则是肯定了四受害人的物质损害赔偿请求权，但拒绝了死亡赔偿金、被扶养人生活费的赔偿请求。这一立场亦被最高人民法院支持。这意味着，在民事责任领域，亦可以通过引入作为人伦基础的孝道作为行为人是否承担侵权责任以及如何减免的正当性考量依据。

（四）民事司法领域的影响

虽然当代法律实践基本上完全抛弃了传统所坚持的子女原则上不得对父母提起诉讼的做法，实践中父子相告的案件屡见不鲜，法院并不会因为子告父而违背事实与法律做出不利于原告的判决。③但在情理上，司法实践仍不提倡父子相告，这实质上仍然反映为孝道观念对当代司法实践的潜在影响。在朱某一、朱某二等排除妨害纠纷案中，审理法院即希望"双方当事人能够互念亲情，本着互谅互让的精神处理家庭成员之间的纠纷，特别是子女不宜轻易对父亲提起诉讼，缠讼不仅不利于家庭矛盾的彻底解决，也与我们中华民族尊老爱幼、孝顺父母的优良传统相违背"。④当然，也有法院表示出了对子告父的明显情感倾向，在法律论证中所使用的措辞也更为激烈。在单某与单某四等赠与合同纠纷案中，法院明确表示："单某四为了达到及时过户房屋的

---

① 河南省济源中级人民法院民事判决书（2014）济中民三终字第411号。
② 山东省高级人民法院刑事附带民事判决书（2017）鲁刑终151号。
③ 在传统法律实践中，子女原则上不得对父母提起诉讼，否则，其诉讼主张不但不会被支持，相反还会因为起诉父母而遭受法律的严厉制裁，参见范忠信：《"亲亲尊尊"与亲属相犯》，载《法学研究》1997年第3期，第124页。
④ 浙江省高级人民法院民事裁定书（2016）浙民申3534号。

目的，竟不顾其父亲的内心感受和身体上的病痛而向法院提起诉讼，与自己的父亲对簿公堂，这本身就与我国传统的公序良俗相悖。"①

五、孝道入法的主要启示

当前的民事司法实践经验表明，即使制定法中不明确规定孝道，孝道依然可以通过其他途径而在当代中国的法律实践中潜滋暗长。这种现象的存在实际上取决于这样一个现实，即传统社会中形成的孝道理念深刻影响并形塑了中国人的民族精神或说国民性，② 这种民族精神绵延不绝地流淌在普通民众的日常生活观念中。即使自晚清以来中国社会历经了天翻地覆的变革，但这些深入民族精神内部的生活法则，仍能再次浮出水面并现出勃勃生机来。孝道理念成为中国民族精神之有机构成的现实，是孝道在当代社会生活中仍广泛发挥作用的基础，更是影响一般民众价值判断与生活方式的渊薮。于此借助历史法学派的基本立场可以分析得出，对制定法而言，其首先是通过习俗和民众的信仰，然后通过法学而被形成，也即到处是假手于内在的、潜移默化的力量。③ 任何时候，若能找出民众心目中怀有一种确定无疑、颇堪褒扬的倾向，那么这种倾向或可通过立法予以承认或者保存，但却决不能由立法者凭空制造出来。④ 亦即言，法在民众信念中产生、变化，即存在于民众信念或民族精神中。⑤ 这就要求，当代法律实践必须妥善处理法与孝道的关系。这种妥善处理既是对指导案例93号裁判要旨中提出来的"确保司法裁判既经得起法律检验，也符合社会公平正义观念"之要求的回应，也是对作为正式法律规范的赡养规则与非正式法律规范的孝道二者之间规范关系的关照，有助于通过非正式法律规范进一步夯实正式法律规范的正当性基础，并为正式法律规范的实践运用提供让社会信服和接受的说理基础，最终助益于法所追求的和谐有序的目的的实现。对此，结合《民法典》婚姻家庭编第一千零四十三条第一款，孝道理念为当代民事法律实践提供的主要启示是：

---

① 辽宁省高级人民法院民事判决书（2015）辽审一民抗字第69号。
② 参见肖群忠：《孝与中国国民性》，载《哲学研究》2000年第7期，第33—34页。
③ [德] 萨维尼：《历史法学派的基本思想》，郑永流译，法律出版社2009年版，第8页。
④ 同前注，第36页。
⑤ [德] 雅科布斯：《十九世纪德国民法科学与立法》，王娜译，法律出版社2003年版，第19页。

(一) 家庭关系的法律调整应具有开放性

孝道的内涵具有开放性，因时代背景变化而更新，能适应新时代背景下现实中的人的具体需求。孝道之所以能在平等、自由、独立、尊严的现代法治理念体系下依然占有一席之地，在于其能及时摒弃那些与现代法治理念相违背的不合时宜的因素，并能在发展变化的时代背景下不断修正自己的内涵以满足实践需要。孝道的此种特性决定了其在当代法治实践中依然能继续作为一种行为规范的价值基础，来指导相应行为规则的解释适用。亦即言，当代社会背景下的孝道在摒弃绝对忠顺、服从等内涵的同时，充分吸收了现代法治精神所要求的平等、自由、独立和尊严等，并用以规范指导家庭关系中的人之交互行为。这意味着，子女对父母尽孝并不意味着其须放弃自由、独立与尊严。① 受孝道调整的父母子女关系应以平等关系为基础，父母仅得在法定条件具备时才能向子女主张特定给付，子女的对待给付亦须不违反法律规定或公序良俗。

(二) 判决结果之正当性论证可以具有多元性

法官的裁判过程是一个证立的过程。证立一个决定意味着，证成它、合理化它，证立者应向其他人证成其决定。② 法官只有证立其判决才能说服当事人接受判决。法官证立其判决的行为即为法律论证，法官要通过论证表明其判决的合法性、正当性基础。在制定法未明确规定孝道的背景下，法官应通过证立行为向当事人表明，判决并非单单从法律中推导出来，法官可以依据其保留的"法律适用"的权利，来确定什么结果是依据法律规则且是正确的。法官的论证是否成功，直接决定着其所作出的判决是否具有可反驳性且能经受得住反驳。从当前民事司法实践中法院的论证经验来看，孝道入法的合法性、正当性基础论证，主要是法官在具体的案件审理中通过法律解释方法将孝道引入制定法所确定的具体规则来实现。法官在具体判决的说理部分，普遍将孝道作为理解和适用《民法典》第八条、第一千零六十七条第二款以及

---

① 参见朱勇、成亚平：《冲突与统一：中国古代社会中的亲情义务与法律义务》，载《中国社会科学》1996年第1期，第86页。
② [德] 诺伊曼：《法律论证学》，张青波译，法律出版社2014年版，第9页。

《老年人权益保障法》第十四条等一般原则和具体规定的正当性基础。这使民法中父母子女关系所内含的赡养对象、赡养内容以及赡养义务是否履行导致的法律效果等,更具有中国的民族性特点,更符合一般人的社会生活观念,并且也丰富了作为民法一般原则的公序良俗原则的内涵。法官通过引入孝道正当化其法律效果评价过程与结果,可以使判决更容易被当事人、被社会接受,有助于当前司法实践所普遍强调的司法的社会效果的实现。

(三) 调整家庭关系的法律规范应注重层次性

传统社会中的孝道首先是道德规范,整体构造上有利亲、善事、慎终三个层次,① 主要由爱心、敬意、忠德和顺行构成,其中,爱、敬、忠、顺是孝道的伦理精神本质;② 它们要求子女善待父母,养亲、尊亲。③ 在具体内容上,孝道包括了谨身节用,敬养父母;父母有疾,精心侍奉;家庭和睦,累世同居;容隐父母之过;父母丧而哀伤不已;延续家族,继承父志;为亲复仇等方面。④ 这些内容在具体的适用上亦极具中国传统社会的时代特色:一方面,道德法律化使作为道德规范的孝敬老人成为家庭关系中卑亲属对尊亲属尤其是子女对父母应尽的法定义务;⑤ 另一方面,家国一体化使调整家庭关系的孝道既在家庭内部关系的规范处理上具有绝对性的支配力量,"父为子纲""子当有顺无违,天下原无不是的父母"等成为约束家庭成员的教条;又对家庭关系以外的第三人产生规范性的约束力,第三人的行为不得构成孝道践行的障碍,"杀父之仇不共戴天""为亲复仇"等为社会肯定。⑥ 而在当代,法律是道德的最低要求。部分孝道理念通过法律解释进入法律实践,影响法律规则的解释与适用。民事司法实践主要关注并承认孝道要求的第一层次即"能养"对成年子女的约束,第二层次的"不辱"部分交由公法调整,其他

---

① 参见龙大轩:《孝道:中国传统法律的核心价值》,载《法学研究》2015年第3期,第180-186页。
② 参见肖群忠:《"夫孝,德之本也":论孝道的伦理精神本质》,载《西北师大学报(社会科学版)》1997年第1期,第29页。
③ 《辞源》"孝"辞条,商务印书馆2015年版,第1062页;《辞海》"孝"辞条,上海辞书出版社2009年版,第2095页。
④ 参见侯欣一:《孝与汉代法制》,载《法学研究》1998年第4期,第134-135页。
⑤ 梁治平:《寻求自然秩序中的和谐》,中国政法大学出版社2002年版,第266页。
⑥ 参见张中秋:《传统中国国家观新探:兼及对当代中国政治法律的意义》,载《法学》2014年第5期,第35页。

部分以及最高层次的"尊亲"则主要交由道德规范调整,在私法领域内效果并不显著,并且子女违反此等孝道理念的行为原则上也不会再像传统社会那样招致法律责任甚至严厉的刑事制裁。① 这种处理是孝道因现代法治精神的要求所做出的积极调适,有助于孝道在现代法体系中依然发挥其积极功能。

(四) 法律规范应确保赡养义务的可操作性

在当代社会,善事父母依然是孝道理念的核心,其部分内容亦为当代制定法规定的赡养义务所吸收并成为成年子女所负担的法定义务。传统孝道中的善事在法律层面主要包括生养、死葬两方面。在内涵上,善事区别于西方传统民法所强调的赡养,其不仅强调善事的对象即老人的外在物质需求,也关注对其内在精神的慰藉。相应地,子女既要从外在行为上满足老人的正当需求,亦应使自己内心意思与老人的意思在法律允许的范围内协调一致。对此,法院结合老人的现实需求提出了经济供养、生活照料、精神慰藉和患病老人的医疗等内容的具体行为要求和履行标准;明确了丧葬的法律性质、义务人及相关事宜的解决方案等。对此之外的传统孝道内含的家庭和睦理念等,法律实践则将之视为婚姻家庭法的价值追求,仅予提倡而未做明确要求;对累世同居,容隐父母之过,父母丧而哀伤不已及延续家族、继承父志等传统孝道的内涵,法律则不再做强制要求。这种区分处理使孝道作为行为规范具有可操作性,有助于其内含的积极价值的实现。

(五) 法律的价值目标应理性回应现实生活的实践需求

法不只是出自存在于社会中的伦理、法或者政治信念,而且同样出自现实生活的需要。② 中国传统孝道内含的和谐人际关系要求,仍然对家庭内外的法律关系产生积极的影响。"孝,礼之始也。(《左传·文公·文公二年》)""乐者为同,礼者为异。(《礼记·乐记》)"礼强调个人承担的义务由其所处的社会地位决定,是一种几乎囊括所有社会生活领域的行为规范。经由礼而实现的统一、和谐秩序,显著区别于西方传统社会屡见不鲜的社会不同阶

---

① 陈顾远:《中国文化与中国法系》,中国政法大学出版社2006年版,第208页。
② [德] 雅科布斯:《十九世纪德国民法科学与立法》,王娜译,法律出版社2003年版,第27页。

层的对抗、竞争与革命情形。[①] 经由孝道而成的礼及由此构筑起来的规范体系，为中国传统社会家庭关系的有序调整、共同体秩序的稳定维持提供了重要的制度保障。[②] 虽然中国当代法律实践贯彻平等、自由的法治理念，传统社会上下有等、贵贱有差的礼法理念被抛弃，但礼强调的经由孝调整人际关系并臻至和谐的理念继续被当代法律实践认同。从当前民事司法实践的经验看，法院在家庭内部关系的处理上，既要求行为合乎法理人情，也直指人心，要求行为人"善事"的主动性、自愿性，以实现家庭关系内在的和睦而非经由斗争实现外在的平衡；在家庭外部关系的处理上，当第三人对他人践行孝道产生影响，并影响共同体欲求的和谐秩序生成时，法院亦在法律解释允许的范围内对相应行为进行评价，以支持孝道理念的践行。

六、结论

孝道作为人伦道德的核心而能在当代中国法律实践中发挥影响，本质在于这种浸入民族精神深处的人伦道德能够作为法院具体法律论证的正当性基础而被运用。法官通过发掘存在于孝道中契合社会主义法治精神的合理因子并适当扩展其内涵外延的方法，使孝道与制定法的具体规定能在具体案件的处理中互相补充，相得益彰，增强了相关法律效果评价过程和结论的可反驳性，有助于当事人接受判决和纠纷的解决。事实上，法官于此的论证策略隐隐然与理性的裁判模式相吻合。理性的裁判模式要求，正确的判决要兼具充分的合法性基础与正当性基础。其中，合法性意味着法官的判决取向于法律，正当性意味着判决并非由法律确定的决定，合法性与正当性的要求决定了法官所作的判决不仅要根据法律的尺度，而且也要根据公正、理性决定的要求来衡量。法官在具体判决中的证立的可接受性影响到了裁判的可接受性。[③] 而将符合当代中国社会背景下人之普遍情感的孝道融入判决的说理部分，恰是增强裁判可接受性的有效论证策略。就此而言，民事司法裁判在孝道可发挥作用的空间理性地引入孝道以作为相关法律效果评价的正当性基础，可助益

---

① 梁治平：《清代习惯法：社会与国家》，中国政法大学出版社1996年版，第27-29页。
② 黄源盛：《中国法史导论》，广西师范大学出版社2014年版，第90页。
③ [德] 诺伊曼：《法律论证学》，张青波译，法律出版社2014年版，第6-7页。

于《民法典》婚姻家庭编第一千零四十三条第一款明确规定的"家庭应当树立优良家风,弘扬家庭美德,重视家庭文明建设"目标的实现。

The Application of Filial Piety in Civil Judicial Practice

Zhu Xiaofeng

Abstract: In the modern society where the atomization of families is accelerating, filial piety, which is the core of traditional Chinese ethics, still has extensive influence in contemporary Chinese legal practice. On the one hand, the Civil Code stipulates the principle of public order and good morals in Article 8, the norm of "families should establish good family values and promote family virtues" in Article 1043, and the obligation of adult to provide support for their parents in Article 1067 (2), providing a normative basis for filial piety to enter civil judicial practice; on the other hand, in civil judicial practice, the court interprets the general principles and specific provisions in the statute by introducing the concept of filial piety to find legitimate basis for these principles and provisions. Thus, Article 8, Article 1043, Paragraph 2 of Article 1067 of the Civil Code, and Article 14 of the Law on the Protection of the Rights and Interests of the Elderly are regarded as the carrier of filial piety in statutory law and are mainly used to regulate issues including but not limited to the relationship of support in the parent-child relationship and the evaluation of the corresponding legal effects. In this way, in the conflict and integration of traditional norms and modern concepts of family relations, filial piety, which still functions in judicial practice, is combined with the specific provisions of the Civil Code, which, on the one hand, can make the internal and external systems of the Civil Code coherent in the field of parent-child relations and implement the systematic goal of codification; on the other hand, in terms of the application of specific legal rules and evaluation of legal effects, it can make the argumentation process of the corresponding judgment visible, strengthen the legitimate basis of the court's legal argument, make the judgment easily accepted by the parties and the society, and help achieve the basic goal of "ensuring that judicial decisions can stand the test of law and conform to the concept of social fairness and justice" as emphasized by the Supreme People's Court in Guiding Case No. 93.

Keywords: Filial piety Support Parent-child relationship Family virtues Ethics

(责任编辑：袁治杰)

智慧法院系统中算法的法律依据及其获得方法

陈 醇[①]

摘要：智慧法院系统的建设无法回避其中算法的法律依据问题，但既有观点或者忽略了这一问题，或者对此问题的考虑极为有限，因而需要进一步的探索。我国是成文法国家而非判例法国家，法律制度中的大量规范贯彻了算法思维甚至直接规定了算法，智慧法院系统中的算法必须遵守现行法中的算法依据。在智慧法院的建设中，既不应当夸大人工智能与法律在算法上的差异，也不能简单地将二者的算法等同。法律对算法的要求有些是强制性规范，有些则是任意性规范，只有在后一种情况下，算法设计才有自治的余地。智慧法院系统中的算法应当以法律为基本依据，以司法解释为补充依据，以指导性案例为参考依据，三者之间形成有层级的算法依据体系；在获得方法上，前者应当从法律中提取，中者应当通过司法解释而获得，后者应当通过对优良案例的机器学习而取得，即分别以提取法、解释法与学习法获得。智慧法院系统建设的目标，不是以人工智能中的算法取代法律中的算法依据，而是以人工智能中符合法律的算法取代人脑相应的部分甚至全部计算。在以成文法为主的国家，智慧法院系统不应当成为规则的创造者，而应当成为法律制度中算法依据的遵守者与实施者。

关键词：智慧法院 算法 算法依据 人工智能 指导性案例

算法就是定义严密的计算方法。[②] 算法原先只是一个数学概念，最早是

[①] 本文作者系浙江师范大学法学院教授。
[②] [美] 科曼等著：《算法导论》，潘金贵等译，机械工业出版社2006年版，第3页。

指自然数的运算法则。① 其后，算法被计算机科学、经济学、物理学等各学科广泛采用。② 智慧法院系统中的算法是数学算法在智慧法院系统中的应用，它与其他领域的算法一样，均源自数学算法。智慧法院系统离不开算法，探索其中算法的法律依据及其获得方法，乃是智慧法院系统建设的题中之义。

一、智慧法院系统中算法的法律依据问题

近年来，我国智慧法院系统数量激增，并取得了一定的成果。③ 这不是我国独有的现象，在国外，法律人工智能特别是专家系统也是如此。"由于有廉价的专家系统开发工具和基于规则的编程语言，这种应用系统将继续激增；任何能够使用这些工具的人都可以编写一个。"④ 这一评论虽然是针对基于规则的专家系统而言，但实质上仍然具有一般性的意义：充足的经费与日益廉价的开发工具，使得这类系统激增。在这种激增的背后，值得思索的问题很多，其中之一就是其算法的法律依据问题。

(一) 算法法律依据的两种观点

智慧法院系统中的算法是由设计者意思自治，还是按照法律的规定而进行？这就是智慧法院系统算法的法律依据问题。如果智慧法院系统的算法是意思自治即意定的，那么，其中算法就可以由设计者自定；如果法律对智慧法院系统的算法做出了规定，那么，其中算法就必须遵守法律的规定，并在法律规定的范围内设计算法。算法的法律依据问题，包括算法的合法性与合法算法的获得等方面。

对于智慧法院系统的算法依据问题，既有观点大多含糊其词。"在中国的

---

① 杨东屏、李昂生：《可计算性理论》，科学出版社1999年版，第1页。
② 算法的发展史，可参见[美]拉塞尔、诺文：《人工智能：一种现代方法》，姜哲等译，人民邮电出版社2010年版，第8页以下。
③ 智慧法院建设的进程与成果综述可参见，徐骏：《智慧法院的法理审思》，载《法学》2017年第3期，第59页；胡昌明：《中国智慧法院建设的成就与展望——以审判管理的信息化建设为视角》，载《中国应用法学》2018年第2期，第110页。
④ Edwina L. Rissland, Artificial Intelligence and Law: Stepping Stones to a Model of Legal Reasoning, Yale Law Journal, Vol. 99：1957, p.1969 (1990).

法律人工智能界，算法处于一种'云山雾罩'的状态，我们不清楚法院和法律科技公司到底采用了何种算法以及该算法的实际效果如何。"① 尽管如此，仍然能从其含糊的表述中得知其关于算法依据方面的基本观点。

第一，不考虑法律依据的算法观念。有学者提出了"专家经验、模型算法和海量数据"的智慧法院系统建设逻辑。② 其中没有提到算法的法律依据，更没有算法的法定性之类的观念，而隐含着算法可以由专家、模型与海量数据而形成的观念，即意定算法观念。"智能化司法的要义在于实现司法数据的大汇聚，并对此种司法数据进行自动化分析与处理，从而得出某种预设的结论。"③ 其中算法依据观念与上一文献类似，虽没有说明算法的法律依据，却表明其是以司法数据为基础的算法，按照一般的理解，此种司法数据应当是裁判文书而不是法律制度。"依赖这些有限的裁判文书及其所记载的更有限的信息提炼普遍的裁判模式，是相当危险的。"④ 这一观点批评了以有限裁判文书为基础的算法，隐含着对裁判文书不全面的担忧，从中可以看到从裁判文书中提炼裁判模式的观点。该观点没有注意到算法的法律依据问题，也隐含了算法意定的观念。"各'影响因子'的权重系数不需要人为对其设置比例，而是由各'影响因子'在要件事实型民事裁判论中的定位所决定，通过机器反复学习后形成其权重。"⑤ 该观点也隐含了以裁判文书为基础的观念，也是一种算法意定的观念，且重视机器学习的方法（以下简称"学习法"）。类似的观点还有很多："即使全国性智慧法院系统的技术框架建成，类案推送、审判智能辅助等功能也是建立在不完备的数据集之上，这将严重影响智慧法院系统的有效性和准确性……大数据的基础尚不完备，数据的深度挖掘和分析无法开展，即便有了相关的专业人才和技术工具，机器学习、智能辅助审判等功能规划也只能是无米之炊。"⑥ 与此类似，有学者质疑了智慧法院某些

---

① 参见左卫民：《关于法律人工智能在中国运用前景的若干思考》，载《清华法学》2018年第2期，第117页。
② 参见高翔：《人工智能民事司法应用的法律知识图谱构建——以要件事实型民事裁判论为基础》，载《法制与社会发展》2018年第6期，第68-69页。
③ 参见汤维建：《"智慧法院"让司法更公正、更高效》，载《人民论坛》2017年第4期，第91页。
④ 参见左卫民：《关于法律人工智能在中国运用前景的若干思考》，载《清华法学》2018年第2期，第115页。
⑤ 参见高翔：《人工智能民事司法应用的法律知识图谱构建——以要件事实型民事裁判论为基础》，载《法制与社会发展》2018年第6期，第73页。
⑥ 参见徐骏：《智慧法院的法理审思》，载《法学》2017年第3期，第58页。

节点的合法性，但还没有具体到其中算法的法律依据。①"智慧法院建设属于法院现代化的基本范畴，是在法院现代化尤其是'人工智能+司法'的格局之下法院信息化建设的基本成果。"② 该观点将智慧法院理解为智慧司法，没有区分成文法国家与判例法国家在司法上的差异，未能重视法律规范对算法的决定作用。"应当建立算法可解释性机制，以保障算法决策适用的正当性。"且不说智慧法院场景下如何建立算法可解释性，该观点离开法律规范的解释来谈算法的解释，忽视了智慧法院算法解释的规范依据。③ 以上观点均没有考虑算法的法律依据问题，而有意无意地将以裁判文书等为基础的算法作为批评的对象，其中隐含着从裁判文书中提取算法的观点，其本质是一种算法意定观念。

第二，考虑法律依据的算法观念。有学者提出了要件事实型民事裁判论："法官裁判按照'识别请求权基础规范—请求权基础规范的要件分析与解构—争点整理—证明责任分配—争议事实认定—涵摄得出裁判结论'展开，通过实体与程序的不断交错，得出裁判结论。"④ 这一算法思路明确了法律规范的作用，重视法律规范在算法中的地位，其中隐含着法律是算法的一部分且算法必须遵守法律的观念。这一观点的局限在于，法律不仅包括作为请求权基础的要件，还包括大量其他内容，因而，它只是指出了部分算法的法律依据，而没有意识到法律的其他内容与智慧法院系统中算法的关系。这一观点没有解决如下问题：要件与法律是什么关系？要件事实型民事裁判论与算法是什么关系？算法与法律是什么关系？"在我看来，这种'算法即法律'的说法是彻底错误的，即使算法的确全面而重要地塑造了人工智能的时代，但是它依然要受制于法律的统治，而不是翻转过来，反而成为那个时代的法律。"⑤ 这一观点强调算法必须遵守法律，但是，它不是针对智慧法院系统的论述，且

---

① 参见吴涛、陈曼：《论智慧法院的建设：价值取向与制度设计》，载《社会科学》2019年第5期，第107页。
② 参见刘艳红：《人工智能技术在智慧法院建设中实践运用与前景展望》，载《比较法研究》2022年第1期，第2页。
③ 参见陶怀川、徐寅晨：《智慧法院体系建设场景下算法可解性机制的构建》，载《河南广播电视大学学报》2022年第2期，第63页。
④ 参见高翔：《人工智能民事司法应用的法律知识图谱构建——以要件事实型民事裁判论为基础》，载《法制与社会发展》2018年第6期，第72页。
⑤ 参见陈景辉：《人工智能的法律挑战：应该从哪里开始？》，载《比较法研究》2018年第5期，第139页。

未能解决如下问题：算法遵守什么法律？算法如何遵守法律？比如，法律之中是否存在算法的依据？如果法律之中没有算法依据，那么，算法遵守法律何以可能？例如，只有刑法规定了量刑的算法依据，智慧法院系统中量刑方面的算法才有可能遵守刑法，否则，算法即使想遵守法律，也会因无法可依而无法遵守。有学者认为要规训算法，但其方法是加强法律对技术的归化与保护被遗忘权等内容。[1] 如果法律自身没有算法方面的技术，法律如何归化技术？这一观点的缺陷同上面的类似。国外学者将人工智能算法中的推理分为五种："（1）专家规则推理；（2）概念开放性推理；（3）运用案例、假设和引证论证推理；（4）专家规则与案例的混合范式推理；（5）法律知识的深度模型。"[2] 其中第三种与第四种推理将判例作为主要依据，对判例法国家而言，这也就是将判例法作为算法的依据，这在一定程度上体现了作者的算法法律依据观念，但是，该论将判例与其他非法律渊源并列，也体现了该论中隐含的算法意定观念。更重要的是，该论是对判例法国家而言的，它没有考虑成文法与算法的关系。尽管如此，这一观点可能对思考我国智慧系统中的算法法律依据问题提供如下启发：既然判例法国家应当以判例为依据，那么，成文法国家就应当以法律为依据。但是该论中多数观点体现出算法意定的观念，这减少了得到上述启发的概率。我国学者认为："法律人工智能深度学习的数据源就是人类的各类法条或者判决。"[3] 这一观点将法律作为学习的对象，虽然不同于仅仅将裁判文书作为学习对象的观点，但该观点没有明确地将法律作为算法的依据，也未能说明如何学习法律以及从法律之中学习什么，其实用意义因而受到局限。"任何算法均须遵守法律，人工智能中的算法也不例外。算法规范应成为人工智能算法的准绳。"[4] 该观点指出了法律规范对人工智能的指导作用。将这一观点落实于智慧法院，能推理出法律对智慧法院的指导作用，但至于如何指导及其算法规范的内容如何，则未能涉及。

综上，在算法的法律依据之上，既有文献表现出两种观念：一是完全不

---

[1] 参见姜野：《算法的规训与规训的算法：人工智能时代算法的法律规制》，载《河北法学》2018年第12期，第148页以下。

[2] Edwina L. Rissland, Artificial Intelligence and Law: Stepping Stones to a Model of Legal Reasoning, Yale Law Journal, Vol. 99: 1957, p. 1966 (1990).

[3] 参见吴旭阳：《法律与人工智能的法哲学思考——以大数据深度学习为考察重点》，载《东方法学》2018年第3期，第23页。

[4] 参见陈醇：《私法制度中的代数算法黑箱及其应对》，载《法学评论》2022年第1期，第67页。

考虑法律对算法的影响，认为智慧法院系统中的算法是由设计者意定的；二是在智慧法院系统的算法中考虑了法律因素，但其考虑极为有限，还需要进一步地探索。

（二）智慧法院系统建设的三大问题

本文拟讨论的问题是：在智慧法院系统的建设中，其算法与法律到底是什么关系？以此为基础，随之而来的问题是：如果要依法获得算法，其法律依据有哪些？如何从这些法律依据中获得算法？在智慧法院系统的建设中，无论是不考虑法律因素的算法观念还是考虑法律因素的算法观念，均未能很好地回答上述问题。

上述三个问题关系到智慧法院系统建设中的合法性与可靠性。"一个规范体系如果是法律体系，那么它必然是全面且至高无上的，这是法律在概念上的要求……因此，即使算法体系再重要，它也无法获得如同法律的地位。"[1]的确，法治理念要求一切均在法律的调整之下，智慧法院系统中的算法也不例外。如果不能搞清楚智慧法院系统中的算法与法律的关系，那么，法律对智慧法院系统中算法的调整就会落空，其中算法的合法性就存在疑问。人工的裁判依法而行，而智慧法院系统的裁判部分甚至全部依算法而行，如果不能厘清其中算法与法律的关系，就会导致人们对其中算法合法性的质疑，进而延伸至对智慧法院系统合法性的质疑，最终质疑人工智能在裁判中的地位。颇具代表性的质疑是："谁能接受一台机器按照普通人难以理解的算法所做出的裁决呢？"[2]季卫东教授直截了当地说："人工智能只是实现司法正义的辅助手段，切不可本末倒置，这是我们始终应该铭记的一条基本原则。"[3] 在很多人的观念中，智慧法院系统的算法就是运用学习法得出规则或进行裁判，基于学习法的特性，这样的裁判过程是不可理解也令人难以接受的，甚至是不合法的。这些对智慧法院系统合法性与可靠性的怀疑，从表面上看，只与其中算法相关，但实质上这涉及算法与法律的深层次关系等疑问。因而，讨论上述这三个问题也就非常必要了。

---

[1] 参见陈景辉：《人工智能的法律挑战：应该从哪里开始?》，载《比较法研究》2018年第5期，第139页。
[2] 参见徐骏：《智慧法院的法理审思》，载《法学》2017年第3期，第59页。
[3] 参见倪弋：《人工智能的法律三问》，载《人民日报》2018年5月2日，第18版。

这三个问题也关系到智慧法院系统的功能定位。因为上述质疑，不少学者主张将智慧法院系统定位于裁判辅助系统。"以人工智能在审判业务中的作用为分类标准，存在决定论与辅助论两种倾向……在审判过程中，人工智能处于从属地位，辅助法官办案，法官才是审判工作的关键与核心。"① "法律人工智能应定位于做辅助法律人决策的助手与'参谋'角色。"② 甚至，有学者将智慧法院系统理解为信息化系统，并认为智慧法院系统应将提升信息系统服务功能作为重点工作。③ 我国《宪法》第一百二十八条规定，法院是国家的审判机关；我国《人民法院组织法》第二条规定，人民法院是国家的审判机关。法院的基本功能是裁判，如果智慧法院系统不能成为智慧裁判系统，那么，这种智慧法院系统的"智慧"是相当有限的，其前景也是黯淡的。没有智慧裁判的智慧法院系统，只能是网上法院或者数字化法院，而不是智慧法院系统。有学者认为，智慧法院系统只是推动司法信息的数据化、标准化和可视化与数据公开共享机制的高效信息化系统。④ 这样定位的智慧法院系统只是信息化法院。"所谓'智慧法院系统'，是指以确保司法公正高效、提升司法公信力为目标，充分运用互联网、云计算、大数据、人工智能等现代科学技术，促进审判体系和审判能力现代化，实现司法审判及其管理高度智能化运行所形成的法院。"⑤ 这种观点认为以审判及其管理的智能化为目标的法院才是智慧法院系统。综上可知，人们对智慧法院系统有两种不同的功能定位：信息化法院系统与智能裁判法院系统。这两种定位的差异主要基于对两个方面的不同认识：一是对算法智能的不同认识。前者不太乐观，后者则较为乐观。随着科技的发展，智能化的进程不可逆转，这不需要过多地论证。二是对法律与算法关系的认识。前者隐含着对智能化的误解，即认定智能化不过是信息化（技术人员的事情），而裁判是无法智能化的，那只能是法官依照法律进行的人工事务。信息化法院观念将算法与法律分离、将算法技术与裁判事务分离，其中隐含着法律与算法各行其是、互不相关的观念，即在算

---

① 参见高一飞、高建：《智慧法院的审判管理改革》，载《法律适用》2018年第1期，第62页。
② 参见左卫民：《关于法律人工智能在中国运用前景的若干思考》，载《清华法学》2018年第2期，第122页。
③ 参见胡昌明：《中国智慧法院建设的成就与展望——以审判管理的信息化建设为视角》，载《中国应用法学》2018年第2期，第115页。
④ 参见徐骏：《智慧法院的法理审思》，载《法学》2017年第3期，第57页。
⑤ 参见汤维建：《"智慧法院"让司法更公正、更高效》，载《人民论坛》2017年第4期，第89页。

法中不考虑法律因素的观念。智能裁判法院观念将智能化裁判放在智慧法院系统建设的首位，虽然没有明确指出算法与法律的关系，但至少隐含着智慧法院系统中的算法与法律可以兼容甚至可以一体化的理想。

二、智慧法院系统中算法与法律的关系

搞清楚法律与算法的明确关系，这是智慧法院系统建设中算法设计的基础性问题。

（一）法律制度之中的算法理念与算法规范

在法律制度中，一些规范体现了算法理念，而另一些规范直接规定了算法。后者可称为算法规范，二者均是算法的法律依据。

一些法律制度体现了算法理念。这主要包括如下三个方面：第一，法律制度由基本原则而演绎出规则并由此形成制度体系，这体现了算法中的演绎法。在算法发展史中，古代希腊的几何学奠定了数学的基础。古希腊几何学以公理法（基于公理的逻辑推论）、演绎法等著称于世。其中基于公理的演绎法成为希腊几何学的基本算法。"演绎法异乎寻常的作用，一直是数学惊人力量的源泉，而且以此将数学与所有其他知识领域的各门学科区别开来。"[1] 在成文法国家，以基本原则为基础推理得出法典的基本内容，这是一种基本的制度形成方法。其中，基本原则是公理，而具体的制度规则是由此公理演绎而得的规范体系。例如，刑法制度以罪刑法定原则等为公理，由此形成刑法的规范；诉讼法以正当程序原则为基础，由此衍生出辩论原则、法官中立原则与回避制度等，并进而形成诉讼法的规范体系；民法制度则以自治与平等等公理为起点，演绎出民法的规范体系，如此等等。很多学者将公理—演绎法作为法律制度的基本方法。其典型言论是："自然法的基本原则是属于公理性的，就像几何学的定理一样。"[2] 第二，法律制度运用了经验归纳法。经验归纳法是数学的基本方法。[3] 法律制度一方面从公理之中演绎出规范体系，另

---

[1] [美] 克莱因：《西方文化中的数学》，张祖贵译，商务印书馆2013年版，第44页。
[2] [英] 彼德·斯坦、约翰·香德：《西方社会的法律价值》，王献平译，中国人民公安大学出版社1990年版，第12页。
[3] [美] R. 柯朗、H. 罗宾：《什么是数学：对思想和方法的基本研究》，左平等译，复旦大学出版社2005年版，第16页。

一方面也从实际经验中归纳出大量的规范群落。法律制度为了适应实际生活的需要,往往要对新出现的生活进行调整,此时,就会根据经验归纳出一定的法律规范。这些规范群落可能符合既有的法律原则(公理),但却并不一定是从公理演绎而得,而是从生活经验归纳而得。从一个公理之中可以演绎出无限的规范,因而演绎法并不能确定什么是生活需要的法律规范,此时,根据生活经验进行归纳,反倒更加贴切生活,归纳法因此得到了运用。有时,根据实际生活归纳的规范群落可能与基本原则存在一定的冲突,此时,要么修正法律原则,要么修正归纳出的规范。第三,从形式上看,法律制度通用的"如果—就"模式,与计算机程序中的"if-then"模式是同一模式。法律制度基于假设而成,即假定出现某种行为模式,接着规定其法律后果。这就形成了"如果—就"模式。这种模式本身就是程序设计中的"if-then"模式。最后,法律适用主要是演绎式的适用,这体现了演绎法这一算法在法律适用中的一般性地位。法律规范以一定的行为模式与法律后果为内容,法律适用通过将事实归结于法律规范的行为模式之下,而推理得出结论。这一过程就是一个演绎过程。

另一些法律制度直接规定了算法规范。这主要包括如下三个方面:第一,法律制度规定了大量的数量及其计算公式,体现了数学算法在法律中的运用。资不抵债的计量、注册资本的数量、虚假陈述民事责任的赔偿数额、决议制度决定的票数计算、行为能力制度中的年龄计算、赔偿损失与违约金的数额、比例及其计算,如此等等,相应法律规范均是算法方面的内容。值得注意的是,法律中的算法不一定是演绎的,而可能仅仅是基于经验而得出的相关性结论,包括根据概率论的统计学结论、根据统计数据而作出的平均值结论等。例如,民法中行为能力制度的计算标准,就是基于统计学概率的估计,即估计多数人(大概率)在18岁达到完全行为能力制度要求的智识标准等。法律有时将其中的相关性归结为若干要件,这些要件往往不是基于演绎而得,而是基于相关性而得出的。正因如此,经常有二要件说、三要件说与四要件说之类的争议,这种争议是基于相关性因素的争议。第二,法律程序与计算机程序一样,是对时间、地点、人物等诸多因素关系及其进程的综合性数学规定。计算机程序是代码化的算法程序,诉讼程序、行政程序、决议程序等也是如此。这种代码化的算法程序具有输入、输出与有限性等特征,是很常见的算法。第三,基于概率论、统计学等算法思想的计算公式,是法律制度的常见组成部分。决议以多数决定为原则,体现了统计学的大概率思想及其计算公式;法院判决中多数法官的决策也是多数决定,也体现了上述算法思想与计算公式;时效制度是以多数人的事务完成时间为估计的统计数据,也体现了大概率的统计思想与计算公式。所有法律制度本质上均以对大多数人的行为模式估计为调整对象,也以对大多数人的法律责任为估计对象,对大多数人的概率估计始终隐藏于立法者与法律制度之中,成为一条基本的立法与制度规则。从这个角度上看,法律始终是以概率论与统计学算法为基础的。

法律制度中的算法规范可为人工智能提供直接的算法依据,而那些仅仅隐含算法理念的法律规范,还需要通过一定的方法才能转化为算法规范。尽管将上述隐含着算法理论的法律规范算法化可能存在各种困难,但这种转化是可能的,这是因为这类规范与人工智能中的算法存在相同之处:二者均体现了演绎法、归纳法等相同的算法思想;二者均强调通过推理、证明而得到结果;二者均以一定的概念为基础,法律甚至被认为是"以概念计算"的精确思维;[1] 二者均以一定的程序进行,体现出有序性;二者均要求推理和步骤的有限性,即在有限的程序之内得出结论;二者均具有一定的机械性,即要求计算过程依照严格的程式进行而不能随意改变;二者均体现出模式化的特征,这在法律中表现为行为模式,而在人工智能算法中体现为数学模型等。"法律最本质的特征,即'深度不学习'。"[2] 严格来说,二者因其概念的相对固定性、程式的机械性与行为的模式化而具有稳定性,从这个意义上说,二者均有"不学习"的特征。同时,法律会因应生活需要而逐步改变,这与人工智能的学习是相似的,大概也正是因为这样,哈耶克甚至认为法律是基于"自生自发秩序"的产物。[3] 当然,上述法律规范的算法化需要克服很多困难,例如,以算法语言定义法律概念,将法律原则、行为模式转化为算法原则或算法模型等,均需要各种算法技术的努力。

即使是法律制度中的算法规范,也需要提取才能获得。法律中的算法规

---

[1] [德] K. 茨威格特、H. 克茨:《比较法总论》,潘汉典、米健等译,法律出版社2003年版,第214页。

[2] 参见余成峰:《法律的"死亡":人工智能时代的法律功能危机》,载《华东政法大学学报》2018年第2期,第6页。

[3] [英] 哈耶克:《法律、立法与自由》(第1卷),邓正来等译,中国大百科全书出版社2000年版,第72页。

范与人工智能中的算法可能存在如下差异：法律中的算法往往是初级的、极为有限的，而人工智能中的算法则往往会运用最高级的算法并以算法作为其基本内容；法律中的算法多是演绎法，算术与代数算法相对较弱，而人工智能以代数算法见长；法律中的算法往往是简明的算法，而人工智能中的算法则可能会运用复杂的算法；法律中的算法往往既不完整也不规范，而人工智能中的算法则完整而规范；法律中的算法相对稳定，在修改法律时可能不会频繁改变其中算法，而人工智能中的学习法则会根据情景频繁改变其参数与数学公式，随着学习而不断调整自己的算法；法律应当有透明的算法，而人工智能则不一定要如此，其中无监督的学习法往往是不透明的。

综上可知，法律制度中贯彻了算法理念甚至可能直接规定算法规范，其中算法理念为法律的算法化提供了可能，而算法规范经过提取，可望成为算法依据。在智慧法院的建设中，既不应当夸大人工智能与法律在算法上的差异，也不能简单地将二者的算法等同。

（二）智慧法院系统中的算法必须遵守法律

智慧法院的建设必须遵守法律，其中算法也必须遵守法律中的算法依据。我国《宪法》第一百三十一条规定，法院依照法律规定独立行使审判权；《人民法院组织法》第六条规定，人民法院坚持司法公正，以事实为根据，以法律为准绳，遵守法定程序。其他法律也有大量类似规定。根据这些条款，智慧法院系统的所有活动也必须遵守的法律包括程序法，自然，智慧法院系统的算法也应当遵守法律。法律对算法的要求有些是强制性规范，有些则是任意性规范，只有在后者情况下，算法设计才有自治的余地，也才有探索不同算法的可能性与必要性。我国是成文法国家而非判例法国家，一般性的裁判文书并没有法源的地位，因而，以裁判文书作为主要材料，以一定算法得出裁判规则，这种算法流程，不符合以法律为准绳的审判原则，既违反了程序法，也违反了实体法。顺便说明，我国选择成文法有其独特的考虑。"成文法首先是对权力行使者不信任的物化形式。它将权力握有者的种种私欲、社会关系利益、情绪波动等不规则因素限制在不得溢出的范围。"[①] "成文法本身

[①] 徐国栋：《民法基本原则解释——成文法局限性之克服》，中国政法大学出版社1996年版，第133页。

确有局限性,削弱司法自由裁量权与提高成文法地位并非最理想的方案,却是当前条件下中国所能选择的最佳方案。"① 成文法确实存在一定的缺陷,我国以指导性案例制度弥补其缺陷。"以指导性案例作为填补法律漏洞的补充,是一种制度上的创造,我国的法官充分展示了其法律智慧。"② 但是,毕竟成文法是裁判的基本准则,指导性案例只是一种有限的补充,而一般性案例是不应当作为裁判的依据。在此情况下,根据一般性案例计算得出的裁判规则,也不能作为裁判的依据;以一般性案例所形成的海量数据(不管全面与否)也不应当成为提取(计算)裁判规则的基础。从海量裁判文书数据中提取得出裁判规则,这种算法设计虽然千辛万苦,但所提取的所谓"裁判规则"不具有法源或裁判规则的地位。

在智慧法院建设中不考虑算法依据的观念,其原因大概是认为法律之中没有算法理念与算法规范,因而,自己设计算法也就不存在违法与否的问题。在传统观念中,法律是法律,算法是算法,法律只是定性的,而算法是计算方法,二者是没有关系的。据此认为,算法只在数学与人工智能中才有,算法是法外之地,法律无力规定,因而,人工智能得天独厚,可以自由地设计其算法。简言之,智慧法院系统的算法设计可以不考虑法律。如前文所述,这绝非事实,相反,法律制度之中存在大量的算法依据,大量的算法是法定的。人工智能所涉及的大量算法,法律已经作了规定,更重要的是,人工智能的算法思想如演绎法与归纳法等,也是基本的法律方法。法律所没有调整的那些算法,也并不说明法律不应当调整,或许它正是法律所要完善的部分。只有法律允许算法自治的领域,自由地设计算法才有一定的空间。算法既存在于法律之中,也存在于人工智能之中,二者的应然关系是人工智能的算法先得遵守法律中的算法依据。法律调整生活,这包括对生活中算法的调整,因此,对算法的调整应当是法律的题中之义。智慧法院系统必须依法进行,其中算法设计先得考虑法律依据,这包括两个方面:遵守既有法律对算法的规定;考虑完善算法的法律依据。只有在法律没有规定算法且不应当规定算法的领域,即算法可以意思自治的领域,才存在自治的算法设计空间。智慧

---

① 参见孟勤国等:《削弱司法自由裁量权与提高成文法地位——中国司法改革之路》,载《法学》2000年第10期,第7页。
② 参见王利明:《成文法传统中的创新——怎么看案例指导制度》,载《人民法院报》2012年2月20日,第2版。

法院系统是严格依法行事的领域,算法自治的空间不可能太大。

前文一些观点已经考虑了算法的法律依据,但它的考虑与本文存在区别。其中要件裁判方法仅仅考虑了要件,而法律制度不仅规定了要件,还规定了大量其他算法依据,这所有的算法依据均应当成为裁判的法律依据,因而要件裁判方法有挂一漏万之嫌。特别值得强调的是,程序法应当成为智慧法院系统基本的算法依据之一,商法中的各种计算公式应当成为智慧法律的算法依据之一,刑法中的量刑算法规范也应当成为算法依据之一。法律的内容不限于要件,法律中的算法依据也不限于要件。另一些观点认识到智慧法院系统中的算法要受到法律的调整,但因为未能明确法律之中算法依据的内容,所以不能明确到底受哪些法律规范的调整。在明确法律之中的算法依据之前,谈论以法律调整算法,是难以令人信服的,也可能因为缺乏具体内容而无法实施。例如,程序法以大量的强制性算法规范对审判程序进行了明确的规定,因而,任何智慧法院系统中的算法对裁判过程的设计,均必须遵守上述规定;如果不能明确这样具体的算法依据,可能容易让人误以为法律没有具体的算法依据,进而认为大量算法过程可以自由设计,并认为法律只需要对算法的输出结果进行调整即可。只有明白了法律之中存在大量的算法依据,才能确切而有实据地考虑算法的法律依据问题、得出令人信服的结论,也才能明确智慧法院系统建设中算法与法律的确切关系。

智慧法院系统建设的目标,不是以人工智能中的算法取代法律中的算法依据的,而是以人工智能中符合法律的算法取代人脑相应的部分甚至全部计算的。法律规定的算法必须遵守,但是,算法依据的适用并不一定非得全部通过人脑完成。从适用法律的算法上看,人脑与电脑相比,既有优点,也有缺陷。人脑相对容易疲劳,且容易受到感情与偏见的影响,具有判断的不稳定性;电脑则相对不容易疲劳,判断稳定,不容易受到感情与偏见的影响。最重要的是,电脑有能力进行各种算法,而审判人员却未必懂得多少算法,多数审判人员没有学过高等数学与计算机算法,无力从事稍微有难度的计算,在计算的难度与准确率上,电脑与人脑相比,具有众所周知的优势。目前,人脑胜过电脑算法的观点,可能认为电脑无法完成人脑那些灵活而复杂的司法判断,电脑受制于技术,而人脑经过长期的进化已经具备了极其难以模仿的智能,并能够通过专业教育而成为职业的审判人员。这种观点确实有一定理由,在短期内,人脑与电脑相比仍然具有不可比拟的智力优势,但是,随着人工智能算法技术的发展,这种优势正在逐步失去,或者说,人工智能与人脑的知识差距正在逐步缩小。其实,人脑与电脑在算法上的优劣比较,不应当被理解为人与机器的比较,而应当理解为两个群体的比较:审判庭群体与人工智能编程群体在算法能力及其转化上的差异。审判庭群体将其算法直接运用于审判之上,而人工智能编程群体则将算法转化于程序之中。人工智能编程群体完全可以实现审判人员与纯粹编程人员的结合,从而在算法的人力上胜过单纯的审判庭群体;如果他们能将这种计算能力转化为人工智能的计算能力,那么,智慧法院系统在算法上的优势是非常明显的。现在,智慧法院系统的算法还不能达到其编程群体自身的算法水平,这是智识转化的问题,需要一个逐步完善的过程。同时,在智慧法院系统建设的参与上,编程人员群体还没有足够的参与,因而,其算法水平也可能弱于现有的审判庭群体的水平,但一旦选择出足够优秀的审判人员等专业人员参与智慧法院系统算法的设计,且智识转化达到足够高的水平,智慧法院在智识上的优势就会显著增强。

三、智慧法院系统中算法的合法依据及其获得方法

智慧法院系统中的算法应当以法律为依据,其中,应当明确法律依据的具体内容、法律依据的层次性,以及智慧法院系统建设中获得这些法律依据的方法。

(一) 三种依据

智慧法院系统中的算法依据可以分为三类:法律、法律解释与指导性案例。其中,法律是指广义的法律,它包括宪法、狭义的法律、行政法规等,其位次在普通教科书中已有阐明,于此不再重复。这里需要说明的是法律解释与指导性案例在算法依据中的地位。有学者列出了如下位次:[宪法—法律—行政法规—地方性法规—司法解释]是法源—[指导性案例]是准法源—[最高法院公报案例—其他案例]是非法源。[①] 其中将司法解释作为法源,但居于法源之末位;将指导性案例作为准法源,而将其他案例排除于法源之外。

---

① 参见雷磊:《指导性案例法源地位再反思》,载《中国法学》2015年第1期,第289页。

按照这一排列，司法解释中的算法是智慧法院系统中算法的重要法源，指导性案例中的算法是智慧法院系统中算法的准法源，后者可以作为参照。这一排位基本上是妥当的，只是它没有考虑行政规章的法源地位，而实际上，行政规章对于审判有极大的影响。在行政审判中，参照规章进行，因而，将规章加入准法源为好。在算法依据上，规章所规定的算法与指导性案例中的算法一样，应当居于准法源的地位。

在智慧法院系统的算法依据之上，应当坚持这样的原则：智慧法院系统中的算法遵守法源且主要来源于法源，法源的法律地位决定其中算法的法律地位。这包括三层意思：第一，智慧法院系统的算法遵守法源并参照准法源。算法必须遵守法源，它只能在法源许可的算法自治领域进行自治，而在法源有强制性算法依据的领域，必须遵守强制性规定。如此，智慧法院系统中的算法不是完全自治的，相反，大量的算法已经法定，比如审判程序就是法定程序，就没有多少设计的余地，刑法中的定罪与量刑也是如此。相比之下，私法之中存在较大的算法自治余地，但大量的算法也是强制性的。指导性案例与行政规章中的算法可以参照，也可以不参照，它们为智慧法院系统的算法设定了一些参照系统。第二，算法主要来源于法源与准法源，而不是其他数据。虽然大数据时代各种数据众多，但是，智慧法院系统的算法并不以海量的大数据及其算法结果作为来源。如果对现行法及其司法解释的周密程度有一定的信心，那么，也应当相信在既有法源之中主要算法依据已经具备，智慧法院系统只需要遵守现行法中的算法依据并将之转化为智慧法院系统的算法，即可获得智慧法院系统算法的主要内容。如果没有这样的信心，就意味着现行法还没有规定主要的算法，算法还无法可依。这不符合社会主义市场法律体系已经基本形成的正确结论。智慧法院系统的主要算法已经存在于现行法之中，这样的结论意味着，智慧法院系统的算法建设，主要不是一个创新的问题，而是一个转换的问题，即将法源与准法源中的算法依据转换为智慧法院系统的算法。更重要的是，这也意味着，在法源与准法源之外对智慧法院系统的算法进行千辛万苦的设计，是费力不讨好的，甚至是违法的。智慧法院系统的算法设计，不能以法源与准法源之外的数据为基础，包括不能以最高法院公报案例和其他案例为基础，更不能以其他资料为基础。大数据时代人们重视数据的收集与全面性，但是，在智慧法院系统的算法设计上，法律限定了数据的范围，任何超越此范围的数据都不能进入智慧法院系统算法依据及其转换的视野内。决定智慧法院系统算法的是法律，而不是宽泛的大数据。大数据理念于此要受制于法律。第三，法源的法律地位决定其中算法依据与所隐含算法的法律地位。这是确定算法依据位阶的基本原理。宪法之中的算法依据是智慧法院系统的基本算法依据，所有算法均须以此为依据。其他算法依据也依其所在法律的地位而定。准法源具有参照适用的地位，其算法依据也具有参照适用的地位。在法源中，有一种现象：越是阶位低的法律，其算法越是精确，或者说，很多算法往往以司法解释甚至法院的裁判标准的方式存在。例如，证券法虚假陈述赔偿损失的标准、民法中精神损害的赔偿标准等各种赔偿标准均是如此。法源似乎只对定性与要件感兴趣，而将具体的数量与计算等算法内容交给司法解释甚至地方法院制定。这种高位法抽象含糊、低位法具体准确的现象，导致真正实用的算法依据或规则存在于低位法之中。这种"实质性算法下沉"的现象值得注意。但是，无论这种算法如何"下沉"，在算法依据的确认上，也不能够违反宪法与狭义法律的规定，不能允许算法依据的违法"下沉"。

顺便说明一下裁判文书中算法依据相关的说理。人民法院要求裁判文书必须说理，成为讲道理的法律文书。这一要求包括对定性的说理，也包括对定量的说理。定量的说理也就是对算法的说理。有学者注意到刑事裁判文书说理中的问题："绝大部分判决书仅就定罪部分说理，量刑部分，尤其是法官如何综合全案确定宣告刑往往直接给出最终结论，没有任何说理。"[①] 在民事裁判文书之中，说理也存在各种欠缺。裁判文书应当说理，这包括说明如下几个方面的算法理由：算法法律依据及其选择的理由；算法依据的解释；算法事实，即算法依据中各概念、参数、数据等相关事实；计算过程，包括计算公式、模型及其推理步骤或计算步骤；计算结果。在上述理由中，要体现纠纷解决程序的对抗性，即在上述各种理由说明中要说明哪些没有算法争议，哪些有算法争议以及算法争议的焦点是什么，并陈述与说明采纳或不采纳某一算法观点的理由。在裁判文书与智慧法院系统的设计中，要防止如下做法：重视定性而忽视定量，从而忽视算法方面的说理；只重视定性方面的事实与证据，而不列出或不论证算法的事实与证据；只重视定性的法律依据，而忽

---

① 参见施珠妹：《智慧法院建设与"大数据"质量》，载《东方论坛—青岛大学学报》2019年第1期，第63页。

视算法法律依据；只解释定性规范，而不解释算法依据；只给出计算结果而不给出计算过程；重视法院所认定的算法证据及其算法理由，而不说明采纳或不采纳当事人算法证据或算法观点的理由；将裁判理由理解为定性的理由，而忽视算法理由；没有完整的计算过程，从裁判文书中看不到完整的、正确的计算过程，如此等等。计算确非法官的优势，这需要智慧法院系统的帮助，但在智慧法院系统的算法设计中，一定要注意算法设计的全面性、对抗性、正确性与透明度。

智慧法院系统与其他法律裁判分析系统在依据上存在显著的区别。除智慧法院之外，一些研究机构也建立了法律裁判分析系统，例如，"无讼案例"与"北大法宝"等均存在裁判分析系统。前者以法源为主要依据，以指导性案例为参考性依据，后者则可以以任何资料特别是一般性裁判文书或以专家意见为主要依据；前者的算法依据主要是法定的，后者的算法依据是意定的；前者的算法依据是透明的，否则将承担法律适用错误之类的后果（并导致依法改判）甚至根据相关法律承担裁判者的法律责任，后者的算法依据可以是不透明的，因为只是裁判预测系统，因而也只是根据相关法律承担咨询者应负的法律责任；前者是通过将法定算法转换而形成智慧法院系统的算法，并不完全依赖于高深的学习法，而后者目前多从大数据中学习而猜测裁判算法；前者的算法依据法源与参照准法源，其数据量并不是特别大，后者则依赖于对海量数据的计算特别是机器学习，因而其数据量往往巨大；前者的主要数据是法律、司法解释与指导性案例，得益于上述三者的完全公开而容易获得完整的数据（完整视角下的大数据），后者则因为裁判文书公开的不完全性等因素，而难以得到完整的数据（完整视角下的小数据）；前者受制于法源的层级性而具有算法的层级性，后者则没有层级性，而由设计者自由决定各种算法依据的比例或权重等。以上比较了智慧法院系统应然算法依据与目前一些裁判预测系统算法依据的区别。

目前，一些智慧法院系统既依据法源与准法源而算出裁判结果，也依据其他海量数据而算出裁判结果，并将二者进行比对。这是一种值得赞扬的方法，但是，应当注意的是，前者才是符合法律规定的算法，后者只能当作检验前者效果一致性的方法，而不应当作为指导与修正前者的方法。或者说，二者的比对应当定性于法定裁判与技术结果的比对，正如学术观点一样，只能作为一种分析方法或辅助性矫正技术，而不能成为法定算法。比对结果如何作用于智慧法院系统的建设呢？与学理对智慧法院系统建设的作用机制一样，裁判分析系统的结论仅仅应当作为学理，当作智慧法院系统的学理依据。

(二) 三种算法依据的获得方法

明确了算法依据之后，智慧法院系统要从上述依据中获得所需要的算法，还需要一番努力。这需要遵守一般性找法的法理，如遵守高位法优先于低位法、特别法优先于一般法等规则。除此之外，还需要与人工智能技术结合起来以获得所需要的算法。这主要有三种方法：从成文法中提取其中的算法；通过司法解释阐明成文法中的算法；通过对指导性案例的机器学习而获得成文法中算法的细节。

从法源的算法依据中提取智慧法院系统所需要的算法，这一方法可称为提取法。提取法既包括从算法规范中提取算法，也包括将隐含算法思维的法律规范算法化。第一，从算法规范中提取算法。算法规范中的算法可能既不全面，也不明确。例如，我国企业破产法对破产条件的规定，就是以文字的方式表述资不抵债、不能清偿到期债务这两种算法。要将这两种算法转化为人工智能中的算法，需要将之代码化。第二，将隐含算法思维的法律规范算法化。这需要将法律概念、行为模式与法律后果等算法化。从理论上看，对任何事物的规定都离不开对其质与量的规定，即定性规定与定量规定，但是，法律制度中的定性规定与定量规定并不均衡。"法学研究和其它社会科学研究一样，一直处于定性分析的阶段，对复杂的法律现象，只能进行比较抽象的概括，难以全面系统地反映。"[①] 法律制度的定性规定是比较成功的，法律规范通过其行为模式与法律后果，为行为性质与法律后果的演绎提供了路径。在定性的演绎之上，不会遇到太多的问题。但是，法律中的定量规定比较少且不太明确，要将之转化为数学尤其是代数性质的算法，可能会遇到很多困难。其中既包括将含糊其词的概念、原理与模式转化为明确的算法，也包括将非数字表达转换为数字表达，以完成从文字到代码的转换。智慧法院系统的建设应当考虑到如下困难：以定性为主的法律与以定量为特征的算法之间存在错位，如何妥善地应对这种错位是智慧法律建设中算法问题的关键所在。如果没有认识到这种反差而谈论智慧法院系统中的算法，那么，就难免只重

---

① 参见龚祥瑞、李克强：《法律工作的计算机化》，载《法学杂志》1983年第3期，第19页。

视法律中定量内容及其计算，而可能忽视法律中定性内容的算法化。

在智慧法院系统的建设中，法律规范的算法化是一个法律与人工智能结合的过程。这一过程既不是简单地从法律之中抽取参数与公式等算法内容，也不是脱离法律去编出计算公式等算法，而是结合法律与人工智能中的算法技术，提炼出法律制度中的算法。其中一个重要的工作是运用算法技术、从算法视角上重新理解法律，这就是法律代码化或法律算法化的过程。法律算法化是否可以被理解为以算法解释法律，这还需要更多的论证，但可以肯定的是，从算法视角理解法律并将法律算法化，不是一个简单的过程，既需要对法律有深入的理解，也需要足够的算法知识。法律的算法化能为法律提供新的含义，也能发现法律制度的算法漏洞。同时，法律的算法化能为算法提供新的问题，甚至也能发现算法的缺陷。法律的算法化是一个将算法与法律水乳交融的过程，它是智慧法院系统建设中的基本内容，也是智慧法院建设的难点所在。

除提取法之外，智慧法院系统中的算法还需要依靠一定的司法解释来获得。这种通过司法解释获得算法的方法，可以称为解释法。近年来，依靠解释法获得了不少算法，这是值得肯定的。但是，由于法律重视定性的传统，也由于代数与法律的长期隔离，司法解释中的算法解释，也还需要进行代码化，即转换为人工智能中的算法。这一方面因为司法解释毕竟不是编写计算机程序，另一方面也因为司法解释没有运用必要的数学语言。在司法解释中，少有必要的阿拉伯数字与计算公式等算法表达，多数是以"应用题"的方式表达算法。这也需要转换为算法。

无论是法律还是其司法解释，其中算法无论如何都无法穷尽裁判所需要的算法细节，此时，从指导性案例中学习并得到针对具体细节的算法，就非常必要了。这种通过机器学习而得到算法的方法，前文将之称为学习法。"机器学习法通常通过检查每个新示例并将其与以前的示例进行比较来逐步开发，以确定可以更广泛地推广的总体共性。"[①] 对人工智能的信心多半来自对机器学习的信心，因为深度学习可能逐步得到接近于人脑的智能。机器学习可以分为有监督的学习与无监督的学习。智慧法院系统中的学习法只能是有监督的学习，其限制或监督表现于如下方面：其一，在学习资料上，它局限于法

---

① Harry Surden, Machine Learning and Law, Washington Law Review, Vol. 89: 87, p. 93 (2014).

定的优良案例。目前，法定的优良案例是指导性案例，因而，作为准法源性质的学习资料只能以此为限，其他案例不能成为学习的内容，否则，就会导致算法的违法。是否可以扩大法定优秀案例的范围，例如，将之扩展至最高人民法院与最高人民检察院的公报案例。这些尚需要研究。无论如何，只有在某一案例被确认为准法源性案例之后，才能成为学习资料。这一点使之区别于其他的机器学习。智慧法院系统之外的裁判分析或预测系统可以将所有案例（从理论上看，越多越好）作为学习资料，但是，智慧法院系统的建设不可以如此。二者在学习资料上是完全不同的。2023年1月11日，最高人民法院发布第37批指导性案例，至此指导性案例共有211个，且多为刑事与民事案例，行政法案例与商法案例少见。因而，对学习法的期望不能太高。其二，从学习法本身的基本方法论来看，将学习所获得的算法作为准法源，也是合理的。法律适用的基本过程是演绎，即从法律中的算法演绎出具体案件的结果。这是一个从法律到具体案例的适用过程。但是，学习法却运用了归纳法，从既往的案例之中学习得到规则，再将之适用于新案件的裁判。这是一个从案例到规则，再将规则适用于具体案件的过程，它与一般法律适用过程存在本质性的区别。在判例法国家，学习法从判例到判例，正好发挥其作用。但是，在成文法国家，这种从案例到案例的方法就只能作为参考性的方法，而从法律到案例才是一般性的方法。算法依据作为法律的一部分，应当主要由立法机关完成，而不是由机器学习而得。其三，智慧法院系统中的算法实施，必须符合程序法特别是诉讼法，是不能自由地学习的。纠纷解决是一个程序法问题，民事诉讼法等诉讼法规定了其程序，智慧法院系统的算法实施不能违反这一程序，否则，算法的实施就违反了法定程序。在遵守程序法的背景下，透明度不是一个可以自由讨论的问题，而是一种基本准则。公开审理原则、辩论原则等，均是诉讼法的基本要求，这些是不能违反的法律基本原则。算法的实施必须遵守这些基本原则及其统领的法定程序，因而，智慧法院系统的算法实施必须是依据一定程序法的算法实施的，必须达到程序法所要求的公开程序。智慧法院系统的透明度不是可以自由选择的，而是必须依法实现的。算法黑箱是其他机器学习中的问题，而不是智慧法院系统应当过多考虑的问题。[1]

---

[1] 算法黑箱及其分类可参见 Yavar Bathaee, The Artificial Intelligence Black Box and the Failure of Intent and Causation, Harvard Journal of Law & Technology, Vol. 31: 889, p. 899 (2018).

在智慧法院系统算法依据的获得方法上，提取法应当是主要的方法，解释法应当是补充性的方法，而学习法应当是参考性的方法。这是由三种算法依据的地位决定的，不需要过多地解释。唯需说明的是，解释法不应当成为算法获得的主要方法，学习法更不应当成为主要的获得方法。智慧法院系统的建设只能在法律的范围内建设，它所要取代的不是法律而是人脑。学习法因为是有监督的学习，因而，它既没有那么高深，也没有那么重要。因为学习材料、方法等的法定性，以及实施程序的法定性，其他领域算法黑箱之类的问题，不会成为智慧法院系统的问题；学习资料的法定性也决定了学习对象的法定性，其他领域机器学习资料不全的问题，也不会成为智慧法院系统的问题。

如此，智慧法院系统建设的空间及其功能是不是极为有限呢？答案是不会。智慧法院系统建设的目标是一个汇聚审判庭与计算机工作人员二者智慧的过程，法院工作人员所能做的，也许都将成为智慧法院系统所能做的；法院工作人员难以做到的（不偏不倚、复杂计算、夜以继日等），而智慧法院系统应当也能做到。如果不否认审判事务的工作量与智力难度，那么，也就不应当否认智慧法院系统的功能与智识空间。同时，法院工作是在法律范围内的工作，并不会因为遵守法律而损害法院工作的智识水平，因而，不应当因为遵守法定的算法依据而否认人工智能的智识水平。相反，正是"在钢丝上舞蹈"的水平，才能更证明人工智能的智识能力。

四、小结

智慧法院不是法外之地，不能因为技术而忘记法律。法律制度中存在大量的算法依据，它是智慧法院算法的基础。智慧法院系统中的算法应当以法律为基本依据，以司法解释为补充依据，以指导性案例为参考依据，上述三种依据，应当分别通过提取法、解释法与学习法而获得。在以成文法为主的国家，智慧法院系统不应当成为规则的创造者，而应当成为法律制度中算法依据的遵守者与实施者。

The Legal Basis and Acquisition Method of Algorithms in Intelligent Court System

Chen Chun

Abstract: The construction of intelligent court system cannot avoid the problem of legal basis of algorithms, but the existing views either ignore or poorly consider the problem, so it needs further exploration. A large number of norms in the legal system carry out the algorithmic thinking and even directly stipulate the algorithm. The algorithms of the intelligent court system must comply with many legal norms of algorithms in the existing law. In the construction of intelligent court, we should neither exaggerate the difference between artificial intelligence and law in algorithm, nor simply equate the algorithms of the two. Some of the requirements of law on algorithms are mandatory norms, while others are arbitrary norms only under which the algorithm design have room for autonomy. Algorithms of the intelligent court system should take the law as fundamental basis, judicial interpretation as supplementary basis, guiding cases as reference, and form a hierarchical algorithm basis system among them; In terms of the methods of obtaining these algorithms, the former should be extracted from the law, the middle be obtained through judicial interpretation, and the latter be obtained through machine learning of excellent cases, namely, by extraction, interpretation and machine learning respectively. The goal of the construction of intelligent court system is not to replace the algorithm norm in law with the algorithm in artificial intelligence, but to replace the corresponding part or even all of the calculation of human brain with the algorithm in accordance with the law in artificial intelligence. In a country dominated by written law, the intelligent court system should not be the creator of rules, but the abuser and implementer of algorithm norms in the legal system.

Keywords: Intelligent court system Algorithm Legal basis of the algorithm Artificial intelligence Guided cases

(责任编辑：郭远)

民国时期法外斩首刑运用之窥见

——以《申报》报道为主要素材的分析

方 潇 王思杰[①]

摘要：在学界，对民国时期斩首刑执行运用的专门研究并不多见，已有的也缺少数据支撑。尽管在民国的刑事立法中，斩首已不再是国家层面的法定死刑方式而"名亡"，但其作为法外刑仍在各地"实存"。通过人工统计《申报》在1912年—1949年间包含"斩首""斩决"等的国内报道，统计其罪名和执行机关等，将结果与关于"绞刑"报道的统计数据对比，并结合相关案例分析，可以发现斩首刑仍然大量存在于民国的各种司法实践中。斩首刑主要适用于较重的罪名，以威慑犯罪或镇压民众作为执行目标，而除专门司法机关及地方行政兼理占据一定比例外，军队往往是斩首刑主要的判决和执行者。民国时期法外斩首刑的泛滥运用，有其若干方面重要原因的决定或推动。这反映了民国时期政治压迫下法治的畸形发展状态。

关键词：民国 斩首 法外刑 《申报》 数据分析

一、引言

死刑是刑法中最严厉的惩罚方式，直接剥夺人的生命权。当前，学界一直存在死刑存废问题的争议，而社会上对现行死刑执行的方式是否达到"惩罚犯罪目的"，是否合乎"人道"，同样存在争议。有意思的是，在民国时期，

[①] 方潇，法学博士，上海交通大学凯原法学院教授、博士生导师；王思杰，上海交通大学凯原法学院2021级本科生。

也存在死刑存废及执行方式的争论或议论，①但其社会背景与当下完全不同。一方面，在西方列强用坚船利炮打开了中国大门后，中华法系传统的刑罚体系便逐渐瓦解，到了民国时代已基本退出法律文本；另一方面，以斩首为代表的传统刑罚方式，虽然已在清末法制改革中被废除，然而在社会上仍然留存。由此，从对民国时期斩首刑的研究中，可以一窥民国时期法治状况，尤其是死刑执行层面的法治面相。

可以说，斩首刑在中国古代历史上的面貌，学界多有揭示。如日本学者冨谷至在对古代死刑执行方式的整体考察中，指出斩首刑在中国历史悠久，自秦汉以来一直是法定方式之一。②王仲修则在考察古代中国死刑方式中提到，早在夏朝就已经出现了斩首刑。③柏桦等则专门考察了枭首刑，认为至少在秦代就已经出现，且在中国历史中长期存在。④可见斩首刑存在时间长、适用范围广已成为学另一方面，以斩首为代表的传统刑罚方式，虽然已在清末法制改革中被废除，然而在社会上仍然留存。由此，从对民国时期斩首刑的研究中，可以一窥民国时期法治状况，尤其死刑执行层面的法治面相界共识，但大多掺杂于对死刑方式的整体论述。在对斩首刑社会效果的研究上，一般认为"身首异处"能让这一刑罚展示出明显的残酷性和震慑性，但也有观点认为，斩首很可能起到了反作用。如刘冰、崔敏等都指出，斩首是我国古代刑法残酷性的代表。⑤陈伟则认为古代斩首等死刑执行具有"仪式感"，具有时代合理性，满足了受害人、旁观者、执行者多方的诉求。⑥但在清末改革中，沈家本指出，斩首示众等刑罚并没有达到"教育"民众的效果，甚至有

---

① 其中死刑存废的争论较为激烈，相关研究可见蔡晓荣《20世纪二三十年代中国法学界关于废止死刑之论争》（载《东南学术》2011年第4期，第197-204页）、李凤鸣《过去的喧嚣与回响：民国死刑存废问题的论争》（载《刑法论丛》2013年第1卷，第43-64页）等；而死刑执行方式似无什么论争，基本上停留在少数议论层面。

② ［日］冨谷至：《从终极的肉刑到生命刑——汉至唐死刑考》，周东平译，载范忠信、陈景良主编：《中西法律传统》，北京大学出版社2009年版，第1-47页。

③ 参见王仲修：《从野蛮走向文明——中国死刑执行方式的历史演变》，载《烟台大学学报（哲学社会科学版）》2004年第2期，第222页。

④ 参见柏桦、金潇：《枭首与死刑制度》，载《武汉科技大学学报（社会科学版）》2016年第4期，第443-447页。

⑤ 参见刘冰等：《我国死刑执行方式演变考》，载《河北法学》2004年第12期，第154-155页；崔敏：《中国历代死刑制度的考察与反思》，载《中国人民公安大学学报（社会科学版）》2006年第2期，第4-5页。

⑥ 参见陈伟：《死刑执行的仪式流变与理性回归》，载《比较法研究》2018年第1期，第16-29页。

相反作用，因为"稔恶之徒，憨不畏死，刀锯斧钺，视为故常，甚至临市之时，谩骂高歌，意态自若，转使莠民感于气类，愈长其凶暴之风"。① 沈氏观点可谓一反"杀一儆百"说，引起学界对传统公开处决效果说的重新思考。

清末至民初的死刑变革作为中国死刑历史上重要的转折点，受到的关注较多。杜钢建通过分析沈家本和冈田朝太郎之间的"死刑唯一"争辩，认为死刑执行方式变革反映了人道主义的出现，也是西方资产阶级思想引入的结果，同时受到了封建法制思维的抵制。② Michael Tsin 则侧重外来影响，指出刑制改革在很大程度上是西方帝国主义扩张和中国传统刑法思想结合的结果。③ 王有粮通过对新繁县司法档案的分析，指出民国刑法对传统法律中关于杀人犯罪的理念和制度均有所继承，同时基层法院也常以传统司法资源绥靖地方秩序，以致整体变革缓慢。④ 此类研究大部分集中在思想改革上，对死刑的实际执行方式少有探讨；所用材料也集中于官方的文本记录上，很少有大量的案件研究论据或数据作为支撑。

而关于民国时期斩首刑的专门研究则更为少见。与对古代中国斩首刑的考察一样，对民国时期斩首刑执行状况的关注，也是零星散布于整体性的死刑状况研究中。如柏桦、刘建等都提到，枭首刑在民国时期仍然在法外存在。⑤ 李力则考证了以枪毙为代表的现代死刑执行方式在列强压力下的逐渐引入，同时指出斩首在民国还是常见的。⑥ 那么，作为一项在清末法制改革中已被废除的斩首刑，其被运用的司法具体面相到底如何？为何还能在民国高频率出现？如何看待这一死灰复燃的现象？可以说，目前学界还未出现这一方面的专题探讨，而已有的相关研究也无任何数据作为支撑，难以准确衡量民

---

① 沈家本：《历代刑法考（附寄簃文存）》，邓经元、骈宇骞点校，中华书局1985年版，第2061页。

② 参见杜钢建：《沈家本冈田朝太郎法律思想比较研究》，载《中国人民大学学报》1993年第1期，第98-100页。

③ Michael Tsin, Overlapping Histories: Writing Prison and Penal Practices in Late Imperial and Early Republican China, 20 Journal of World History 69, 89 (2009).

④ 参见王有粮：《基层命案与民国刑法：以新繁档案为中心的初步考察》，载里赞主编：《法律史评论》（总第8卷），法律出版社2015年版，第140-147页。

⑤ 参见柏桦、金潇：《枭首与死刑制度》，载《武汉科技大学学报（社会科学版）》2016年第4期，第445-446页；刘建：《清末至民国时期死刑观念变革浅探》，载《法学杂志》2009年第6期，第114页。

⑥ 参见李力：《从凌迟斩首到枪毙——近代中国死刑制度的衍变》，载张亦工等主编：《割掉辫子的中国人》，中国青年出版社1999年版，第151-154页。

国斩首刑执行的具体且全面的状况。

1872年4月创刊于上海的《申报》，可谓是中国现代报纸的开端，也是近代中国发行时间最久、社会影响最广泛的一份报纸，其时间跨度覆盖了整个民国时期，报道涉及社会生活的方方面面，能提供的信息很多。特别是《申报》对报道的真实性十分重视，其创刊之日不仅将自己定性为"新闻纸"，还宣称"务求其真实无妄，使观者明白易晓，不为浮夸之辞，不述荒唐之语"[①]，且作为民间报纸并无明显的党派成见[②]，故报道较为客观、中立，提供的内容较为可信。因此，本文中，笔者选择《申报》作为讨论的主要素材尤其是数据来源，对其中关于斩首、绞刑的报道进行统计分析，并在分析其斩刑背后相关因素等的基础上，以期揭示和评估民国时期斩首刑的整体性法外运用状况。

二、清末民国时期斩首刑在国家层面的成文法退出

传统法定斩首刑的废除始自清末修律中"死刑唯一"的争辩。光绪三十一年，沈家本以"化民之道，固在政教，不在刑威也"为由，上疏"拟请将凌迟、枭首、戮尸三项，一概删除，死罪至斩决而止"。[③] 这一观点在宣统二年《大清现行刑律》中得到反映，"死刑二：绞；斩"。在光绪三十二年，冈田朝太郎参与修律，在删去重刑的基础上进一步认为死刑分为二等不符合世界潮流，建议再删去一项。[④] 沈家本则持论相左，作成《死刑唯一说》，以传统刑罚立场建议保留斩、绞两种死刑。[⑤] 但光绪三十三年，沈家本在《奏进呈刑律草案折》中改主张"……一曰死刑唯一……兹拟死刑仅用绞刑一种，仍于特定之刑场所密行之"，在新刑律草案第七章刑名中，也提出"今用绞之国独多殆为此也，故本案拟专用绞刑"，[⑥] 改变了一年前斩、绞并用的主张。在

---

① 《本馆告白》，载《申报》同治壬申三月二十三日（1872年4月30日），第1版。
② 参见徐有威、吴乐杨：《民国社会舆论对匪患之反应——以〈申报〉和〈大公报〉为例（1912~1934）》，载《江海学刊》2012年第5期，第176页。
③ 沈家本：《修订法律大臣奏请变通现行律例内重法数端折》，转引自怀效锋主编：《清末法制变革史料》，李俊等点校，中国政法大学出版社2010年版，第41页。
④ 杜钢建：《沈家本冈田朝太郎法律思想比较研究》，载《中国人民大学学报》1993年第1期，第98页。
⑤ 沈家本：《历代刑法考（附寄簃文存）》，邓经元、骈宇骞点校，中华书局1985年版，第2100-2101页。
⑥ 沈家本等：《修订法律大臣沈家本等奏进呈刑律草案折》，转引自怀效锋主编：《清末法制变革史料》，中国政法大学出版社2010年版，第70-87页。

此之后，随着宣统三年《大清新刑律》的出台，其中第38条"死刑用绞，于狱内执行之"的规定，标志着斩首刑正式退出了中国的成文法。

在民国的一般刑法和其他相关法律（包括刑法典、刑事诉讼法和为了实施刑法而出台的单行刑法）中，法定的死刑执行方式只有绞刑和枪决两种，"斩"并非法定死刑。民国建立之初，针对一些军队军人借机滋扰社会的情况，南京临时政府陆军部制定《维持治安临时军律十二条》，可谓首次将"枪毙"列入军律，并列出了五种处"枪毙"的罪行。[1] 在北洋政府时期，《暂行新刑律》第38条保留了《大清新刑律》的规定，"绞刑密行"原则得以继承，并得到司法部部令的进一步强调。[2] 至于在新刑律生效前判处斩刑的罪犯，则依民国元年八月《暂行新刑律施行细则》第四条第一、二款规定："（一）现决人犯，无论斩绞，均处绞刑。（二）秋后人犯，例入情实者，处绞刑。"[3] 可见均强调死刑用绞，而且密行。

进入南京国民政府时期后，"死刑密行"在一般刑法中得到延续。1928年《刑法》第53条专门规定："死刑用绞于监狱内执行之，死刑非经司法部覆准不得执行。"[4] 1935年《刑法》出台前后，死刑专用绞的规定有所松动，而密行的原则仍然保留。1935年、1945年先后修正公布的《刑事诉讼法》，第466条都规定"死刑于监狱内执行之"。[5] 1946年《监狱行刑法》第94条则更细一步规定："死刑用绞，在监狱内特定场所执行之，未设绞机者，得用枪毙，其执行规则，均由司法行政部定之。"[6]

在刑事特别法中，大多未规定具体的死刑执行方式的要求，由于其中都包括"本法未规定者，适用刑法（或其他条例）之规定"这一条款，这些单行刑法中的死刑也应按法定方式执行。如1931年《危害民国紧急治罪法》、1940年

---

[1] 这五种情形也即该军律前五条："任意掳掠者枪毙，强奸妇女者枪毙，焚杀良民者枪毙，无长官命令窃取名义擅封民屋财产者枪毙，硬搬良民箱笼及银钱者枪毙"。《令示：陆军部颁行维持地方治安临时军律文》，载《临时政府公报》1912年，第7号，第1-2页。

[2] 此部令内容是："查文明各国执行死刑，均不取公开主义，《暂行新刑律》第38条亦明文规定'死刑用绞，于狱内行之'。乃近来各省呈报决犯日期文内，动有'绑赴刑场'等语。所谓刑场，是否指狱内或狱外刑场而言？虽不可知，恐不免有仍用旧制于狱外决囚者。为此，通令京外各级审判厅及其他兼有审判权者，一体遵照此令。"《命令·部令：司法部部令》，载《政府公报》1912年，第97号，第1页。

[3] 《暂行新刑律施行细则》，载《司法公报》1912年，第1号，第21页。

[4] 《中华民国刑法（三月十公布）》，载《申报》1928年3月11日，第11版。

[5] 《中华民国刑事诉讼法》，载《立法院公报》1935年，第66期，第125页。

[6] 《监狱行刑法》，载《司法公报》1946年，第718-730号合刊，第6页。

《妨害兵役治罪条例》、1943年后的《惩治盗匪条例》、1945年《惩治汉奸条例》等特别刑法中，都仅规定有死刑罪名而无死刑具体方式，这些法律的死刑判决都应当按照《刑法》或《监狱行刑法》执行。当然，也有具体规定了应当枪毙的特别刑法，例如1914年《私盐治罪法》第4条规定"犯前条之罪应处死刑者，得用枪毙"①；1914年《惩治盗匪条例》第3条规定"死刑得用枪毙"②、1927年《修正惩治盗匪条例》第8条规定"死刑之执行，得用枪毙"③。又如1929年公布及1937年修正的《陆海空军刑法》，第12条均规定："执行死刑时，依该管军法长官所定处枪毙之。"④ 再如1935年《禁烟治罪暂行条例》第18条、1935年《禁毒治罪暂行条例》第19条，均规定"死刑之执行得用枪毙"。⑤ 可见即便在单行或特别刑法中，斩首也都被排除在法定刑罚之外。

　　当然，民国虽在国家层面的各种刑事立法中排除了"斩首"，但除实践中有随意滥用之外，斩首作为地方军政常用的死刑方式，也有其自立的军令或指令作为依据。例如福字军刘福彪1913年在吴淞驻军时，曾向所属军队发布《军律十二条》，条条处罚都有一个"斩"字。⑥ 又如1924年淞沪警察厅为保全地方治安，认为"非加以极刑不足以寒匪胆"，遂制定《警察厅斩决匪徒之办法》，规定在戒严期间，"如有匪徒纵火抢劫之事，立即就地斩决"。⑦ 再如1926年江苏清乡督办沈同午为严惩盗匪，发布的《江苏清乡暂用审判条例》共十五条，第十一条即规定"死刑得用枪毙或斩决"。⑧ 这种斩首依据，有时甚至来自司法部，如1915年司法部以"盗犯仅予枪毙，尚不足蔽辜"，饬令各地"嗣后凡判处以死刑之盗犯，一律改用斩刑"。⑨ 这种司法部的饬令虽然

---

① 《私盐治罪法》，载《政府公报》1914年，第947号，第11页。
② 《惩治盗匪条例之颁布》，载《申报》1914年7月7日，第6版。
③ 《惩治盗匪条例修正公布》，载《申报》1927年11月17日，第7版。
④ 《陆海空军刑法》，载《立法院公报》1929年，第11期，第137页。
⑤ 《禁烟治罪暂行条例》，载《申报》1935年10月25日，第9版。
⑥ 此十二条军律是："临阵脱逃者斩，泄露军情者斩，私通军情者斩，抢劫财物者斩，奸淫妇女者斩，聚众赌博者斩，酗酒滋事者斩，脱逃出营者斩，夜不归营者斩，私入民家者斩，抗令不遵者斩，强买强卖者斩"。《特别访函二》，载《申报》1913年8月1日，第7版。
⑦ 《关于强迫招夫之消息》，载《申报》1924年9月6日，第14版。
⑧ 《清乡督办颁布清乡审判条例》，载《申报》1926年3月8日，第13版。值得注意的是，该条例随着1927年1月江苏省清乡公署的裁撤而即行废止。申报馆：《徐知事奉委兼任军法官之布告》，载《申报》1927年1月20日，第14版。
⑨ 《盗犯改用斩刑》，载《申报》1915年10月30日，第10版。此一饬令较早得到了江苏巡按使齐耀琳的支持，史载"齐巡按准法部咨，嗣后处死盗犯，一律改用斩决，特饬各县遵照"。《南京快信》，载《申报》1915年10月12日，第3版。

层级较高，但仍然不离临时性行政命令，非为国家层面的正式法律文件。

综上可知，纵观民国时期任何国家层面的刑事立法，"斩首"从来都不是法定的死刑执行方式。虽然有一些地方性军令指令乃至司法部的饬令，均无法构成国家层面的规范性文件。可以说，整个民国时期，斩首彻底地退出了国家成文法系统。

三、民国时期法外斩首刑之执行状况——数据与分析

斩首虽已在国家法律文本中"名亡"，但仍"实存"。笔者人工统计了1912-1949年间《申报》所有包含了"斩首""斩决""绞刑""绞决"的新闻报道，并将其中由民国法定司法机关（法院）或被法律授予司法职权的机构（当地没有法院的地方行政机关，军队司令部、军法处等）执行的死刑案件进行了统计。最后，一共约找到适用斩首的案件984起，适用绞刑的案件63起。[①]

（一）数据统计

表1 斩首刑罪名数据　　　　　　　　　　　　单位：起

罪名	违反军规	土匪	罢工	革命党	共产党	其他政治犯罪	煽动内乱	叛乱
数量	155	302	2	32	78	4	5	32
占比	15.75%	30.69%	0.20%	3.25%	7.93%	0.41%	0.51%	3.25%
罪名	游行示威	散发传单	贪污	谋杀	诈骗	间谍	勒索	扰乱治安
数量	8	74	2	20	1	9	1	6
占比	0.81%	7.52%	0.20%	2.03%	0.10%	0.91%	0.10%	0.61%
罪名	越狱	袭击公务人员	偷窃	吸食鸦片	劫狱	纵火	造谣	危害公共安全
数量	5	1	75	1	1	6	1	4

---

① 此处的"起"，主要指行刑的次数而非人数。根据《申报》报道，民国时期斩首刑每起斩首少则一人，多则五六十人；绞刑每起少则一人，多则二三人。此外，不包括对既成尸体进行斩首的情形。

续表

占比	0.51%	0.10%	7.62%	0.10%	0.10%	0.61%	0.10%	0.41%
罪名	通奸	冒充军人	抢劫	投毒	走私	汉奸	械斗	绑架
数量	2	42	70	8	1	8	2	26
占比	0.20%	4.27%	7.11%	0.81%	0.10%	0.81%	0.20%	2.64%
总计	984							

表2 斩首刑执行机关数据

执行机关	法院及地方行政机关	军队	未知	总计
数量	310	619	55	984
占比	31.50%	62.91%	5.59%	100%

表3 斩首刑年份变化数据

时间段	1912-1914	1915-1917	1918-1923	1924-1927	1928-1931	1932-1937	1938-1945	1946-1949	总计
数量	102	48	51	631	118	29	5	0	984
占比	10.36%	4.88%	5.18%	64.13%	11.99%	2.95%	0.51%	0	100%

横轴：年份 纵轴：数量

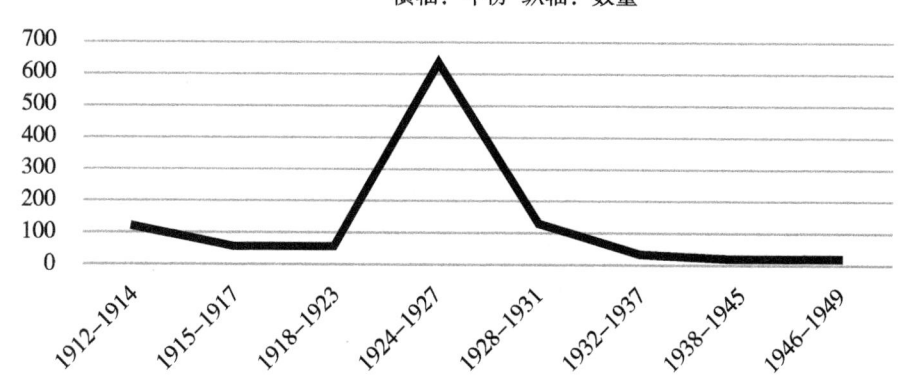

图4 斩首刑数量随年份变化趋势

表4 绞刑罪名数据   单位：起

罪名	谋杀	骚乱	越狱	抢劫	投毒	共产党	革命党
数量	40	1	2	7	2	2	2
占比	63.49%	1.59%	3.17%	11.11%	3.17%	3.17%	3.17%
罪名	汉奸	作战不力	通敌	强奸	未知	总计	
数量	1	1	1	3	1	63	
占比	1.59%	1.59%	1.59%	4.76%	1.59%	100%	

表5 绞刑执行机关数据

执行机关	法院	行政机关	军队	未知	总计
数量	51	5	5	2	63
占比	80.95%	7.94%	7.94%	3.17%	100%

（二）对斩首刑执行状况的整体分析

整体而言，斩首刑在民国时期仍普遍存在。斩首刑分布地域极广，报道来源地有上海周边的苏、浙、皖、赣等地，更远的有华北、东北、新疆等地，几乎涵盖全中国。此外，斩首刑被报道数量众多，适用的频率较高，30余年间仅被《申报》报道社会反响较大的就有984起，而被掩盖的"法外用刑"估计更多。

就案件性质而言，斩首针对的大多是"重罪"。从斩首罪名方面来看（见表1），土匪、政治犯罪（革命党人、共产党人、散发传单、游行示威等）案件最多，占比分别达到了30.69%和19.62%。其中，在1927年到1931年总共224起适用斩首案件中，共产党人的案件数量共76起，占到了33.93%。这些案件既极大地威胁了人民群众的生命财产安全，也威胁了统治阶级的政权稳定，在执法者看来都属于该"杀头"的"重罪"。

镇压民众、震慑重罪，往往是斩首刑执行的目的。一方面，斩首经常伴随公开执行、枭首展示，其带给围观民众的冲击力是巨大的。同时，由于社会动荡不安，中央政府对局部地区控制力弱，加之自然灾害频繁，中国许多地区沦为"土匪王国"①，行政机关和军队不得不对土匪犯罪施加重刑，以预

---

① [英]贝思飞：《民国时期的土匪》，徐有威译，上海人民出版社2010年版，第27页。

防犯罪。而用以镇压民众反抗的斩首刑，在北洋政府时期集中于对"革命叛党"的迫害，南京国民政府时期则集中于对共产党人的白色恐怖，这和二者的反动统治脱不开关系。

当然，斩首刑对于民国时期政府震慑土匪、镇压民众反抗是否起到了作用仍存有疑问。在土匪问题上，事实证明除死刑镇压外，民国政府更多采取了招抚的措施，而这无疑使得"斩首示众"带来的效果大打折扣。此外，大量处刑土匪的军队反而是土匪的温床，时人对此评论道："军队者，制造土匪之机关也。招之来授以劫掠烧杀之技能，挥之去又无正当谋生之职业，则惟有流为土匪而已。"① 自始至终，民国土匪问题从来没有得到解决，也因此可以认为，斩首没有达到预定的威慑犯罪效果。而在镇压人民反抗中，斩首更是没能起到相应的作用。国民政府最后被其大力镇压的共产党人及其领导下的人民群众推翻，"民不畏死，奈何以死惧之"成为斩首刑实际社会效果的最佳写照。

军队的大量介入是民国时期斩首刑执行的一大特点。虽然法院与地方行政机关（兼理司法）执行斩首有310起，达到31.50%，占有近三分之一的比例，但与军队判决并执行斩首的619起及占比62.91%相比（见表2），则是小巫见大巫。而就算除去违反军规判决的死刑，经军法处、司令部判决的其他刑事案件占比，仍然达到了55.97%——军队在死刑判决和执行斩决中如此高的占比，在任何一个近代国家都是极为罕见的，也侧面证明了军阀混战及其他动乱中军队对社会治理的大量接管和控制。

在军队接管社会的背景下，斩首刑适用下的"法外有法""枉法裁判"就成为必然。抛开斩首本身的非法性不谈，首先，在总计的斩首刑执行中，有许多罪名是明显不适用死刑而用了死刑。如按照1931年的《危害民国紧急治罪法》，散发传单、游行示威等"以危害民国为目的而组织团体或集会或宣传与三民主义不相容之主义者"，按理应"处五年以上十五年以下有期徒刑"，② 但是以这些罪名被处以斩首的案例各有8起、74起；再如通奸，按照1928年《刑法》第239条应当处一年以下有期徒刑，但也有以通奸罪名处斩的案例存在。其次，民国的许多特别刑法如《惩治盗匪条例》《危害民国紧急

---

① 讷：《李军遭归》，载《申报》1922年10月18日，第14版。
② 《危害民国紧急治罪法》，载《行政院公报》1931年，第225号，第1—2页。

治罪法》《惩治汉奸条例》在斩首刑中得到了大量适用。斩首刑大量适用于土匪、共产党人、汉奸，而这些罪名的刑罚并不见诸《二八刑法》《三五刑法》，而得依刑事特别法执行。

在数量变化趋势上，民国斩首刑基本呈单峰形（见表3、图1）。在1912年到1914年间达到102起，占比10.36%，为第三峰值。此后在1915年到1917年与1918年到1923年此九年间，斩首刑降至一半呈5%左右态势平稳发展。然而在1924年到1927年，斩首刑急剧暴升到631起，占比64.13%，为民国最高峰值。在接下来的1928年到1931年，虽然斩首起数为118，较前减少很多，但其11.99%的占比仍居峰值第二。此后斩首数量迅速减少，1932年到1937年间为29起占比2.95%，1938年到1945年为5起占比0.51%，最后在1946年到1949年间《申报》报道为零。以此走势看，第三峰值的1912年到1914年区段是民国初建时期，斩首刑频用反映其政局不稳。而作为峰值飙升的1924年到1927年间，则是北洋军阀混战、国民政府北伐特别是蒋介石与汪精卫先后发动反革命政变之际，在战争和血腥政变之下，大量的匪徒、共产党人、革命人士被斩首。作为峰值第二的1928年到1931年间，则是南京国民党政府在全国建立并巩固政权时期，斩首刑的泛用完全可以从前一阶段的惯性中得到解读。而此后尤其是1938年后峰值迅速减少，或与1936年7月蒋介石下令"嗣后执行死刑……不得再用斩决及枭首示众"有关。[①]

(三) 典型案件及分析

在整体的数据统计之后，此处选取若干具有代表性，或当时社会上讨论较多的斩首刑案件加以分析。

1. 朱应发等案

案情经过：1924年安徽桐城县境七家岭一带，曾有大股土匪，声势浩大，被水上戒严司令部新成军之陆战队击溃，并擒获匪徒九名。其中朱应发、刘岱山、许方林、许来甫四人"供认投入伪自治军，结联沪党人，意图大举，并焚烧抢劫，掳人勒赎，逼取枪枝等情不讳"，"实属罪大恶极"，被皖省军务督理马联甲电令判处"一律正法，枭首示众"。因民国光复以来，处决人犯几

[①]《国民政府军事委员会委员长行营法秘字第二七九二号训令》，载《四川省政府公报》1936年第51期，第48页。

乎系枪毙，或在监内执行，绞决也不期执行，现闻听要斩决人犯，故引发许多民众前来观刑。①

2. 范国忠等案

案情经过：1925年直隶人范国忠、姚殿其、李二同三人在英法两租界多次抢劫作案，原已被英法租界公堂判处监禁5年等刑罚，后警厅查得范等在华界亦曾犯有劫案，遂向英法公堂申请引渡至闸北进行审判。淞沪戒严司令部军法处以"沪上为五方杂处，匪徒掳人勒赎及抢劫敲诈等案时有发生，当此戒严期间非置以重典不足以儆其余"为由，判处将三人斩首示众。为了执行这一刑罚，戒严司令部特地雇了尚住城中的前清刽子手顾桂山（丝线桂山）执行死刑。② 由于民国以来正规司法中斩首一刑久已废除，此案引来众多上海市民围观，并引发对刽子手行情、被斩犯人注意事项及斩首技巧等的议论。③

上述两案可谓体现了民国时期斩首刑的共性：一是突出对各种劫匪案件的重点打击，而此类案件则主要由军队负责处理和审判。二是均有特殊的政治背景，从而使得原本可能不应判决死罪的案件受到重判处刑。朱应发案的要害其实不在于抢劫之类，而在于"投入伪自治军，结联沪党人，意图大举"；范国忠案则是时值上海"戒严期间"。三是判决刑罚往往是斩首或以斩首为基础的枭首示众，其目的是"俾昭炯戒""以儆其余"，从而威慑民众和潜在犯罪者。四是在施行斩首时，常常难觅熟练的刽子手，此反映斩首刑在清末民初废除后上海司法界久有不用（十年左右），也体现军队执法确实在"法外用刑"。朱应发等四人被斩首时，不得已从陆战队中挑出两人充当刽子手，却不得其法，每犯皆砍数刀；有一犯砍至十余刀，才将首级砍下，而刽子手亦遍身血污。范国忠等三人被砍头时，幸而觅得一前清刽子手才顺利完成，而当时那把放小南门旁佛龛内的鬼头刀也"搁置已久"。五是因斩首刑废除多年，往往引来许多民众（所谓"好事者"）好奇围观，由此"以儆效尤"大打折扣。

---

① 《皖垣巨匪伏法记》，载《申报》1924年10月17日，第6版。
② 《北车站今日将斩决三要犯》，载《申报》1925年11月18日，第13版。
③ 蔚文：《杀头琐谈》，载《申报》1925年11月23日，第11版。

3. 太保阿书案

案情经过：太保阿书（徐天雄）是20世纪二三十年代江浙一带的巨匪，率部两千余众横行太湖周边一带，"杀人放火，掳掠奸诈，无所不至"。据报道称所载敲诈案700多件，抢劫案300多件，"焚烧房屋、杀戮人民之案"百余件，其中以惨杀地方（吕巷）公安局长、区长的案件"最为震惊一时"。1931年徐天雄被捕后，被押送至闵行水警第一区署看守，后经特区地方法院判决死刑。最后，徐天雄及其弟徐福生在金山县张堰镇被当众斩决。时万人围观，还有记者不断进行追踪报道。①

因为本案案情十分恶劣，且对于上海周边影响较大，所以《申报》有很多报道，细节较多。就具体处刑而言，值得注意之处，例如各官绅及团体得知徐天雄业经获案，纷纷致电官方"恳迅赐就地枪决"，以免"转生意外"；②在临刑前的最后审讯中，主审官"掷下犯罪白旗"，上书"奉令枪决匪首徐天雄"云云，③端的似都是枪决态度。又如在面对捕头讯问时，徐天雄认为自己"照我之罪，不会枪毙，应该杀头"。④而在斩首行刑前，执行军官曾和前来摄影的记者起了冲突，军官称"斩首为刑法所无，不能将照片登报"，要求将相机全部暂存团部，俟斩决后再还；各报记者抗议，在交涉许久后才勉强同意拍摄除斩首以外的照片。⑤此外，斩首完毕后，还有围观民众将铜钱"向断腔中蘸血，云可压邪"。⑥

与前两案相比，同样是体现了军队等机构对于司法的干预、同样是针对较为恶劣的犯罪，太保阿书案中有几处特别节点和细节，反映了当时人们对斩首刑的一些看法。尽管本案经过了正常的法律程序后才判决死刑，适用《惩治盗匪条例》及1928年《刑法》，但死刑最终执行方式并不是法定绞刑或枪决，而是斩首。值得注意的是，本案中无论是官绅呼声还是临刑前审讯，实都是以"枪决"态度展现，然实际处刑时却是以"斩首"行刑，个中原委

---

① 《太湖匪魁太保阿书就擒》，载《申报》1931年4月7日，第11版；《水警区长迎提太保阿书》，载《申报》1931年4月8日，第11版；《太保阿书兄弟昨在张堰正法》，载《申报》1931年4月17日，第10版。
② 《松江通信·官绅电请处决匪首》，载《申报》1931年4月9日，第8版。
③ 《太保阿书兄弟昨在张堰正法》，载《申报》1931年4月17日，第10版。
④ 《太保阿书兄弟昨在张堰正法》，载《申报》1931年4月17日，第10版。
⑤ 竹天：《太保阿书正法琐记（上）》，载《申报》1931年4月22日，第13版。
⑥ 竹天：《太保阿书正法琐记（下）》，载《申报》1931年4月23日，第11版。

很可能是军部暗中指令以此方式震慑民众，抑或是砍头成了当时针对盗匪死刑的惯用模式。又在与摄影记者的冲突中，执行军官之"斩首为刑法所无，不能将照片登报"云云，似反映出行刑部门对"法治"理念的某种忌惮，当然也反映出当时的司法行刑混乱。此外，死刑犯自己认为"当处斩首而非枪毙"，这也在一定程度上反映了当时，尽管"死刑唯一"，但是斩首还是被认为是一种比枪决或绞刑更重的死刑方式，可见"死刑分等"虽然在成文法中被消灭，但仍留存于民众思想之中。而从"万头争观"到"血蘸铜钱"的描述，可知对于一般民众，"杀头"带有的神秘色彩仍然浓重，斩首刑背后的"报应观"和传统宗教因素仍然留存民间。

（四）对比法定绞刑的数据分析

从这三十余年间被报道的案件数量来看，斩首的数量数十倍于绞刑的数量——极度的不成比例。即使去除了通信不畅、司法机关对死刑数量的保密等因素的影响，如此悬殊的差距也足够反映出在民国时期，斩首刑适用之频繁与民国基层法治的薄弱。

而从罪名的角度观之（见表1、表4），斩首刑适用的罪名往往比绞刑更重，"死刑分等"观念仍然存在。适用绞刑的这些罪名以普通刑事犯罪为主，如谋杀占到了63.49%；而政治犯罪较少适用绞刑，占比仅6.34%。另外，所有适用绞刑的罪名都包含于斩首刑之中，且大多数罪名都见诸1928年《刑法》和1935年《刑法》，很少适用单行刑法。

而从执行机关的角度分析（见表2、表5），不同于军队对斩首的大量施行，绞刑的判决和执行机关有80.95%为司法机关，很少由军队、地方行政机关进行，且全部为"密行"，和斩首的公开倾向截然不同。这说明由专门司法机关经手办理的绞刑案例，基本上还是遵守了相关法律，但军法机关与地方行政兼理司法者则往往与此相反。像国民政府司法部对于处决死刑人犯，虽原有盗匪与一般杀人之分，即以惩治盗匪法所判死犯"俱以枪决"，而以刑法所判之死犯"应用绞决"，① 但实践中很多本应处以枪决的盗匪死犯被军队或兼理法官执行斩决或枭首示众。这一执行状况反映了相比作为法定死刑执行方式的绞刑，斩首刑的适用由于施行主体原因大多具有某种任意性，较少强

---

① 《刑法所判死刑犯应处绞刑》，载《申报》1928年12月22日，第15版。

调法定程序和人道关怀。

综合以上数据和分析，可以得出初步结论：在民国时期，虽然在法律文本中斩首刑已经被废除，但相对法定的绞刑，斩首刑仍然被官方机构大量适用。斩首刑主要适用于较重的罪名，以威慑犯罪或镇压民众作为施行目标，但并未达到预期的效果。尽管法律制度已经发生变化，人们仍然普遍将斩首视为一种"更重的刑罚"而深陷传统，现代的死刑观念还远未深入社会。军队是斩首刑的主要判决和施行者，且常常是错误地适用法律并加以执行，或者避开当适法律而越法滥用。在这一情况下，受刑者的权利和尊严受到了漠视，对死刑的人道关怀常常缺失。

四、民国时期法外斩首刑泛滥之原因分析

（一）根本在于"移植"而来的刑法缺少社会经济基础

在新式死刑进入中国社会的过程中，中国本土的刑法体现出了"法律文化的自在性"，即本土制度文明并不显性地、激烈地对抗或排斥外来移植的制度文明，而常以持久而潜在的形式继续存在，继续以非正式规范在原有领域发挥规范引导作用。[①] 不只是死刑的执行，可以说整个传统中国的刑律都"自在性"地存在于民国时期执法者的司法实务中，从审理程序到判决结果大多延续了传统刑律中不平等、义务本位、人治大于法治等特性。

这些特点虽然源于未完成转型的社会思想，但根本上是由于民国的社会经济基础。所谓有什么样的经济基础，就决定了什么样的法律面貌。正如有学者指出："纵观法治的历史，法治总是与商品经济相关，而与自给自足的自然经济和以国家垄断为内容的产品经济无缘。法治的实现程度取决于商品经济的发展程度。"[②] 近代刑法的主要原则，如对于限制刑罚权、重视被告权利、法律平等适用等，都基于近代资本主义社会中的自由、平等、权利本位等理念。这些理念又发端于商品经济社会中为了保证经济运行而自发形成的契约

[①] 参见荆月新：《"礼治"观念回归的法治意义解析——以民国乡村自治立法为例》，载《理论学刊》2015年第9期，第109-110页。

[②] 张文显：《法学基本范畴研究》，中国政法大学出版社1993年版，第307页。

自由、平等交换原则。换言之，若无商品经济，则这些原则无法为社会所普遍接受，也不会进而被刑事法律接受而进入司法实践。对于像民国这样一个依然以传统自然经济为主导，同时又盘缠着畸形且垄断性的官僚资本经济的社会，法治建设必定举步维艰。[①] 因此，尽管刑法条文变了，现代刑法的理念也无法于社会中扎根；面对刑事案件，执法者在观念上往往囿于封建衙门式的处理，刑罚也就常常维持封建时代的施行方式了。

（二）动荡的社会背景和军队的介入

民国时期斩首刑的大量运用，显然以军阀混战、盗匪横生以及政争等诸多动荡背景而展现。在这一时期，政府为了尽可能地减少社会上的犯罪，大规模地进行刑事特别立法，增设罪名、加重处罚。这些罪名包括盗匪罪、绑匪（掳人勒赎）罪、吗啡罪、私盐罪、贩运人口出国罪、特种刑事诬告罪等，[②] 其最高刑都是死刑。同时，为了尽可能地打击犯罪，政府大量放权给地方执法机关，军警暴力部门得到了大量授权。如1914年《治安警察条例》，即赋予了警察机关干涉和禁止结社、集会、公众运动游戏、传布文书图画、劳工聚集等诸多权力。此种治安警察权的滥加赋予，被时人批判为"简直可说是奴隶制度时代的立法例""不但劳动阶级没有争到主体的债权者的地位，就连'人'的地位也没有争得到"。[③] 前述1924年淞沪警察厅就出台了《警察厅斩决匪徒之办法》，对戒严期间盗匪抢劫可"立即就地斩决"。[④] 此可谓民国首次以地方警厅名义发布斩首刑用，而其背后实原有军方力量支撑，即该警厅陆厅长"奉军使令兼任军法处职"，故而一下子胆壮气粗而行雷霆之举。1936年民国军事委员会公布了《各省行政督察专员及县长兼办军法事务暂行办法》，不仅授权地方政府长官兼任行营军法官来办理军法案件，还将大

---

① 如孙中山先生在辛亥革命最终失败后就"先知先觉"地认识到这一点。1912年8月他在致宋教仁的信中总结道："民国大局，此时无论何人执政，皆不能大有设施。……若只从政治方面下药，必至日弄月纷，每况愈下而已。必先从根本下手，发展物力，使民生充裕，国势不摇，而政治乃能活动。"孙中山：《致宋教仁函》，载《孙中山全集》第2卷，中华书局1982年版，第404页。
② 张道强：《论民国刑事特别法之间与刑法典的法律关系》，载《理论界》2009年第6期，第76页。
③ 高一涵：《对于〈治安警察条例〉的批评》，载《新青年》1927年第7卷第2期。
④ 《关于强迫招夫之消息》，载《申报》1924年9月6日，第14版。

量非军人的刑事犯罪纳入"兼军法官"的管辖范围。① 在这一法令下,地方行政机关实已被军委授权,越俎代庖,取代一般司法机关。如此一来,"军"字当头,枉法裁判、法外用刑(如施加斩首),也就有了可能。

随着清政府的崩溃,中央政府对地方的支配力大大减弱,大量军阀以"镇守使""戒严"等名义以军队接管地方行政机关,成为事实上一方的主人。民国法律对这一情况不得不加以形式上的承认,然而在基层治理上,事实延续下来的帝国时期传统的"承包体制"发生变异,县一级长官并非由中央"廷择外放",而是由各省军阀竞相自放。在这种政治背景下,加上地方官任期日益缩短进而呈现"十年九牧"普遍现象,从而使得县级长官向地方提供公共服务的意愿大为减弱,反而期望从地方汲取资源,结果导致农村凋敝,社会治安恶化。② 基于此,接管了社会治安的军队若期望镇压犯罪,则必然"乱世用重典",使用斩首等非常手段进行社会治理。如前述范国忠案中,执行死刑的淞沪戒严司令部即为在1925年江浙战争期间成立,以维护上海地区的社会治安,被授权军法处置罪犯;为了震慑犯罪,最后司令部"法外用刑"。如此种种最终导致了后来所见到的在死刑执行中,"快"和"震慑"成为主要的考量因素,"人道"则很少受到重视。

(三)"司法不下乡"和传统刑法观念的强大

除了和资本主义法律文化接触较多的地区,民国时期大部分的基层司法机构都没有得到太大的改变,行政部门"兼理司法"依然是主流。1914年《县知事兼理司法事务暂行条例》及《县知事审理诉讼暂行章程》、1923年《修正县知事审理诉讼暂行章程》、1927年《修正县知事兼理司法事务暂行条例》等行政规章,都不同程度地将司法裁判权授予了县知事。虽然这是出于这一时期司法人才不足、基层司法机构短期内难以建立的现状,但对古代"行政兼理司法"模式的延续,无疑让现代司法难以立足,也使得行政机关有大量滥用法权的机会。1913年到1914年的司法部指令显示,县一级行政机关对司法权进行了大量的滥用,其中包括对当事人状纸要价过高、系统性地适

---

① 《各省行政督察专员及县长兼办军法事务暂行办法》,载《军政公报》1936年,第225号,第1-3页。

② 参见狄金华:《统治风险与国家治理结构调整——基于民国时期第二次全国内政会议前后央地分权结构的对比分析》,载《开放时代》2021年第6期,第109-110页。

用刑讯、非法拘留被告、任意适用死刑且不上报上级法院复核等问题。[1] 正因为行政兼理司法下的弊端较为严重，引起一些省份重视，如1923年江苏省省长公署发布第六四四一号训令《改革司法积弊之通令》，除苦口婆心劝诫各知县"宜如何体念人民，恪恭将事，毋延压以滋讼累，毋牵连以扰良民，毋纵胥役以鱼肉愚懦，毋存怠惰以致昧案情"外，还痛斥兼理司法中的种种积弊，务求恪遵法令办理。[2] 不过虽有此类改革通令，但成效不大。总之，在地方兼理司法的情形下，上级司法部门的指导作用趋近于零，传统所谓的"皇权不下县"转换成为"司法不下乡"，法外用刑成为基层案件审理中常见的结果，而为达到"以儆效尤"的目的，斩首在刑事案件中的滥用也成为了可能。

在"兼理诉讼"而现代司法缺位的背景下，传统的刑律观念便填补了这一空白，在中央政府不及之处得到了延续。主管官员手中的法条已基本发生了变化，但他们仍然以清朝式的审理程序或法律环境适用刑法。Neighbors通过研究民国时期谋杀案件的审理发现，通过对"比附"、有偏向性的法律解释、滥用减罪或加重罪名等手段的利用，民国的兼理法官们将清代的刑法在民国"复活"了。[3] 朱卿在对民国刑讯逼供治理的研究中也发现，尽管民国从中央到地方各级政府采取了行政命令、法律配套制度等多种手段来减少刑讯的使用，但其效果有限，不能高估。[4] 这些都从侧面佐证了在民国时期，司法革新未能深入基层，传统刑法观念依然存在于行政官员的案件审理中。在这一背景下，行政官员大量在刑事判决中施行斩首，也就十分正常了。

（四）民国朝野整体上人道观念不足

虽然近代以来西方人权观念对中国社会产生了诸多影响，但从总体来看不容乐观，民国斩首刑的广泛运用即与此有关。有学者研究指出，中国近代移植西方政法理念的刑法具有明显的工具性，是被视为维护政治统治的工具性存在，表现在规范内容上就必然会脱离罪责本身以及罪行适当比例的限制

---

[1] Xu Xiaoqun, The Fate of Judicial Independence in Republican China, 1912-37, 149 The China Quarterly 1, 19-20 (1997).

[2] 《改革司法积弊之通令》，载《申报》1923年8月10日，第14版。

[3] Jennifer M. Neighbors, The Long Arm of Qing Law? Qing Dynasty Homicide Rulings in Republican Courts, 35 Modern China 3, 22-31 (2008).

[4] 朱卿：《民国时期的刑讯逼供治理》，载《湖南大学学报（社会科学版）》2019年第1期，第154页。

而走向恣意和严刑峻罚。① 可以说，整个民国时期通过制定单行或特别刑法，大量设定死刑条款，② 从而突显出为政治服务的工具目标。在这一前提下，对于犯罪的刑罚必然更为注重其社会效果，而很少从人道观念出发考虑受刑者的尊严和受侵害法益的弥补，从而最终以政治代替法治。虽然1936年蒋介石曾下令以后执行死刑"不得再用斩决及枭首示众"，但不仅之前一直放任而显得有些虚伪，而且之后也并未真正刹住，斩刑仍然还有多起发生（参见表3、图4），也没见到违抗者被"严惩不贷"。可见，为了最大化追求死刑所能达到所谓的"杀一儆百"的效果，让罪犯在众人瞩目下"血溅当场""身首异处"于执政者与执法者而言往往是一个合适的策略。

从社会的法律观念视角考察，民国时期死刑变革思想也并未深入社会各界。虽然20世纪二三十年代发生了死刑存废之争，但总体看来"废"远不敌"存"。而就死刑执行方式而言，从《申报》的一些社会评论文章中，虽有基于人道考虑的改革倡议，③ 但多有对斩刑持保留乃至肯定意见。如有市民认为，具有文明外貌的国家"定律保留死刑而废止斩罪，并且泽及遗蜕，还定有毁坏尸体的罪名"，不过是对自身"人道主义"的标榜而已，到了世乱非常状态之时，还得重新搬出斩首，"以为治刁民须用峻法"。④ 到了1937年抗日战争爆发，更是倡导对汉奸执行斩首。如有市民认为，对汉奸最好是沿用旧律满门抄斩，至少对于汉奸本身"也非斩首不可"，并认为"叫穷凶极恶的汉奸身首异处，不能说是残酷。枪毙不但太便宜了汉奸，实在也太不经济。省下每一颗子弹来，至少可以打死一个侵略我们的敌人"。⑤ 甚至还有市民认为，"绞为最省，仅需白布数尺，约数百钱已足。至斩首之器械则为利刃，所费虽数倍于用绞，然可以久用。若枪毙则以极旧式之枪弹，一枚亦需银数分，一枪不中，至再至三甚且十数枪而始毙，是枪毙一人已所费不资矣"，故建议采

---

① 杨建军：《论我国近现代刑法之工具性》，载《国家检察官学院学报》2008年第6期，第68页。
② 据统计，民国时期共出台36个单行或特别刑法，共设置有23个死刑条款，占比近64%。
③ 如有认为，执行死刑的意义不在惩戒而在排斥罪人，只须剥夺罪人之生命而不必予以何种痛苦，故认为电杀最好。謦丏：《执行死刑之方法》，载《申报》1922年9月25日，第20版。又有认为，残酷死刑于现代刑罚预防政策不符，也为人道主义者所不容，故死刑执行方法之改善，是法律随文明进步的当然结果。弘之：《死刑之执行方法》，载《民报》1933年12月15日第1版。
④ 枕绿：《杀头》，载《申报》1935年5月3日，第18版。
⑤ □狷：《腥风》，载《申报》1937年10月3日，第2版。

用"饿毙"方式。[1] 以上种种都表明，当时社会大部分人仍重视斩首此类死刑方式的社会治理作用，或为民族主义情绪所左右，或纯粹从成本角度考虑，而很少论及人道主义。可见对于一般民众而言，死刑执行方式人道与否并不重要——或者说，对于动乱时期的中国社会，当死亡已经成为常见，如何"得好死"并不是人们关心的话题。

五、民国斩首刑运作与同时期他国死刑之比较

虽然在今日看来，民国时期的斩首刑十分落后与非人道，但在20世纪上半叶的整个人类社会，中国并不是个案。在20世纪初的世界各国，人们仍然执着于这一古老的刑罚：德国的斩首执行直到1930年代才完全废止[2]，相关报道可见于同时代中国，如《申报》曾报道了白格男爵夫人与那资纳夫人同谋间谍案[3]、汉堡共产党首领安德里侮辱国社党案[4]、柏林少妇舞场取乐致儿饿死案[5]、波木与茂斯泄露军事机密案[6]等案的斩首执行。法国则更是将断头台（Guillotine）斩首留到了二战后，其最后一次断头台"公开"执行在1939年，最后一次断头台操作在1977年，直到1981年法国完全废除死刑后，斩首才正式废止。[7] 在瑞典，斩首也一直是法定的死刑方式，直到1921年死刑在瑞典被废除。至于在阿拉伯地区，斩首作为沙里亚法中法定的死刑执行方式，在沙特等国一直延续至21世纪。[8]

而一如民国"斩首为刑法所无"却被大量执行，在20世纪法制尚未发达的地区（尤其是西方列强的殖民地与半殖民地），死刑方面法律规定和实际效

---

[1] 心生：《处囚省费法》，载《申报》1916年1月10日，第13版。
[2] Germany's Axe and Block Executions-Early 20th Century, Strange Ago (June 19, 2019), https://strangeago.com/2019/06/19/germanys-axe-and-block-executions-early-20th-century/ (last visited Feb. 17, 2022).
[3] 《犯间谍罪德贵族妇登断头台》，载《申报》1935年2月20日，第8版。
[4] 《德国汉堡共党首领枭首》，载《申报》1936年11月6日，第6版。
[5] 《舞场取乐忘却家庭 德浪漫女子斩首》，载《申报》1935年4月1日，第9版。
[6] 《泄漏军情身首异处》，载《申报》1935年2月10日，第10版。
[7] Mary Beilis, The History of the Guillotine, Thoughtco (Jan. 23, 2019), https://www.thoughtco.com/history-of-the-guillotine-p2-19918427 (last visited Jan. 31, 2022).
[8] The history of beheading and decapitation, Capital Punishment UK homepage, https://www.capitalpunishmentuk.org/behead.html#Britain (last visited Jan. 30, 2022).

果的分离一样存在。如以越南为代表的法属殖民为例,尽管第三共和国的法律严格保护人权且法定斩首方式仅限于断头台,但为了压迫当地反抗力量,作为一种"仪式化的死刑",法国沿用了越南(和古代中国一样)传统的"斩首示众"方法,不过反而起到了驱动民族情绪的反作用。[1] 而在20世纪50年代的英属马来亚紧急事态(Malaya Emergency)中,尽管并没有议会法案授权英国军队进行法外用刑,而英国的刑法中死刑方式也仅有绞刑一种,仍然"有许多游击队员的尸体和被斩首的起义者被示众……许多照片展示英国军队骄傲地带着切下的华人头颅前进"[2];也有照片证据指出,有被指控为支持马来西亚共产党的华人被英军斩首;[3] 对此,同时期的殖民官员私下写道,"毫无疑问,在国际法下,战争中的类似案例将构成战争罪行"[4]。

以上种种都说明,在20世纪上半叶,中国的斩首刑施行状况并非个案。当然,与其他国家相比有差别也有共性:差别在于有些国家(如德法瑞等)斩首为法定刑,而中华民国则非;共性在于有些地区(如法属英属殖民地)与民国一样都是法外运作。虽然全球背景下在近代以来受刑罚文明化的浪潮推动,死刑执行正倾向于采取更加人道的方式,甚至有些国家还废除了死刑,但总体而言死刑思想与死刑方式的变革仍然十分不足。事实证明,中国斩首刑在民国时期的法外持续,是与当时国际上死刑人道主义尚未占统治地位,而简单"报复主义"或"惩罚主义"刑罚思想仍然与占社会主导地位的状况相适应。

六、结语:斩首背后的政治压迫法治

法外斩首刑在民国时期的诸多运用,其背后实是法治与政治发生冲突,

---

[1] Michael G. Vann, Of Pirates, Postcards, and Public Beheadings: The Pedagogic Execution in French Colonial Indochina, 36 Historical Reflections/Reflexions Historiques, 45-47 (2010).

[2] Sputnik News, Concentration Camps, Chemical Warfare, Beheading: Malayan Emergency 70 Years On, Sputnik International (June 16, 2018), https://sputniknews.com/20180619/malayan-emergency-war-crimes-1065572.html (last visited Mar. 17, 2022).

[3] Richard Stockton, Off with His Head! A People's History of Decapitation, All That's Interesting (Feb. 8, 2016), https://allthatsinteresting.com/beheading-history-of-decapitation/3 (last visited Feb. 17, 2022).

[4] Feature: 1948 - 1960: Britain's war in Malaya, workers.org.uk - rebuild britain (Feb. 2013), http://www.workers.org.uk/features/feat_0213/malaya.html (last visited Mar. 18, 2022).

尤其是政治压迫法治，法治不得不屈从的畸形产物。

在民国初期，由于清朝甫灭，民国初建，泥沙俱下，再加上军阀割据乃至混战，政局可谓极其动荡。为稳定政治，安定民心，针对各路盗匪、变兵及反革命组织，各级各地政军大都行雷霆之举，严厉处罚以期震慑，斩刑遂在此种背景下大行其道。例如1912年3月初天津发生二千余起变兵焚抢，并引发本地乱民趁势而起，当地巡警当晚抓捕四百余人，次日请示张督"宜用重典"后，即在东门外斩决情节较重者17人，次日又在北门外斩决12人，如此"人心始稍镇静"。① 1912年7月湖北都督府在汉口抓获宗社党十余人，即被斩决5名。② 1912年7月成都华阳审判厅看守所犯人发生暴动，被镇压后有5人按军法处斩。③ 正因为斩刑法外频用，引起司法部不安，1912年8月指示"禁止市曹斩决罪犯"，并"饬各省法庭遵守此章"。④ 又如湖北革命党人为反袁倒黎成立改进团，遭到省军政府都督黎元洪的残酷镇压，前后被斩首者有百十人，此种暴行激起湖北省议会的书面责问："共和国家人民之身体，最为神圣，不可侵犯，无论平时紧急时，军事犯普通犯，必须经过法定手续，始得处以死刑。此次斩决匪徒，至百十人之多，何以不宣布罪状？"⑤ 然而，虽有像司法部的指令及湖北省议会的责问，又有多少制约作用呢？民初法治远不敌政治的面相，已被前列斩首刑年份数据（见表3）证明。北洋政府"武人当国"的政治统治使得法治依然不得不屈服，斩首终不得免，只是有所减少罢了。

而在国民党统治时期，国民政府大力推行军治、党治，更是导致了司法实践中军大于法、党大于法的局面。早在广州，国民政府就已经开始推行"党化司法"，一反北洋时代下对法官不得参与政党的规定，反而要求全部的法官必须为国民党员。到了1934年前后，完整的"党化司法"思想形成，包含了"司法党人化"和"司法党义化"的民国法律体系，完全成为国民党意

---

① 《天津兵变记》，载《申报》1912年3月11日，第6版；《天津乱事三志》，载《申报》1912年3月13日，第2版。
② 《汉口又获宗社党》，载《申报》1912年7月14日，第3版。
③ 《成都监狱越狱之惊惶》，载《申报》1912年8月8日，第6版。
④ 《特约路透电·北京电》，载《申报》1912年8月9日，第2版。
⑤ 《鄂省军民两政纪》，载《申报》1913年4月25日，第6版。

志的体现。① 在"党化司法"下，法律成为统治阶级镇压的工具：斩首刑数量飙升的 1925 年—1927 年以及数量第二高的 1928 年到 1931 年这两个时间段（见图 1），恰好是北伐战争进行前后、国民党在全国建立权力、从"军政"到推行"训政"的期间——在这一时期，也是国民党使用"军法""特别条例"大量迫害共产党人、"反革命"、政治异见者达到最高潮的时期。而自此时起，民国法治的相对独立性都已荡然无存了。

民国时期即使有完整的法律体系，也无法掩盖法治不健全的社会事实。"刑法（罚）所无"的斩刑却以远超绞刑的频率"光明正大"地被执行，众多宪法性文件中对人格尊严和人权的呼吁则被置于一旁。尽管资产阶级法治已经成为形式上政府的合法性来源，尽管《六法全书》体系成型，但在军治、党治对法律的干预和操控下，立法"因人设制"，法条成为"纸片法律"，法治（rule of law）成为典型的"以法治"（rule by law）。为了达到政治统治目的，南京国民政府甚至不惜违反法律的基本原则，如在 1928 年 3 月 9 日公布的《暂行反革命治罪法》中，第 13 条即公然规定："本法自公布日施行。其犯罪在本法公布以前未经确定审判者，亦依本法处断。"② 这从而让一部单行刑法具有了"溯及既往"的效力。正因为此种规定有悖一般法理，故最高法院又不得不对地方法院的适用疑义进行勉强的司法解释。③ 然而，政治对于法律的干预，就算取得了形式上的合法，其实质仍然是不正当的。

总而言之，民国时期的斩首刑运用已经背离了基本的法治，"刀下亡魂"成为政治统治的牺牲品。法外斩首刑的普遍执行乃至滥用，说明法治特别是死刑的正常运行，已严重受到了政治冲击。民国初期对盗匪、叛军及乱党的严酷打击，国民党政府初期对"清党""剿匪"的血腥推行，可以说是死刑层面的法治已全部让位于政治。然而纵观整个民国时期，显而易见的是，这种政治主宰法治的做法，并没有取得政治操控者或角逐者所欲达到的目标，斩首好像只成了一厢情愿的死刑"意淫仪式"而已。从处决效果看，这已从

---

① Xu Xiaoqun, The Fate of Judicial Independence in Republican China, 1912-1937, 149 The China Quarterly 1, 9-10 (1997).
② 《中华民国国民政府令：暂行反革命治罪法》，载《国民政府公报》1928 年第 39 期，第 4 页。
③ 如安徽高等法院在处理"逆产"案时就陷入疑惑而请求解释，最高院的进一步解释是："凡犯罪在该法公布前，无论何时所犯，如公布时未经确定审判，依该法第十三条之规定，均应据该法处断。"《法令解释：司法院快邮代电·院字第 194 号（1929 年 12 月 23 日）》，载《法令月刊》1930 年第 5 期，第 4 页。

"斩首示众"本以威慑为目的但公众却回报以"好奇围观"中得到了证明;①从社会秩序看,将既定法律抛弃一边,动辄以酷刑而求杀一儆百,基本的人权人道不存,民众奈何以死俱之? 这已从革命者被斩首示众而更多革命者继续接棒革命的历史事实中得到了证明。② 这些只是通过斩首"窗口"而体现的政治压迫与破坏法治的一个面相而已。实际上,从民国政治与法治的整体关系看,由于军政、训政等的长期异化与主宰,不仅基本的法治难以得到保障,而且统治秩序最终受到反噬而崩溃,政治弄权者也终以失败落幕。

On Extrajudicial Decapitation in Republican China—An Analysis Based on Shun Pao News Reports

Fang Xiao   Wang Sijie

Abstract:Few researches focusing on the decapitation in the Republican China can be seen, with existing ones also lacking of the support of adequate data. In the criminal legislation of the Republic of China, beheading is no longer the legal way of death penalty at the national level, it existed almost everywhere as an illegal method. According to Republican Chinese criminal legislation, decapitation was no longer a statutory method of death penalty and had vanished, it survived as an extrajudicial method of punishment in various places. Decapitation could be found in numerous judicial practices-as revealed by hand-counted data and case-by-case analysis of

---

① 这也是法国断头台公开行刑在1939年6月以后戛然而止的原因。当时德国连环杀手欧根·魏德曼被送上断头台,一大批民众前来围观。由于观众拥挤,有些人甚至爬到附近屋顶来观看,场面一度混乱。在魏德曼被执行死刑一个礼拜之后,公开斩首在法国终遭到禁止——"不是因为它们太恐怖,不适合观看,而是因为当局知道人们愿意观看,不管它们多少恐怖"。[英] 弗朗西斯·拉尔森:《人类砍头小史》,海南出版社2016年版,第72-73页。

② 如1927年,蒋介石、汪精卫先后发动反革命政变,大肆迫害共产党人和革命人士。11月13日无锡捕有7名共产党人被斩首示众,其中5名共产党人首级"分挂东南西北光复五城门",2名共产党人首级分送"西仓陈四房等处"和"东湖塘"示众,限期三天,"各首级盛以瓦盆,装在木笼之内"。在此种白色恐怖下,共产党人并没有由此害怕退缩,而是转移到江阴继续革命活动,引发当地政府恐慌。史载"日前共党由锡窜入邑境顾山,形势甚紧,邻名长泾、华墅、马嘶各乡颇现恐慌,商团防范虽密,尚嫌单薄。十五日晨,城厢各街甚发现共党标语甚夥,……经公安局派警四出揭去,午后顾山又有"。《无锡关于共案之消息》,载《申报》1927年11月15日,第6版;《江阴共党活动》,载《申报》1927年11月18日,第9版。

Shen-pao domestic reports concerning "beheadings" in 1912–1949, which were further compared with data from reports on "hanging". The punishment was mostly applied to serious crimes, aiming to deter crimes or subdue the public. Besides the ad hoc judicial organs and local administration, the army generally played the role of main arbiters and executors of beheading. Several important reasons contributed to the excessive use of extrajudicial decapitation in Republican China, reflecting the malformed development of the rule-of-law as oppressed by politics.

Keywords: Republican China Decapitation Extrajudicial punishment Shen-pao Data analysis

(责任编辑：廖 明)

文明对话

丁龙之谜

——一个草根文化使者的传奇[①]

梁家玥　顾　珂　向　雯[②]

引子

1901年6月8日，哥伦比亚大学收到一封特别的来信，信中写道："谨此捐献12000美元支票，以支持在贵校设立中国研究。"落款处简单而质朴地写着："丁龙（Dean Lung），一个中国人"（见图1）。

---

① ［编者按］大概是由于地理因素，广东在近现代中国史上始终是首先面对世界，最多人率先走向世界。他们当中不少人不只是起到了领导时代思想潮流的作用，而且还参与和促进了东西方文化交流。美国的哥伦比亚东亚研究所是当今世界享有很高声誉的东方文化研究机构，但是，很多人并不知道这个研究所实际上发端于一个普普通通的，甚至是地位卑微的中国劳工——丁龙。就此而言，可以说丁龙是小人物创造大历史的典型范例。正因如此，对于丁龙的研究一直没有中断过。但迄今为止，有些谜团仍然没有完全解开。例如，丁龙到底来自何方？最后又在何处终老？他作为一个并没有受过很多教育的普通华工，何以有捐钱去建立一个研究中国文化教席的动机和境界？他以卑微之身、微薄之力动议建立的中国文化研究教席在东西方文化交流史中究竟产生了什么深远的影响和奇迹般的作用？所有这些问题本身，其实就已经说明了中国文化的魔力与魅力。因为它居然足以让丁龙这样普通的人，自豪且自信地挺身走上文化交流的世界舞台。

此处呈现在读者面前的这篇研究报告，是在此前许多研究著述的基础上，根据新发掘的史料和资料形成的。它解决了一些此前未能解决的疑团，将对丁龙的研究推向一个更高阶段。当然，编者给读者提供这样一篇报告，用意绝不单单是为了丁龙这个人，而是为其所具有的历史和文化意义。

② 作者为北京师范大学法学院法律硕士。

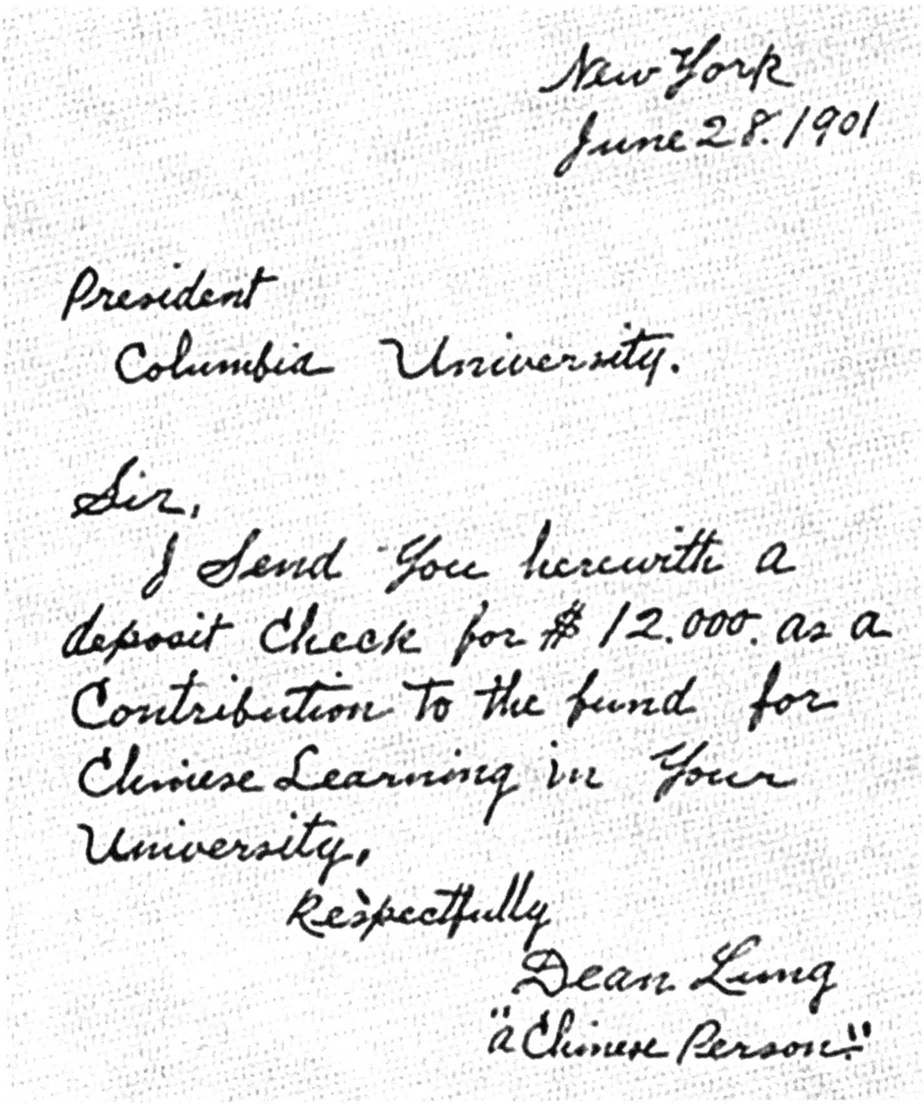

New York
June 28. 1901

President
Columbia University.

Sir,
I Send You herewith a deposit Check for $ 12.000. as a Contribution to the fund for Chinese Learning in Your University,

Respectfully
Dean Lung
"a Chinese Person."

图 1　丁龙寄往哥伦比亚大学的捐款信①

① 图片来源：田博：《丁龙：一个出身卑微的华工 创建美国大学里第一个中文系》，http：//www. oushinet. com/static/content/qj/qjnews/2016-03-03/795973898553262082. html，最后访问日期：2023 年 4 月 29 日；江门市侨联：《侨史钩沉：寻找丁龙（完整视频）》，载微信公众号“广东省侨联宣传文化中心”，https：//mp. weixin. qq. com/s/PsR15aUaUIVWuH6V3AD7Og，最后访问日期：2023 年 4 月 29 日。

同年，这个中国人丁龙的雇主，美国人卡朋蒂埃（Horace Walpole Carpentier）也向哥伦比亚大学捐增了 10 万美元（见图 2），[1] 于是，凭着丁龙和他的雇主卡朋蒂埃的捐赠，哥伦比亚大学于 1902 年建立起美国首个汉学讲席——丁龙讲座，并由此直接促成了哥伦比亚大学汉学系，[2]也是美国大学里第一个汉学系的建立。一百二十多年过后的今天，这个由区区 1.2 万美元发起的汉学学习推广之善举，已然逐步发展成为东西方文化相互交流和理解，推动不同文化和文明共同进步，横空跨海的友好桥梁。就此而言，丁龙当年虽然人微言轻，所捐区区，但其义大焉、善莫大焉！然而，丁龙何许人也？何方人氏？他只是一个人，为什么要倾其所有向殿堂之高的大学捐款？他与美国人卡朋蒂埃到底是什么关系？这样一个普普通通的中国人是怎么想的？什么样的文化血液驱使他作此善举？做出这一高贵行为的小人物，他后来的归宿如何？所有这些疑问，这些年来虽有研究文献，但不少地方还是语焉不详。总之，仍然还有未解谜团。本文用意，就是在此前已有的研究基础上，尽可能地发掘中西文史料，梳理取证，力求补其缺憾。

---

[1] See Gift to Columbia for a Chinese Department, New York Times, Jun 13, 1901, p.5. 图片来源：《毕生积蓄建立海外第一个汉学系 文盲农民成华人之光》，https：//mp.weixin.qq.com/s/fEWpoZZK3eCneL4wwBsssQ，最后访问日期：2023 年 4 月 29 日。

[2] Department History, http：//ealac.columbia.edu/department/short-history/, last visited on March 8, 2023.

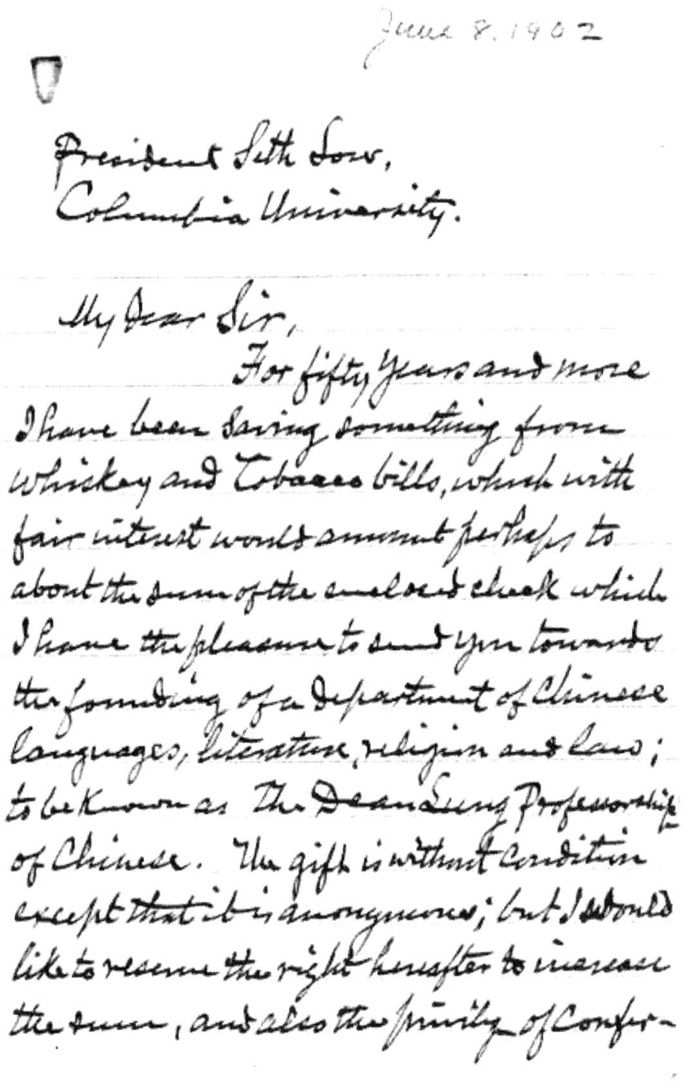

June 8. 1902

President Seth Low,
Columbia University.

My Dear Sir,

For fifty years and more I have been saving something from Whiskey and Tobacco bills, which with fair interest would amount perhaps to about the sum of the enclosed check which I have the pleasure to send you towards the founding of a Department of Chinese languages, literature, religion and law; to be known as The Dean Lung Professorship of Chinese. The gift is without condition except that it is anonymous; but I would like to reserve the right hereafter to increase the sum, and also the privilege of Confer-

图 2　卡朋蒂埃寄给时任哥伦比亚大学校长赛斯·娄（Seth Low）的捐款信

一、华工—朋友—捐资人——丁龙的美国之路

从现今所能看到的史料以及有关研究著述的观点看，丁龙应是19世纪中叶中国人去美国的第一次移民潮中的一分子。①彼时的中国南部沿海地区夏季多骤风，带来倾盆大雨损害当地居民的农田房屋，②自道光三年（1833年）至光绪元年（1875年）短短42年间，台山便经历12次洪水及台风侵袭，破坏良田房屋无数，其中还伴随数次蝗灾及饥荒。③尤其是，1860年清政府签署的中英天津条约续约给了国民海外迁移的自由，故更促成了以闽粤两省为代表的沿海居民向国外迁移。这一部分中国人大多家境贫困，远赴海外成为佣工或是经营小商业，以求改善经济状况及提升社会地位。④1850年前后，美国加利福尼亚地区的开发和横贯北美大陆的太平洋铁路建设使得美国出现巨大的劳动力缺口，美国政府出于对劳动力的需要，一直欢迎外来移民，甚至有专门负责招工的华人商行在香港和广东招募华工。⑤据威廉·L.董在《中国人在美国》一文中统计，早在1868年中美《蒲安臣条约》签订之前，便有大量的华人参与到太平洋中央铁路的建设之中，⑥而在1854年到1882年之间，大约有30万名华人劳工进入美国。⑦

依据保存于美国国家档案馆《关于执行有关华人条约诸规定的法律》卷宗分类中的丁龙自述，以及相关史料，可以大致推测出，丁龙应是在1875年前后随着当时的移民潮由广东台山前往美国旧金山，⑧并一直在美国西海岸生活。而在美国国家档案馆留存的1905年6月23日华人检查员对卡朋蒂埃的询

---

① 参见黄安年：《中央太平洋铁路的建成与在美华工的贡献》，载《河北师范大学学报（哲学社会科学版）》1999年第2期，第101-117页。
② 陈达：《南洋华侨与闽粤社会》，商务印书馆2011年版，第4页。
③ 陈田军、黄仁夫、黄仲楷：《台山县志（1963年编）》，台山市档案馆、原台山县志编写组2000年印行，第24-25页。
④ 陈达：《南洋华侨与闽粤社会》，商务印书馆2011年版，第4-37页。
⑤ 沈卫红：《金钉：寻找中国人的美国记忆》，广东人民出版社2017年版，第34-36页。
⑥ [美] 威廉·L.董：《中国人在美国》，载《外国哲学历史经济摘译》第9期，第130页。
⑦ [美] 哈罗德·伊萨克斯：《美国的中国形象》（Harold R. Isaacs, Scratches on our minds American images of China），于殿利、陆日宇译，时事出版社1999年版，第82-83页。
⑧ 参见 United States Census, 1900, New York, New York County, ED 748 Borough of Manhattan, Election District 25 New York City Ward 27, Twelfth Census of The United States. Schedule No. 1-Population, Page3, Sheet No. 2, Line 30. 1900年美国人口普查记录表上记载丁龙于1875年首次前往美国。

问记录中，卡朋蒂埃自述当时已经与丁龙相识近 30 年。也就是说，在丁龙抵达美国后不久，他就在西海岸成为身为奥克兰市长的卡朋蒂埃的雇员，并跟随卡朋蒂埃前往纽约生活。①

但不幸的是，丁龙到达美国之后，美国社会出现了排斥华人的苗头。19世纪中后期的移民潮使得美国境内华人人口迅速增长，"西部边疆"的消失也让外来劳动力不再具有优势。移民的涌入让美国人产生了恐惧和担忧。一方面，他们担心具有不同宗教信仰的移民会对美国的社会及政治体制造成威胁，另一方面，以华工为代表的"新移民"手握大量低廉的劳动合同，对美国本土工人的罢工运动和工资水平造成冲击。②美国社会的排外情绪在政府与媒体的宣扬下不断激化，从加利福尼亚开始，针对华人的暴行和限制、剥削华人的法规层出不穷，排华运动也逐渐蔓延至全国，③并随着 1882 年《关于执行有关华人条约诸规定的法律》（以下简称《排华法案》）的通过被推上顶峰。1892 年《吉尔里法案》将《排华法案》的时限延长 10 年，并规定在美华人劳工必须在一年之内完成登记，每一个华工返回美国还要写一份宣誓书，并且需要两个人为其作证。④自此，美国将移民的大门部分关闭，在长达近百年的时间中保持着对中国人的排斥态度，直到 1965 年《补充移民国际法案》的通过，中国才"开始在法律上得到与其他民族同等的待遇"⑤。

在丁龙的卷宗中，记载有其曾在 1892 年、1893 年和 1894 年往返中美两国的记录。在当时排华氛围高涨的美国，丁龙却能够不同寻常地多次顺利出入境，离不开他的雇主卡朋蒂埃的帮助。卡朋蒂埃多次在丁龙入境美国时为其作证，并宣称"（丁龙）很有钱，有铁路债券和土地。"这也与丁龙 1899 年"（我）在纽约和西海岸拥有价值 1000 美元的铁路债券，在加州奥克兰拥有房产"的记录相照应。⑥

---

① 转引自武洹宇、朱健刚：《中西互构下近代慈善事业的转型——以"丁龙（Dean Lung）汉学讲席"捐赠为例》，载《社会发展研究》2022 年第 9 期，第 106 页。
② 丁则民：《美国通史第三卷：美国内战与镀金时代 1861-19 世纪末》，人民出版社 2002 年版，第 163-166 页。
③ [美] 威廉·L. 董：《中国人在美国》，载《外国哲学历史经济摘译》第 9 期，第 132 页。
④ 沈卫红：《金钉：寻找中国人的美国记忆》，广东人民出版社 2017 年版，第 81-82 页。
⑤ 参见吕其昌：《美国华人社会》，载《世界经济与政治内参》1987 年第 6 期，第 47 页。
⑥ 转引自武洹宇、朱健刚：《中西互构下近代慈善事业的转型——以"丁龙（Dean Lung）汉学讲席"捐赠为例》，载《社会发展研究》2022 年第 9 期，第 97 页。

如此一来，丁龙出入美国的问题似乎解决了，但他作为一个赴美华工，真的如他自述一般那样富有吗？《纽约时报》1882年2月15日的一篇报道记载了当时赴美华工大致的薪资水平：一个熟练的工人年薪为156美元，其中120美元要维持家用；普通工匠的年薪为78美元；女工的年薪为26美元；而务农的华工工资最低，一年最多只能赚大约33美元，如此一来，一家人每天的家庭开支不得不维持在20美分的极低水平。①据丁龙自述，他拥有土地、房屋和铁路债券，但即使如此，能够在留美26年后向哥伦比亚大学捐出1.2万美金，对当时的普通华工来说也是一个天文数字。②

卡朋蒂埃在丁龙捐款后曾向哥伦比亚大学校长赛斯·娄写信，信中提到丁龙"收入有限"，希望哥伦比亚大学能够为丁龙发放250美元到300美元的年金。③1.2万美元对于一个赴美华工而言当然不是一个小数目，可以想象，丁龙在美生活期间，除个人日常开支、投资和寄回国内家中的侨汇之外，仍旧保有一笔积蓄，并慷慨地将其捐献给哥伦比亚大学，既是他勤俭生活、处处节约的结果，也是因为他骨子里有着中国人的自尊和民族荣誉感。

丁龙的勤俭与慷慨催生了哥伦比亚大学汉学系的诞生，但一个普通华工朴素的民族热忱就足以让他的雇主愿意在排华氛围浓厚的当时，为他在华人检查员面前证明他"不是劳工，且很有钱"吗？

一旦将关注点从"雇主与佣人"的角度移开，这个问题的答案便浮上了水面。丁龙在到达美国后不久便成为卡朋蒂埃的雇员，此后在有迹可循的历史时间中都伴随卡朋蒂埃左右。从西海岸到东部，从宁静的奥克兰到繁华的纽约，在近30年的时间中，丁龙在适应着美国社会，而他"忠诚""机敏""谦和"的东方特质也在影响着这位美国雇主。卡朋蒂埃曾在与哥伦比亚大学校长赛斯·娄的信中写道："多年以来丁龙一直是我的朋友和陪伴人，他体现了中国人所具有的最好的品质。"④这并不是卡朋蒂埃为了捐建汉学系而做出的虚假客套，"朋友和陪伴人"应当是他内心对丁龙最真实的看法。这一转变早

---

① 郑曦原主编：《帝国的回忆》，李方惠、郑曦原、胡书源译，生活·读书·新知三联书店2001年版，第62页。原文为1882年2月15日美国《纽约时报》刊登的述评《清国苦力价几何？》

② 有的文章说丁龙是个出色的"投资家"，但并没有明确的史料予以支持，故本文不采用此说。

③ 转引自《寻找丁龙（上）》，中央电视台《新闻调查》2019年9月7日播出，https://tv.cctv.com/2019/09/07/VIDEqqxPUs54RaFBHXuv6TDa190907.shtml，最后访问日期：2023年4月29日。

④ Columbia's Dean Lung Chair, The China Press, January 18, 1925, at A7. 原文为："This man has been my companion for years, he embodies all of the best traits of the Chinese."

在丁龙为哥伦比亚大学捐款以前便发生了——1900年纽约人口普查档案上，丁龙的身份为"陪伴人（Companion）"①，而在1890年时他在人口普查档案中还仅仅是卡朋蒂埃的"中国佣人（Chinese Help）"②。

卡朋蒂埃对丁龙的认可实际上为其1.2万美元进入哥伦比亚大学起到了穿针引线的作用。因为1.2万美元对于普通人来说或许是一笔能够使其摇身一变迈入中产阶级的巨款，但要在一所大学中设立一个科系便成了杯水车薪。更何况当时的美国排华氛围浓厚，普通华工的信件被哥伦比亚大学的校长看见谈何容易。在丁龙寄出捐款信后，卡朋蒂埃写信给校长，表示丁龙的身份"无须质疑"，称丁龙"是天生的绅士"，并从丁龙身上看到了中国人忠诚的品质。③丁龙是卡朋蒂埃多年的陪伴人，他们早已超越了佣人与雇主的关系，丁龙身上的中国人特质深深地感染了卡朋蒂埃。④为了这一份独特的友谊，也为了揭开东方千年古国的神秘面纱，去了解千百年来中国人所一以贯之的精神，卡朋蒂埃为哥伦比亚大学捐赠了10万美元（见图3），⑤而且指明同用于

---

① 参见 United States Census, 1900, New York, New York County, ED 748 Borough of Manhattan, Election District 25 New York City Ward 27, Twelfth Census of The United States. Schedule No. 1-Population, Page3, Sheet No. 2, Line 30.

② 参见武洹宇、朱健刚：《中西互构下近代慈善事业的转型——以"丁龙（Dean Lung）汉学讲席"捐赠为例》，载《社会发展研究》2022年第9期，第97页。

③ A Chair in Chinese, New York Tribune, October 13, 1901, p.14. 原文为："The letter did not come to Mr. Low direct, but under cover of another letter from the founder of the professorship, which contained the information that the donor of the $12000 was a man of 'modest means.' ……He refers to the Chinese as a 'scholarly people', with an abundant literature no less valuable than those we call 'classical'. The Chinese, according to the donor, had acquired governmental systems 'long before the makers of our common law and had come out from their savagery.'"

④ Columbia's Dean Lung Chair, The China Press, January 18, 1925, at A7. 原文为："When he was asked whether he wished to give a name to his benefaction, He pointed to a Chinese who was with him, and said: 'This man has been my companion for years. He embodies all of the best traits of the Chinese and I want to pay him the compliment of naming this chair after him.'" 卡朋蒂埃为哥伦比亚大学捐赠10万美元的时间是1901年，其与彼时任哥伦比亚大学校长的赛斯·娄通信上标注的"1902年6月8日"应该是后来加上去的。依据如下：在纽约时报1901年6月3日发表的题为"Gift To Columbia For A Chinese Department, Contribution of $100000, 'Saved Form Tobacco And Whisky'"的文章，以及纽约论坛报1901年10月3日发表的题为"A Chair In Chinese."的文章中，介绍了赛斯·娄在1901年6月8日收到了卡朋蒂埃的10万美元捐款与信件，而丁龙的捐款信是在1901年6月28日寄出的，赛斯·娄于1901年7月2日收到了丁龙的捐款信。依据以上提到的两篇报道的内容，丁龙与卡朋蒂埃捐款的时间顺序应当是：1901年6月13日之前，赛斯·娄便收到了卡朋蒂埃的10万美元捐款与信件；丁龙的捐款信在1901年6月28日寄出，赛斯·娄于1901年7月2日收到丁龙的信件。

⑤ 图片来源：A Chair in Chinese, New York Tribune, October 13, 1901, p.14.

捐建汉学系，并以丁龙的名字命名这个特别的讲席。①

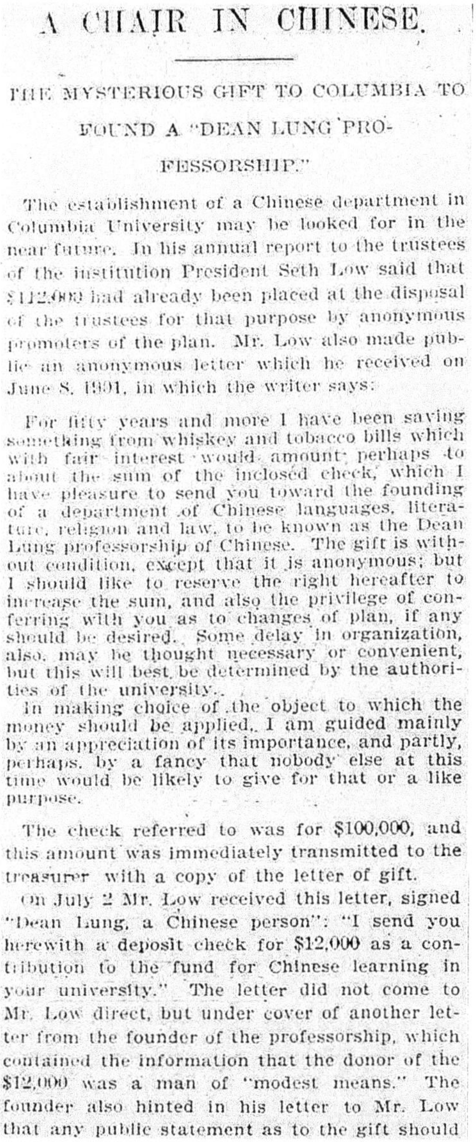

A CHAIR IN CHINESE.

THE MYSTERIOUS GIFT TO COLUMBIA TO FOUND A "DEAN LUNG PROFESSORSHIP."

The establishment of a Chinese department in Columbia University may be looked for in the near future. In his annual report to the trustees of the institution President Seth Low said that $112,000 had already been placed at the disposal of the trustees for that purpose by anonymous promoters of the plan. Mr. Low also made public an anonymous letter which he received on June 8, 1901, in which the writer says:

For fifty years and more I have been saving something from whiskey and tobacco bills which with fair interest would amount perhaps to about the sum of the inclosed check, which I have pleasure to send you toward the founding of a department of Chinese languages, literature, religion and law, to be known as the Dean Lung professorship of Chinese. The gift is without condition, except that it is anonymous; but I should like to reserve the right hereafter to increase the sum, and also the privilege of conferring with you as to changes of plan, if any should be desired. Some delay in organization, also, may be thought necessary or convenient, but this will best be determined by the authorities of the university.

In making choice of the object to which the money should be applied, I am guided mainly by an appreciation of its importance, and partly, perhaps, by a fancy that nobody else at this time would be likely to give for that or a like purpose.

The check referred to was for $100,000, and this amount was immediately transmitted to the treasurer with a copy of the letter of gift.

On July 2 Mr. Low received this letter, signed "Dean Lung, a Chinese person": "I send you herewith a deposit check for $12,000 as a contribution to the fund for Chinese learning in your university." The letter did not come to Mr. Low direct, but under cover of another letter from the founder of the professorship, which contained the information that the donor of the $12,000 was a man of "modest means." The founder also hinted in his letter to Mr. Low that any public statement as to the gift should

图 3 《纽约论坛报》1901 年 10 月 13 日对卡朋蒂埃及丁龙捐款的报道

① Columbia's Dean Lung Chair, The China Press, January 18, 1925, at A7. 原文为："I am not interested particularly in literature, in history, in religion, nor in art, but I am interested in the spirit of China, the principles which they, as a people, have kept, not for hundreds but for thousands of years, and I would like my old college to be the place where they are studied for years to come."

不仅如此，在卡朋蒂埃的遗嘱中也能够看到丁龙对他的影响。卡朋蒂埃在死后将自己对哥伦比亚大学汉学系的捐款追加到 30 万美元；为他担任过校董的巴纳德学院（哥伦比亚大学的附属女子学院）捐款 20 万美元，以此来帮助想要来此求学的中国女性；最后，还为位于中国广东的广州岭南大学医学院①捐款 2.5 万美元。②卡朋蒂埃与中国有着密切的联系，他与丁龙的慷慨捐助也在彼时为中美交流埋下了一颗种子。

二、丁龙，身份成谜的美国华工

身在美国而又心系祖国的中国人丁龙究竟是谁，来自何方，在捐款之后又去了哪里？

自 16 岁时在旧金山成为卡朋蒂埃的佣人，丁龙便一直跟随在卡朋蒂埃左右。③在 19 世纪 80 年代至 20 世纪初期，丁龙也多次出现在美国人口普查报告及政府文件中：1900 年美国人口普查记录中丁龙的名字被登记在户主为卡朋蒂埃的纽约东 37 街 108 号地址下；1905 年 6 月 1 日，纽约戈尔韦镇（Galway）居民登记表中有身份为仆人的 "Ding Dean" 的记录；④ 同年，戈尔韦镇土地交易记录文件中出现了丁龙作为证明人的记录；1905 年 6 月 23 日，美国国家档案馆《排华法案》卷宗文件中有丁龙与华人调查员关于出境回中国的

---

① Lingnan Foundation Liabrary, http：//lingnanfoundation.org/archives/, last visited on March 8, 2023；1919 年卡朋蒂埃遗赠给广州岭南大学的 2.5 万美元可能用来为医学院购买土地和建筑，Trustees of Lingnan University Records, https：//archives.yale.edu/repositories/4/resources/90? stylename = yul.ead2002.xhtml.xsl&pid=divinity：014&clear-stylesheet-cache=yes, last visited on March 8, 2023；后来建成的卡彭特楼（Carpentier Hall）为广州岭南大学医学院楼，1934-1935 年成为博济医学堂附属护士学校的校舍，随后用作教师宿舍，参见 1920 年广州岭南大学历史特藏影印资料。

② Two Millions Left Columbia By Carpentier, New-York Tribune / Herald Tribune, February 21, 1918, p.14. 原文为："……$200000 to Barnard College for scholarships and assistance to deserving girls, 'not excluding Chinese girls seeking education there.'……In his will he adds to this gift to bring its value up to $300000, no part of which is to be used for gifts or pensions.……Canton Christian College, Canton, China. $25000."

③ A Chair in Chinese：The Mysterious Gift to Columbia to Found a "Dean Lung Professor", New-York Tribune / Herald Tribune, Oct 13, 1901, at B14. 原文为：He was sixteen years old when Mr. Carpentier engaged him at San Francisco to do light work about the house, and he has been in his employ constantly since that time.

④ 武洹宇、朱健刚：《中西互构下近代慈善事业的转型——以"丁龙（Dean Lung）汉学讲席"捐赠为例》。戈尔韦镇历史协会会长阿琳·罗斯认为记录中 Ding Dean 可能是当时的笔误。

对话记录。自此以后,"Dean Lung"这个名字便再也没有出现在任何人口普查记录之中。

丁龙在美国生活的痕迹消失了,他于1905年返回中国的可能性极大。在最后一次华人调查员对丁龙的问询中,丁龙对"你不知道这次要去中国多久,以及还回不回美国"的问题给出了肯定的答案。①那么丁龙究竟回到了哪里?

在此便不得不提到另一个人——Mah Jim。在已发现的史料中,丁龙与Mah Jim的名字不止一次出现了交集。Mah Jim同丁龙一样,多次在人口普查档案中被登记在卡朋蒂埃的地址下,职业为厨师,并且和丁龙一样在1875年前后抵达美国。在1905年丁龙的记录消失之后,Mah Jim仍出现在1910年的美国人口普查记录之中,身份为户主卡朋蒂埃的助理。②彼时赴美的华人大多结伴而行,且多来自广东台山,1876年时大约有7万名华人在旧金山,全美华人中有17万人来自台山,③Mah Jim便是台山赴美浪潮中的一人,④而丁龙与Mah Jim是同乡人的可能性极大。

从日后卡朋蒂埃对广东的特别关注来看,应该与丁龙是广东人不无关系。卡朋蒂埃从自己的遗产中分出2.5万美元,赠予位于中国广州的基督教学校——广州岭南大学医学院,卡朋蒂埃本人也与当时担任医学院负责人的林安德医生⑤(Major Andrew H. Woods)有过书信往来,甚至嘱托林安德医生帮其寻找Mah Jim的儿子Mah Chong Dean。⑥卡朋蒂埃为什么会捐助一所在广州的教会学校?这是否是受到了身在广东的丁龙的影响?

从现在发现的史料来看,基本上可以确定丁龙来自广东台山,并曾在1905年离开美国之后回到了台山。根据有三:第一,马维硕的后人收藏的残存的信件证明了丁龙回国后与卡朋蒂埃有书信往来,并且书信是寄往广东台山的;第二,马嘉燕收藏的信件进一步印证丁龙就是马进隆/马万昌;第三,

---

① 参见《寻找丁龙(上)》注。美国国家档案馆排华法案卷宗1905年6月23日记录。
② United States Censes, 1910, New York, Saratoga, Galway, ED 104, Thirteenth Census of The United States: 1910-Population, Sheet No. 7, Line 70.
③ 梁启超:《新大陆游记》,新民从报社1903年版,附录《记华工禁约》第22页。
④ Woods, Andrew Henry, 1872-1956. Correspondence, 1946., 1946. Nation records, MS Am 2302, (4853), Carton: 24. Houghton Library.
⑤ 《廣州嶺南大學 = Canton Christian College, Canton China》,廣州:嶺南大學(廣州)廣州,第19页。
⑥ Woods, Andrew Henry, 1872-1956. Correspondence, 1946., 1946. Nation records, MS Am 2302, (4853), Carton: 24. Houghton Library.

马万昌出现在台山千秋里村的马家族谱记录中，从而证明丁龙就是马万昌，是台山人。

广东省侨联在2020年公布了一封中文家书、一个信封以及两封英文信件。这些信件最开始由马万昌的儿子马维硕①所藏，20世纪70年代，马维硕将家书及英文信件寄给在美国谋生的两个儿子马文企和马鸷沃。现如今，马文企的女儿，美国华侨马嘉燕则是家书和英文信件的持有者（见图4）。②

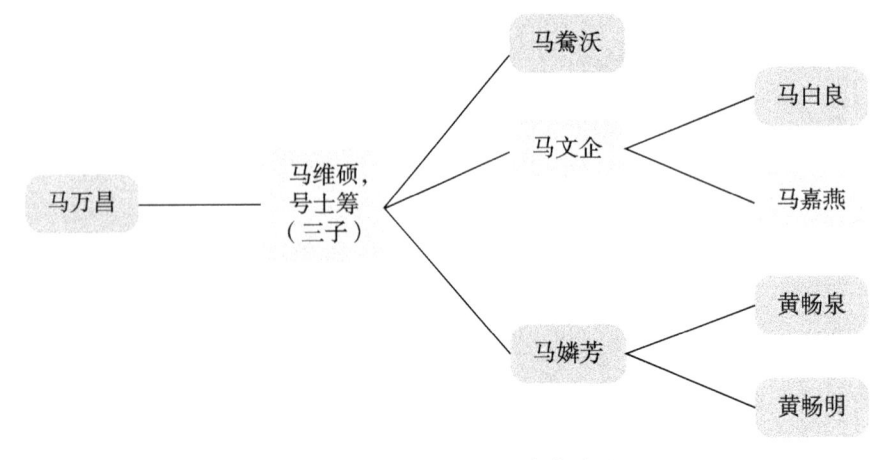

图4　马万昌、马维硕及马嘉燕的关系

马嘉燕收藏的信封上有三个邮戳（见图5），③最上方的是来自美国纽约戈尔韦镇的单圈邮戳，时间为1907年的9月；下方两个邮戳来自广东台山（新宁）千秋里村白沙旺记信馆，表明收信日期为1907年9月20日（西历10月

---

① 马维硕并非如央视纪录片《中国人丁龙》所言是"美国华侨"，依据有三：第一，依据台山千秋里村马家族谱的记载，马维硕生于1907年，也就是自丁龙1905年返回中国后才出生的；第二，马维硕的后人马嘉燕曾在与央视《寻找丁龙》纪录片节目组的往来邮件中说"因为祖父（马维硕）不会英文……"所以才在寄给赴美谋生子女的家书中附上了卡朋蒂埃和丁龙联系的英文信；第三，马维硕的孙辈黄畅泉在《寻找丁龙》纪录片中表示，他在千秋里村生活的时候，马维硕曾跟他讲过马万昌的故事，千秋里村的村民也在接受采访时说"马万昌的儿子马维硕后来当了小学老师"。因此，依据以上三个理由，马维硕应该出生在台山，并在台山度过了大部分时间，马维硕并不是华侨。

② 图片来源：《寻找丁龙》。

③ 图片来源：陈家基：《揭示Dean Lung真实身份4——1907年9月从Galway寄到千秋里给Dean Lung进隆万昌的信封》，载省实老三届博客，http：//www.gess1968.cn/index.php？m=special&c=index&a=show&id=892，最后访问日期：2023年4月29日。

25日)。①在英文书信中（见图6)② 可以清晰地看到收信人为丁龙，寄信人为卡朋蒂埃（H. W. C.）。这封书信的出现印证了丁龙来自广东台山，也说明在1905年后，丁龙确实回到了中国，并且自此再未离开中国。

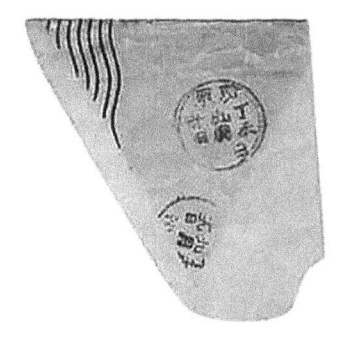

图5　马嘉燕收藏的英文信封

---

① 银信收藏家李柏达在《寻找丁龙》节目中介绍，信封上的邮戳虽然不太完整，但是很自然，"丁未九月二十"的字样很清楚，上方一个"白"，下方半个"沙"，这两个字是指当时的白沙邮局。两个竖向排列的中文邮戳是不一样的戳：上方是双圈，表明邮局的送信日期，下方是单圈，表明邮局的收信日期。中国的两个邮戳用的是干支日戳，即用中国的农历来计算日期，换算成西历后，（干支纪年）9月20日变为西历10月25日。根据整个信封上的邮路判断，信的寄出地是戈尔韦镇，于1907年9月寄出，具体日期虽然缺少，但是能判断出从寄出地到白沙邮局一共花了一个月左右的时间，与当时美洲邮路耗时基本一致，三个邮戳的日期是对得上的。

② 图片来源：《失踪100多年后，中美合力找他：一个华人劳工，为什么能创造传奇？》，载世界华人周刊网，https://www.sjhrzk.com/fcrw/5090.html，最后访问日期：2023年4月29日。

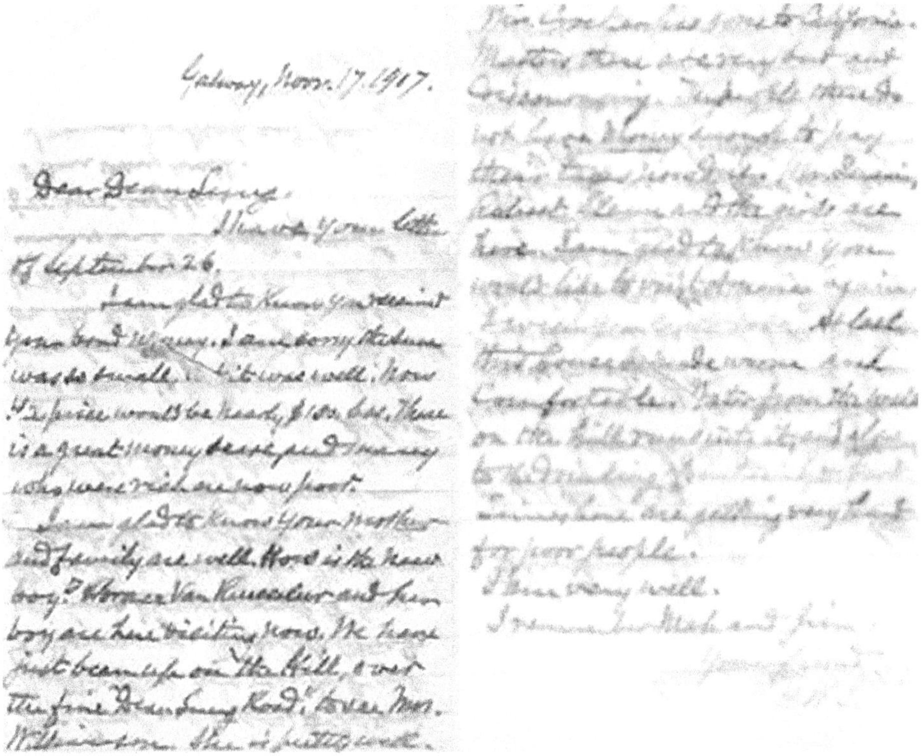

Galway, Nov. 17. 1917.

Dear Dean Lung,

图6　马嘉燕收藏的卡朋蒂埃与丁龙的往来信件

但是，“丁龙”这个名字在台山千秋里村归国华侨的相关记载中难寻踪迹，当地的村民也从未听说过“Dean Lung”。据马维硕寄往美国的中文家书（见图7)① 所言，其父马万昌曾远渡重洋赴美谋生，受雇于一位美国富翁，并取名马进隆（Mar Dean Lung），在美国筹建哥伦比亚大学时曾捐款一万美金，现今哥伦比亚大学的礼堂上还有张座椅刻着马进隆（Mar Dean Lung）的名字。②马

① 图片来源：江门市侨联：《侨史钩沉：寻找丁龙（完整视频）》，载微信公众号“广东省侨联宣传文化中心”，https：//mp. weixin. qq. com/s/PsR15aUaUIVWuH6V3AD7Og，最后访问日期：2023 年 4 月 29 日。

② 江门市侨联：《侨史钩沉：寻找丁龙（完整视频）》，载微信公众号“广东省侨联宣传文化中心”，https：//mp. weixin. qq. com/s/PsR15aUaUIVWuH6V3AD7Og，最后访问日期：2023 年 4 月 29 日。书信中部分文字如下：“你的祖父马万昌和一位很富有的美国人剩下来的一封通信，因为你们年少出外，所以为父未尝提及过此事。……你祖父……少年的时候，远洋美国谋生……适值这位富翁（美国人）的写字楼工作需人，你祖父得为雇佣，取名马进隆‘Mar Dean Lung’。美国筹建哥伦比亚大学时……你祖父捐出美金一万元。”

嘉燕收藏的，由美国寄往广东新宁（台山）白沙旺记信馆的英文书信信封上也有用中文书写的"进隆万昌"字样，竖向排列的四个单字表明"进隆万昌"应为一个人；信封右侧戈尔威镇的邮戳上方则用英文注明收信人为"Dean Lung"（见图5）。如此便可以确定，丁龙的本名应该是马万昌，丁龙与"马进隆"这两个名字均为马万昌抵达美国后所起的英文名（Mar Dean Lung）的音译。

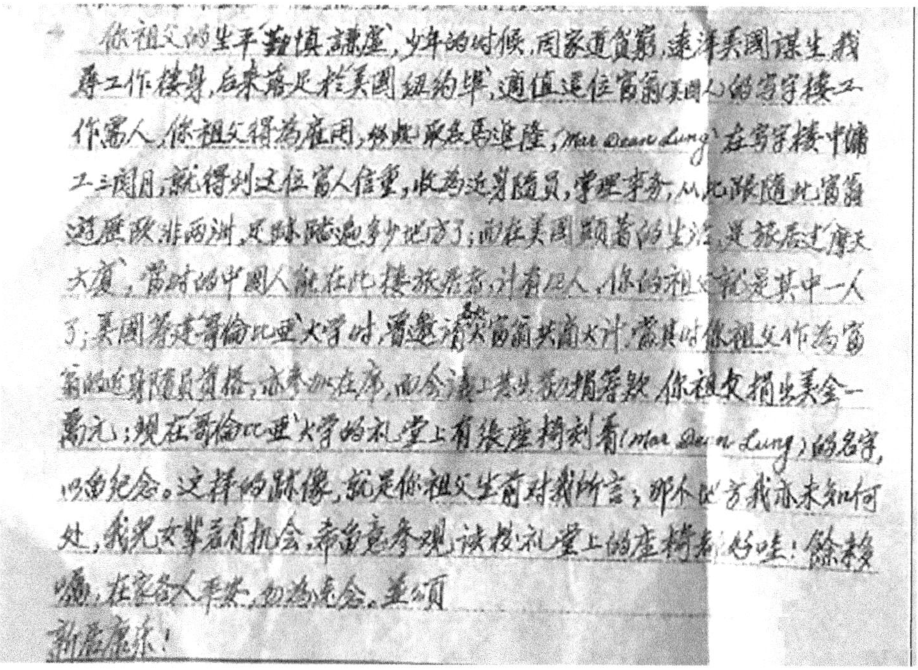
你祖父的生平勤慎谦虚，少年的时候，因家道贫穷，远洋美国谋生，找寻工作楼身，后来落足于美国纽约埠，适值这位富翁（美国人）的写字楼工作需人，你祖父得为雇用，他姓名马进隆（Mar Dean Lung）在写字楼中佣工三阅月，就得到这位富人信重，收为近身随员，掌理事务，从此跟随此富翁游历欧非两洲，足迹踏遍多少地方了；而在美国过着的生活，是旅居这摩天大厦，当时的中国人就在此楼旅居者，计有四人，你的祖父就是其中一人了；美国筹建哥伦比亚大学时，曾邀请该富翁共商大计，当其时你祖父作为富翁的近身随员资格，亦参加在席，而今[illegible]捐资款，你祖父捐出美金一万元；现在哥伦比亚大学的礼堂上有张座椅刻着（Mar Dean Lung）的名字，以留纪念。这样的迹像，就是你祖父生前对我所言；那个地方我亦未知何处，我儿女辈若有机会，希留意参观该校礼堂上的座椅看看好哇！余校嘱，在家各人平安，勿为远念。并颂
新禧康乐！

图7　此信由美国华侨马嘉燕所藏，为马维硕寄往美国的中文家书

台山千秋里村马家族谱证明"马万昌"确有其人，记载马万昌"生于咸丰丁巳年（1857年）十一月十四日"①，与美国国家档案馆保存的人口普查记录中丁龙的出生年份一致。在书信、族谱的相互印证之下，丁龙与马万昌确实为同一人。在1905年离开美国之后，丁龙便回到了广东台山——他的故乡，在此度过31个春秋，于1936年去世。

归国后的丁龙积极支持国家和家乡的建设事业。曾作为美国中央太平洋

① 参见《寻找丁龙（下）》注，广东台山马家族谱。

铁路华工承包商的台山人陈宜禧在归国后投身新宁铁路的建设,①丁龙或许是感到家乡白沙"河道淤浅,交通不便"②,确有修筑铁路的必要,又或许是受到其在美国期间投资铁路债券的影响,深刻了解铁路之于振兴经济的重要性,于1906年参股新宁铁路第三期工程——台城至白沙支线,入股1000元,③为中国近代第一批民营铁路的铺设添砖加瓦。

丁龙归国后支持铁路建设,为家乡千秋里村的书屋修建捐献钱财,他所做出的种种善举,都在其家乡的历史发展中留下点点印记。

三、为什么要捐建汉学系?

中国与美国,两个民族在漫漫的历史长河之中相遇相知。在美国这一片土地上,"中国"或者"中国人"意味着什么? 中国的形象又是如何? 哈罗德·伊萨克斯在《美国的中国形象》一书中将1937年以前美国人对中国人的态度划分为三个时期,即崇敬时期(18世纪)、蔑视时期(1840-1905年)、仁慈时期(1905-1937年)。④当然,在这几个历史时期中,美国社会对中国的态度也并非完全绝对,而是忽此忽彼、摇摆不定。随着大量的中国移民在美国定居,并自发地建立起永久聚居区,美国社会中的中国痕迹便日益加深,中国人究竟是"温情、友好、克制"还是"阴险、不可信赖"⑤,在情感上呈现出两种完全相反的倾向。但是,即便在排华运动从加州蔓延至全美的浪潮中,也能够看见越来越多的美国人将视线投向了中国,"中国研究日益成为一个专业领域,成为握有恰当证书、训练有素的专家专有的领地"⑥。

早在19世纪70年代中国人移民美国的高潮到来之时,西方的各高校便开始关注有关中国的研究,筹备汉语教学事项。在中国传教旅居11年,并任

---

① 沈卫红:《金钉:寻找中国人的美国记忆》,广东人民出版社2017年版,第47页。
② 林军、高东辉、罗达全:《新宁铁路档案资料汇编. 二章程、息折、股份簿、收支报告书》,暨南大学出版社2020年版,第78页。
③ 参见《寻找丁龙(下)》注,郑锦龙所藏新宁股份档案。
④ [美]哈罗德·伊萨克斯:《美国的中国形象》,于殿利、陆日宇译,时事出版社1999年版,第86页。
⑤ [美]哈罗德·伊萨克斯:《美国的中国形象》,于殿利、陆日宇译,时事出版社1999年版,第90-93页。
⑥ [美]约翰·海达德:《中国传奇:美国人眼里的中国》,何道宽译,花城出版社2015年版,第363页。

美国驻华全职外交官19年之久的卫三畏，于1877年被耶鲁大学聘为汉语语言文学讲座教授，但在设立后近8年的时间没有学生选择这门课程，①他意识到中美两个民族之间的隔阂不仅在于"中国人封闭的思想"，更在于"美国人封闭的心灵"②。而哈佛大学则在1879年首次聘请土生土长的中国人——戈鲲化，担任汉语教授，并希望以此能让年轻人在大清政府中获得高阶层的职位。戈鲲化面临的情境与卫三畏类似，他在哈佛任教期间很少有学生投入他的门下学习汉语。彼时的年轻人学习汉语"肯定只是出于好奇，而不是出于自己的需要"③。无论是耶鲁大学、哈佛大学，还是在美国其他地区或欧洲等地已经开设汉语讲座的大学，都面临着没有学生愿意报名和没有足够资金为教授支付薪水的问题。④设立一个汉学讲座困难重重，但不可忽视的是，古老的中华民族及其语言在美国高校中得到了一定程度的认可。

哥伦比亚大学同样敏锐地感觉到了开设汉学讲席时机的到来。威廉·巴克莱·柏生士（William Barclay Parsons），哥伦比亚大学校董事会主席，⑤在1900年出版的《一个美国工程师的中国之旅》（An American Engineer in China）一书中写明了中国社会内部在教育、工业体系和体制中变革的力量。他写道："中国的发展，起初或许得到了外部帮助，但最终得到了本国人民的支持，必然会像其他国家一样得到实现。当它最终完全打破排斥和孤立的壁垒时，随之而来的进步将产生巨大的成果……正如黑夜无法阻挡日益增长的光明。在二十世纪，中国的发展速度可能要慢一些，就像中国的起步时间要慢一些一样，但最终它的发展会更加彻底、完整和深远。"⑥柏生士看见了彼时中国衰弱表象下不息的生命力，并认为美国应当利用中国的发展，哥伦比亚大学设立研究中国的科系正契合了他的想法。

---

① 徐国琦：《中国人与美国人：一部共有的历史》，尤卫群译，四川人民出版社，第124页。
② [美]约翰·海达德：《中国传奇：美国人眼里的中国》，何道宽译，花城出版社2015年版，第219页。
③ 郑曦原：《帝国的回忆》，李方惠、郑曦原、胡书源译，生活·读书·新知三联书店2001年版，第440页。
④ 徐国琦：《中国人与美国人：一部共有的历史》，尤卫群译，四川人民出版社2019年版，第125页。
⑤ Parsons William Barclay, SNAC, The New York Public Library. Manuscripts and Archives Division, https://archives.yale.edu/repositories/4/resources/90?stylename=yul.ead2002.xhtml.xsl&pid=divinity:014&clear-stylesheet-cache=yes, last Visited on March 8, 2022.
⑥ Parsons William Barclay, An American engineer in China, New York McClure, Phillips & Co., 1990, p. 307-310, p. 312.

哥伦比亚大学当时的校长赛斯·娄也与中国有着深厚的渊源。赛斯·娄出生于1850年，他的父亲埃比尔·阿博特·娄（Abiel Abbot Low）曾在1833年在中国广东的美国在华最大贸易机构旗昌洋行（Russel & Co.）工作，并在与中国的贸易中积累大量财富。①赛斯·娄本人从哥伦比亚大学毕业后，在父亲的公司中负责从中国、日本等国家进口生丝。在他成为哥伦比亚大学校长之后，在学校内推行"离心式"的管理模式，②并将哥伦比亚大学从麦迪逊大道街区迁移到晨边高地（Morningside Heights）。③赛斯·娄自幼年以来对中国的情感，以及他本人身为哥伦比亚大学校长在学校建设上的远见卓识，加之哥伦比亚大学校址变化带来的契机，使得汉学教学进入哥伦比亚大学成为可能。

1901年6月，在哥伦比亚大学一年一度的校友午餐会上，赛斯·娄朗读了10万美元的捐献者——卡朋蒂埃随支票寄来的信。信中写道："中国人是由几亿人组成的，他们的出身、种族和性格都很相似，土生土长、牢牢扎根在这片土地上，被无数代人的共同习惯和传统结合在一起，并通过习惯、传统、文学和语言的统一力量，将他们焊铸成一个同质的民族。他们有共同的语言，丰富而富有表现力，可能比现在地球上的任何其他语言都要古老，他们也有丰富的文学，至少与任何伟大的古典文学一样古老，他们所继承的古代文明，其年代与环地中海文明相颉颃。"④在赛斯·娄看来，汉学科系的建立正与哥伦比亚大学立足全球的发展方向相契合，并称"在未来，中国和美国会紧密相连，人们越是相互了解，结果就会越好……假以时日，大学中这样的科系会非常有用"⑤。

正是有了丁龙和卡朋蒂埃的慷慨捐助，以及哥伦比亚大学的远见与支持，才使得哥大第一个汉学讲席——丁龙讲座成立，并在其后逐渐发展壮大为闻名全球的东亚语言和文化系（the Department of East Asian Languages and Cultures）。⑥在丁龙汉学讲席开办过讲座的著名汉学家翟理思在《中国与中国人》

---

① Benjamin Robbins Curtis Low, Seth Low. The Rnickerboker Press, 1925, p. 56.
② Benjamin Robbins Curtis Low, Seth Low. The Rnickerboker Press, 1925, p. 57.
③ Benjamin Robbins Curtis Low, Seth Low. The Rnickerboker Press, 1925, p. 61.
④ Gift to Columbia for a Chinese Department: Contribution of ﹩100000, "Saved from Tobacco and Whisky." Name of Donor not Disclosed – Many Speeches at Alumni Luncheon in Memorial Hall, The New York Times, p. 5.
⑤ 同前《寻找丁龙（下）》注。哥伦比亚大学档案馆，赛斯·娄在卡朋蒂埃捐款后对卡朋蒂埃的回信。
⑥ Department History, http://ealac.columbia.edu/department/short-history/, last visited on March 8, 2023.

一书中曾说，丁龙讲座专注于研究东方，希望能够引起人们对这个可能在未来占据更大空间的学科产生兴趣。①1902年年底，清政府在汉学系成立后捐赠了大量珍贵书籍，包括5020册《古今图书集成》，哥伦比亚大学中文图书馆也在同年开始筹建。②

丁龙捐献汉学系的初衷究竟是为了反抗美国社会对华人、对中国的偏见与不公，还是为了让遥远东方的文明能够让西方了解和认识？由于历史记载的缺失，我们对他当时内心的真实想法难以探求，但可以想到的是，他身处完全另样和陌生的美国社会，怀有深沉的家国情怀，同时也觉察到这个社会及其学术界对中华民族文化的好奇与接纳，因而希望用自己力所能及的，质朴而诚恳的方式引起这里的人们对古老中国文明的关心和了解，从而让文化的双向交流成为打破歧视与偏见的利刃。正如一位学者徐国琦所说："如果在其他所有方面一样，人们极其缺乏对中国文学的认识，不懂得它能够激发我们的想象力，这些人尚未意识到，了解汉语学习以及学成之后所带来的收获和想象，将会多么深远地扩展我们的思想。"③在此意义上，丁龙和以他名字命名的汉学讲席成为了连接中美两国文化的桥梁，西方对于中国乃至整个东亚文化的研究之路就此越发畅通。

四、从汉学系到东亚系

丁龙汉学讲席成立后，德国知名汉学家夏德（Friedrich Hirth）在1902年被哥伦比亚大学正式任命为第一位丁龙汉学讲席教授。④夏德在其任职的15年间，一直投身于中国研究，并于1908年出版集成中国历史研究的《中国古代史》（Ancient History of China）。⑤他在中国语言、历史、文化和对中亚问题的研究中提倡"对于语言学意义上的研究，深度比广度更重要"，⑥从而将当时

---

① Herbert Allen Giles, China and the Chinese, The Columbia University Press, 1912, p. 5.
② 王海龙：《哥大与现代中国》，上海文艺出版社2000年版，第3-6页。
③ 徐国琦：《中国人与美国人：一部共有的历史》，尤卫群译，四川人民出版社2019年版，第141页。
④ Department History, http://ealac.columbia.edu/department/short-history/, last visited on March 8, 2023.
⑤ Erkes Eduard, Friedrich Hirth, Artibus Asiae, Vol. 2, No. 3, 1927, p. 220.
⑥ Hirth, Friedrich, Über Sinologische Studien, T'oung Pao, ZStW6 (1895), S. 365. 原文为："für die Forschung im Sinne der modernen Philologie dagegen ist Tiefe wichtiger als Breite."

西方学术界对亚洲各国文化，特别是中国文化的研究推到更高的水准。

1917年，角田柳作（Ryusaku Tsunoda）在跟随美国知名教育家、哲学家约翰·杜威（John Dewey）完成学业后，留在哥伦比亚大学，并在汉学系开启日本研究的先河，启发了许多学者走上了更广阔的亚洲文化研究道路。1938年，随着规模和容量的不断扩大，汉学系被更名为中日系（Department of Chinese and Japanese）。在"二战"后西方社会对亚洲研究热潮到来之前，哥伦比亚大学便已在东亚历史文化研究领域创造出卓越的学术成就，成为美国少数几所教授亚洲语言、历史、文学、宗教和政治的大学之一。①为了解决当时东亚研究英语资源匮乏的问题，哥伦比亚大学开启了翻译东亚书籍的项目，涵盖中国、日本、印度等国的历史文化传统及其起源，其研究范围也逐步拓展到韩国、越南等亚洲国家。中日系在此过程中于1962年正式更名为东亚语言和文化系（Department of East Asian Languages and Cultures），六十多年来对中国等东亚国家的深入研究及成果积淀，不仅使得哥伦比亚大学在东亚历史语言文化研究的课程设置上兼具广度与深度，更使得哥伦比亚大学成为全美东亚问题研究的学术中心之一。

从汉学系到中日系再到东亚系，中国及其他亚洲国家的语言、历史等文化因素走向世界，同西方学术界传递、交流历史文化中的真知灼见。一百多年前由丁龙埋下的种子已长成参天大树。如今享誉世界的哥伦比亚大学东亚系最早竟是因一个普通美国华工的善缘而发轫，这不能不说是东西方文明史上的一个美谈和传奇。更为重要的是，西方社会由此看到了古老中华民族一分子的赤诚之心与博爱情怀。哥伦比亚大学汉学系的发展成长已然成为一百多年来中美文化交汇互动的历史见证，并且给我们带来了意味深长的启示。

五、结语

中国文化与西方文化的交流融合从来都是一种双向的交流运动，以丁龙为代表的华人群体更是其中不可或缺的重要载体之一。鸦片战争爆发后，中国被迫向世界敞开国门，西方文化由此大规模输入中国，尤以岭南为甚。②中国近代

---

① Department History, http://ealac.columbia.edu/department/short-history, last visited on March 8, 2023.
② 郭杰、左鹏军：《岭南文化研究》，清华大学出版社2015年版，第10-20页。

重大历史事件与领军人物多与岭南有所关联，从开眼看世界的梁廷枏到洋务运动的郑观应、何启，再从戊戌维新的康有为、梁启超到辛亥革命的孙中山……"岭南人得风气之先也开风气之先"，其所蕴含和昭示的包容品性使得岭南文化在与西方先进文化的融合吸收中每领先机，而远赴海外的华人群体更为其赋予"流动""活泼"的特点。①丁龙，这个来自岭南的普通华工，自然而然地带有深刻的岭南文化印记，而这些地域文化印记中又蕴含着中华民族文化传统的本质。华人群体所展现的中国南方"开放兼容""务实灵活"的文化品性显然已超越了地域文化的范围，反映出整个中华民族久已养成的"海纳百川"文化格局，因而成为典型的"中国形象"，让西方世界慢慢看到中华文化在历史长河中永不停滞固守的一面，逐渐坚信中国人的本质、气质和文明值得了解。②

与此同时，中国自身社会历史的变革及中西方关系的深化也逐渐消解着西方对中国旧有的认知。20世纪中叶，曾到访中国实地考察的法国作家西蒙娜·波伏瓦（Simone de Beauvoir）见证了中国开启工业化后，用"打通的隧道""新造的机器"击破西方对于中国"故步自封，只会种高粱"③的偏见。西方视角中的中国形象不断变化，更为重要的是，中国需要依此通过交流来改变西方想象与表述中国文化的惯有语境。

20世纪80年代，改革开放的浪潮让中国迈出了对外开放的步伐，加之自1972年尼克松访华后，中美关系在"破冰"后逐步升温，以美国为代表的西方世界对中国的兴趣急剧上升，两国之间在经济、政治、文化等层面的交流得到了更加迅猛的发展。从曾经"停滞的帝国"到"变革的中国"，民族觉醒与进步让西方社会逐步以现代性进步的视角来观察中国，试图突破曾经基于想象而表述中国文化的陈旧语境。④

今时今日，世界正经历"百年未有之大变局"，中西方文化交流建立在"建设新型国际关系，推动构建人类命运共同体"的基础之上。正如费孝通所言"各美其美，美人之美；美美与共，天下大同"，在中国融入世界的双向流动过程中，既存在"中国走向世界"的自觉追求，又蕴含"世界走向中国"的包容接纳。新时代构建人类命运共同体的历史使命需要中华传统文化中

---

① 郭杰、左鹏军：《岭南文化研究》，清华大学出版社2015年版，第15页。
② Columbia's Dean Lung Chair, The China Press, January 18, 1925, at A7.
③ [法] 西蒙娜·德·波伏瓦：《长征：中国纪行》，胡小跃译，作家出版社2012年版，第11-12页。
④ 周宁：《天朝遥远：西方的中国形象研究》，北京大学出版社2006年版，第526—529页。

"协和万邦""讲信修睦"的价值内涵铺就中西方之间平等交流的沟通渠道，需要世界各国基于共同的价值理念消除文化之间的误解与偏见。认识中国文化自身和让西方世界认识中国是同一本质问题在不同路径上的分别探索，作为"认识者"与"被认识者"，让西方世界了解中国的过程同样是我们反思、完善自身民族特性的过程。

前路漫漫，重构与梳理自身文化价值既是认识与提升文化自觉的重要路径，亦是关系中国能否成为世界文明重心之一的关键所在。正如费孝通所言："首先要认识自己的文化，理解所接触到的多种文化，才有条件在这个已经在形成中的多元文化的世界里确立自己的位置，经过自主的适应，和其他文化一起，取长补短，共同建立一个有共同认可的基本秩序和一套各种文化能和平共处，各抒所长，联手发展的共处守则。"[1]

附：丁龙生活轨迹

年份	事件
1857 年	生于广东台山
1875 年	离开中国前往美国
1890 年	纽约人口普查档案中的身份记载为"中国佣人（Chinese Help）"
1892 年	返回中国
1893 年	重新入境美国
1894 年	返回中国
1899 年	再次入境美国，入境记录中丁龙称自己在纽约和西海岸拥有价值 1000 美元的铁路债券，在加州奥克兰拥有房产
1900 年	纽约人口普查档案中丁龙的身份记载为"陪伴人（Companion）"
1901 年	向美国哥伦比亚大学捐款 1.2 万美元
1905 年	在纽约戈尔韦镇的居民登记表中被登记为"仆人"并作为土地交易记的证明人，同年丁龙离美返回中国
1906 年	参股新宁铁路第三期工程——台城至白沙支线
1907 年	卡朋蒂埃与丁龙通信
1936 年	于广东台山去世

（责任编辑：米健）

---

[1] 参见费孝通：《反思·对话·文化自觉》，载《北京大学学报（哲学社会科学版）》1997 年第 3 期，第 22 页。

人物与思想

知行合一的中国近代启蒙思想家郑观应

廖 明 武 佳[①]

摘要：郑观应是中国近代最早具有完整维新思想体系的理论家、启蒙思想家，也是实业家、教育家、文学家、慈善家和热忱的爱国者，著有《救时揭要》《易言》《盛世危言》等旨在救亡图存之作。其中，《盛世危言》完整体现了郑观应的改良维新思想，以"富强救国"为主题贯彻全书，在对西方及邻国日本的历史和现状的介绍、对比理解之上，向读者提供中国问题的更多解决之道，对政治、经济、军事、外交、文化诸方面的改革提出了切实可行的方案，给甲午战败以后沮丧、迷茫的晚清末世开了一帖拯危于安的良药。

郑观应（1842年到1921年），本名官应，字正翔，号陶斋，别号杞忧生，晚年自号罗浮偫鹤山人。广东省广州府香山县（今广东省中山市）三乡镇雍陌村人。2002年7月23日至27日在澳门召开的"郑观应诞辰160周年学术研讨会"上达成共识：郑观应是中国近代化事业的先驱，爱国进步的思想家，成功的、卓越的实业家。[②] 2017年7月24日在中山市举办的"郑观应诞辰175周年学术研讨会"上指出：郑观应是中国现代化运动思想代表和先驱、著名实业家。[③]

郑观应于1842年7月24日出生于广州府香山县三乡镇雍陌村一个知识分子家庭，祖父郑鸣岐是一位"不屑以寻章摘句为能"的普通文人，父亲郑文瑞终身未获科名，长期作乡村塾师。郑观应从小就接受了良好的教育。1858

[①] 廖明，法学博士，北京师范大学法学院副教授。武佳，北京师范大学法学院博士研究生。
[②] 王杰：《郑观应研究的里程碑——"郑观应诞辰160周年学术研讨会"综述》，《岭南文史》2002年第3期，第6-7页。
[③] 中共中山市宣传部、中山市社会科学界联合会主编：《郑观应研究的当代价值：纪念郑观应诞辰175周年学术研讨会论文集》，广东人民出版社2019年版，第7-11页。

年，郑观应应考童子试未中，奉父命远游上海，弃学从商。1859 年，由亲友介绍进入上海一流的英商宝顺洋行任职。其间，他进入夜校学习英语，并对西方的政治、经济产生了浓厚兴趣。后参与创办太古轮船公司，历任上海机器织布局总办、上海电报局总办，轮船招商局帮办、总办等职。中法战争时，曾往暹罗、西贡、新加坡等地调查了解敌情，逐一绘图贴说。1885 年初，途经香港，被太古轮船公司借故控迫"赔款"而遭拘禁，经年始得解脱。后隐居澳门，致力扩编 1873 年完成的《救时揭要》（一说为《救世揭要》）和 1880 年刊行的《易言》，于 1892 年完成深具影响力的《盛世危言》。

一、早期维新思想与著述

（一）《救时揭要》

《救时揭要》最早刊于 1873 年，共收录 24 篇文章，主要内容囊括以下几个方面：反对外国侵略者贩卖"猪仔"的罪恶行为（《求救猪仔》《论禁止贩人为奴》），倡议禁止鸦片（《拟自禁鸦片烟论》），示以救灾扶贫和因果报应等劝人行善，保卫商民权利、鼓励商民投资、办立近代工商业（《拟请设华官于外国保卫商民论》），改善医药卫生、移风易俗等。正如《救时揭要》序中所言，"又复触景伤时，略陈利弊，随所见闻，频登《申报》，更伸鄙臆，撰成是编"。[①]《救时揭要》是郑观应由《申报》的投稿结合自己所见所闻之时事编纂而成，反映了其早期针砭时事的感性爱国之情。

（二）《易言》

《易言》则体现了郑观应的改良主义思想，于 1871 年完成，1880 年由香港中华印务总局刊行。郑观应在《易言》中已经意识到只有国家富强才能真正运用万国公法，改变民族不平等现象。书中，郑观应主张要了解"远情"，学习掌握西方先进技术；还要"变"，对清政府的腐朽习俗、制度进行变革。由此，该书提出了一系列以国富为中心的内政改革措施，包括主张向西方学习西学，包括算学、化学、物理学、机械学、矿学、纺织学、工艺制造学、农学、医学等，也涉及政治、法律等社会学说。

[①] 夏东元：《郑观应集》（上），上海人民出版社 1982 年版，第 5 页。

郑观应组织人员将西方国富强兵的书籍翻译过来,广泛传播于天下,使人人得而学之,并主张利用经济规律,加快发展资本主义工商业,采用机器生产,提高劳动生产率,并鼓励商民投资实业,鼓励民办开矿、造船、修违铁路;对华洋商税赋不平等的关税政策表示了强烈的不满,主张"我国所有者轻税以广去路,我国所无者重税以遏来源"①的保护性关税政策。他还在《易言》中大力宣扬了西方议会制度,谓之"颇与三代法度相符"②,力主中国应实行政治制度的变革,实行君主立宪制。《易言》后来传到日本、韩国,郑观应在《盛世危言增订新编》中谈到《易言》"风行日、韩"。尤其是在韩国,《易言》影响甚大,在韩国近代化历史进程中发挥了重要作用。

二、改良维新思想的成熟与著述

1894年,《盛世危言》刊行,初版分5卷,正文57篇,附录30篇(见图1)。其后,郑观应根据中国的形势变化,一再增补内容。该书被重印20余次,乃中国近代出版史上版本最多的书。现今最具权威性和代表性的文本,分别是1894年的5卷本《盛世危言》、1895年的14卷本《盛世危言增订新编》和1900年的8卷本《盛世危言增订新编》。

图1 《盛世危言》刊物

---

① 夏东元:《郑观应集》(上),上海人民出版社1982年版,第70页。
② 夏东元:《郑观应集》(上),上海人民出版社1982年版,第103页。

《盛世危言》是郑观应一生最大的成就，其完整体现了他的改良维新思想。全书贯穿着"富强救国"的主题，全面系统地论及了几乎所有社会领域的改革主张，大至国体政制、财政经济、教育体制，小至植树造林、垦殖拓边，无所不包，且每言均建立在对西方及邻国日本历史和现状的完备、深刻理解之上，堪称治国策论之"圣手"。郑观应还将当时中国的各种变法思想、仁人杰士的言论列入，向读者提供了中国问题的更多解决之道。可以说《盛世危言》是一部以"富强救国"为核心的变法大典，对政治、经济、军事、外交、文化诸方面的改革提出了切实可行的方案，给甲午战败以后沮丧、迷茫的晚清末世开出了一帖拯危于安的良药。

（一）道器、体用的哲学思想

《道器》作为《盛世危言》的总纲，反映了郑观应蕴含于各项救国措施中对立统一的辩证观，将中学与西学的融合理解为"体"与"用"，中学是道，是体；西学是器，是用。但与张之洞等人主张的"中学为体，西学为用"有所不同的是，郑观应主张的西学包括政治和科技两方面内容，正如郑观应于1884年就曾提出"育才于书院，论政于议院，君民一心，上下同心，此其体；练兵、制器械、铁路、电线等事，此其用。中国遗其体效其用，所以事多扞格，难臻富强。"[1] 回顾全书，最具冲击力的是郑观应旗帜鲜明地提出了仿泰西（学习西方）、习商战、设议院的主张。

（二）君主立宪制的政治思想

在政治方面，该书首次要求清廷"立宪法""开议会"，实行立宪。郑观应在我国首次使用"宪法"一词，由此开启了中国最高法意义上的宪法理念时代。其制定宪法的思想主要体现在其1990年著作《盛世危言》（八）的《原君》《自强》篇中以及1910年《盛世危言后编》收录的书信往来中。

郑观应说"无论民权、共治、君权，宪法皆不可无。"[2] 其在书中宣称："宪法乃国家之基础""有国者苟欲攘外，亟须自强；欲自强，必先致富；欲致富，必首在振工商；欲振工商，必先讲求学校、速立宪法、尊重道德、改

---

[1] 夏东元：《郑观应集》（上），上海人民出版社1982年版，第967页。
[2] 夏东元：《郑观应集》（上），上海人民出版社1982年版，第334页。

良政治。"① 他指出，仅学习西方技术而不进行政治改革是"遗其体而求其用"，必将失败，必须在中国立即设立议院，实行君民共主的君主立宪制度。

在考察了近代西方各国政体的沿革与兴衰之后，郑观应在《盛世危言》中总结了君主专制、民主共和制以及君主立宪制等不同政体利弊，主张清政府应学习英国，采取君主立宪制，"立君政治者，即君民共主之国，政出议院，公是公非，朝野一心，君民同体，上无暴虐之政，下无篡逆之谋。"② 并强调了设立议院的重要性及优越性，要求赋予议会以"揽庶政之纲领"之权。郑观应认为议院的职能在于集中讨论国家大事，议员所作决议代表大部分民众意愿，一方面集思广益，另一方面增强政治决策的透明度。议院的设置也应参照英国，在中央设置上议院与下议院，"上院以国之宗室勋戚及各部大臣任之，取其近于君也。下院以绅耆、士商才优望重者充之，取其近于民也"。③ 而对于议院的运行方式及程序，郑观应提出"遇有国事，先令下院议定，达之上院；上院议定奏闻国君，以决从违。如意见参差，则两院重议，务臻妥协而后从之"④，该主张保留了君主的最高决策权，留有较重的封建特征。

为了使君主立宪能顺利推行，郑观应提出了一系列与之配套的内政改革，主张广办报纸，以使下隐可以上达，并对大小官员起舆论监督作用，以劝善惩恶，兴利除弊；主张改革官员选拔制度，官吏应由民选产生，淘汰冗员和年老让贤，"延聘名师，广开艺院"⑤；认为要国强必须重视西学，发展教育，注重掌握西方天文、地理、人学的新式人才的培养，他说按古今中外各国立教养之规，奏富强之效，厚本首在学校，"艺院日多，书物日备，制造日广，国势日强"⑥。他还主张大力翻译西方书籍，改革科举考试，增设格致、电子、医学等新科目，录用精通西学的人才。

(三)"商战"的经济思想

在经济方面，郑观应提出了独具特色的"商战"理论，认为"商战"甚

---

① 夏东元：《郑观应集》（下），上海人民出版社1982年版，第11页。
② 夏东元：《郑观应集》（上），上海人民出版社1982年版，第338页。
③ 夏东元：《郑观应集》（上），上海人民出版社1982年版，第311页。
④ 夏东元：《郑观应集》（上），上海人民出版社1982年版，第311-312页。
⑤ 夏东元：《郑观应集》（上），上海人民出版社1982年版，第720页。
⑥ 夏东元：《郑观应集》（上），上海人民出版社1982年版，第722页。

185

于"兵战"。《盛世危言》的封面题:"首为商战鼓与呼"。他认为西方列强侵略中国的目的是要把中国变成他们的"取材之地、牟利之场",遂采用"兵战"和"商战"的手段来对付中国,而商战比兵战的手法更为隐秘,危害更大,所谓"兵之并吞祸人易觉,商之掊克敝国无形"①。他提出"习兵战不如习商战"②,主张"西人以商为战,彼既以商来,我亦当以商往",指出"西人以商为战,士、农、工为商助也;公使为商遣也,领事为商立也;兵船为商置也。我中国宜标本兼治。若遗其本而图其末,貌其形而不攻其心,学业不兴,才智不出,将见商败,而士、农、工俱败,其孰能力与争衡于富强之世耶?"③

所谓"商战",实际是强调"以商立国",这是郑观应经济思想的核心。郑观应指出:"欲制西人以自强,莫如振兴商务"④。他把商业尤其是对外贸易看作带动整个国民经济发展的部门,指出:"商以贸迁有无,平物价,济急需,有益于民,有利于国,与士、农、工互相表里。士无商则格致之学不宏,农无商则种植之类不广,工无商则制造之物不能销。是商贾具坐财之大道,而握四民之纲领也。商之义大矣哉!"⑤ 商战,必须根本改变传统的贱商观念和士农工商等级结构,充分肯定企业家在社会发展中的主导作用。为此,他特别抨击作为社会精英的"士"固守传统观念,已成为工商业发展即进行"商战"的重大障碍:"中国不乏聪明材智之士,惜士大夫积习太深,不肯讲习技艺,深求格致,总以工商为谋利之事,初不屑与之为伍。其不贪肥者,则遇事必遏抑之;惟利是图者,必借端而胺削之。于是但有困商之虐政,并无护商之良法。虽欲商务之兴,安可得哉?"⑥

在《马关条约》签订后,郑观应针对中国"门户洞开"的社会环境变化,提出因势利导的"打开门户""万国商场"的策略。郑观应认为《马关条约》规定日本在内地通商一举,落实尚需时日,中国必须利用这段时间迅速做好商务布局,抢占市场。其间,郑观应以实际行动落实了"预占地步"

---

① 夏东元:《郑观应集》(上),上海人民出版社1982年版,第586页。
② 夏东元:《郑观应集》(上),上海人民出版社1982年版,第586页。
③ 夏东元:《郑观应集》(上),上海人民出版社1982年版,第596-597页。
④ 夏东元:《郑观应集》(上),上海人民出版社1982年版,第614页。
⑤ 夏东元:《郑观应集》(上),上海人民出版社1982年版,第607页。
⑥ 夏东元:《郑观应集》(上),上海人民出版社1982年版,第609页。

之思想，包括肇庆、梧州通航，试办杭州小轮船，在上海等地购买码头土地和购买全国各省矿山等，以应对商品侵略和资本输入。郑观应还提出应对外国经济侵略的当务之急在于改革税制，要使民族工商业在税收交纳上与外商具有同等地位；其次便是提高技术，采用机器生产。对于民族工商业资本短期的困境，郑观应提出"华洋合股"的解决方案，即以中国市场、人力、自然资源等吸纳西方资金，双方合股经营，为了保障民族利益，合股期限以五十年为期，到期后不问盈亏，全场机器、房屋等资产交还中国。至于"万国商场"的构想，也是迫于《马关条约》的签订已使中国主权难保，与其让中国成为某国殖民地，不如将中国作为世界商埠，开办"万国商场"，使得列强形成均势，再寻求自强机会。

以上设想均体现了郑观应"商战"的思想精华，在面对丧权辱国的不平等条约时，以短期合作，避免更大侵害，从被动中求主动，为中国争取主权。

（四）"兵战"的军事思想

所谓"兵战"，是郑观应军事思想的提炼，总体更偏向防御。郑观应尤其强调有效防御在于强兵，并将强兵归纳为"人"与"器"两个方面，认为"器者，末也；人者，本也"[1]，"人"之胜在于教育，"器"之利在于现代工商业，是因兵战之基础在于现代工商业发展，要从经济上战胜帝国主义。这也说明强兵并不是孤立的，而是与社会政治、教育制度等因素，以及国家富强紧密联系在一起的。

在军事策略方面，郑观应主张海防与边防并重。立于甲午战争的危机形势前，郑观应指出"防外侮更重于防内患"[2]，与清朝顽固派"宁赠友邦勿与家奴"的论调完全相反。并基于对国际形势十余年的观察，提出"防俄宜先"的战略对策，在国内实行"移民实边"，在国际方面，主张在自强自立的基础上联合英、日以拒俄。这一军事战略并非对其他帝国主义国家的轻视，对此郑观应曾明确指出"是以防边之道，虽以防俄为急，而英、法亦不可不防。"[3] 在甲午战败后，清政府经营数十年的海军被毁，官僚阶级内部萌生了

---

[1] 夏东元：《郑观应集》（上），上海人民出版社1982年版，第763页。
[2] 夏东元：《郑观应集》（上），上海人民出版社1982年版，第901页。
[3] 夏东元：《郑观应集》（上），上海人民出版社1982年版，第785页。

反对重建海军的主张,郑观应对此予以痛批,"外侮之来,非海军不足御之"。并指出海军战败,不仅在于器不利,还在于使用武器的人技术不精,管理体系落后等因素,谓之"器末人本"。由此系统地提出了练兵、练将的见解,强调海军专业训练的重要性,要求士兵、将领在使用新式武器的同时,必须学习西方的练兵法,提升海陆军的政治、军事素养。而军官必须是武备学堂出身,不仅操练武器,还要学习数学、物理、天文、地理等西学知识。

对于兵役制度,郑观应结合当时军事强国德、法、英的制度经验,提出将军队分为常备与预备两种,从而达到"寓兵于民""全民皆兵"的效果,以期军力强盛。这一思想是郑观应对太平天国时期民团组织的控制策略的转化与继承,民团组织曾在"剿灭"太平军的过程中起到决定性作用,但太平天国失败后,清政府视民团组织为潜在统治威胁。郑观应就此建议改革兵役制度,将民团组织纳入预备役部队,用于守卫边疆、海防。并进一步提出中国应参照英国兵役制度逐步实现兵役制度的转化,"泰西各国大半以民为兵,惟英国各处、各乡皆有团练局,招募土人操练,于有事之秋守御本土,以补额兵之不足"[1]。

(五)立足于《万国公法》的外交思想

在外交方面,郑观应主张应以"公法"为原则处理国际关系。郑观应意识到中国近代签订的国际条约多不平等的原因在于国力不强,指出"惟强与强遇,则熟审两国所获之利益足以相当,而后允准,否则不从。若一强一弱,则利必归强,而害则归弱"[2]。认为虽然中国国力衰微,但如果运用恰当的政策也能通过外交手段维护自身利益,而要改变这一现状,必须富国强兵,了解各国之局势,才能以外交手段消除清政府与西方各国签订的不平等条约。郑观应将社会中中西不平等的现象归为两大类:"夫洋务交涉之事甚繁,约其大纲:君民两大端而已",其中"君"为国与国之间的政务大事,"民"为华人与洋人之间的社会交往之琐事。郑观应将上述之事一一列举归类:"如杀伤、斗殴、焚毁、抢劫、占产、拐贩、债务、辛工以及碰船、碰车诸案,皆事之小者,关华民生计者也,侵越疆界、偷漏税规,违例便已,辟埠通商,

---

[1] 夏东元:《郑观应集》(上),上海人民出版社1982年版,第903页。
[2] 夏东元:《郑观应集》(上),上海人民出版社1982年版,第436页。

以及传教建堂，游历杀伤诸案，皆事之大者，关君国安危者也"，[①] 结合时事，郑观应提出上述不平等不仅是国民"循顺""愚蒙"，更多是因为朝廷没有站在国家的角度与西方各国交涉，没有庇护臣民。要改变这种现象，政府必须开展有效的国际交涉。

郑观应提出有效的国际交涉应以三点为基础：一是培养人才，二是以国际公法为准则，与他国共同制定外交条例，三是收回外国在华的治外法权。第一，郑观应意识到国家交往中使节的重要性，提出培养专业化人才，公使应该经过严格选拔，派往世界范围内所有中国侨民居住和工作的地方。并基于对东南亚动荡局势的观察，迫切建议向东南亚派出公使，宣扬国威，加强对属国的凝聚力。第二，遵循万国公法的原则，对中西法例进行系统梳理，从中寻求双方都能接受的结合点。第三，郑观应特别强调"法权"的重要性，"惟最要者，须重定新律，收回治外法权。拟暂照日本律例颁行，华洋一律，毋许歧视。如是，则外人均受治于我法权之下，应无他虞。"[②] 郑观应有关国际交涉的原则和步骤，当时在国内外交思想中具有先进性，后来也在国际社会中得到普遍肯定。

(六) 男女平权的文化思想

在文化习俗方面，郑观应接受西方"民权"思想，认识到妇女解放、男女平等对整个社会变革的巨大意义。并在《盛世危言》中多次提到发展女子教育、兴办女学的重要意义，强调这是女子自立自养的前提，也是培养人才的重要一环，是国家富强的重要支撑。郑观应将男女平权思想作为其法律思想的重要组成部分，反对封建纲常名教，禁止溺婴、禁止缠足，主张兴办女学，将男女平权与变法图强联系在一起。郑观应注意到了溺婴行为的背后，很大程度上是家庭过于贫困而无力抚养子女所致，主张以地域为限分片建设诸如"育婴堂""习正院"等慈善机构收养婴孩。还对缠足的历史渊源进行考据，提出缠足之风兴盛于南唐亡国之时，而当下中国正处于亡国灭种之时，若继续这种封建陋习，必将步李后主之后尘，走向灭亡。要求从法律上禁止缠足陋习，并加强对妇女的教育，兴办女学，使妇女可以学习现代文化知识，

[①] 夏东元:《郑观应集》(上)，上海人民出版社1982年版，第418页。
[②] 夏东元:《郑观应集》(下)，上海人民出版社1982年版，第414页。

从根本上解放妇女。

（七）《盛世危言》的影响及意义

《盛世危言》问世后，反响极大，有力地推动了维新变法思潮的广泛传播。时人称该书"医国之《灵枢》《金匮》"[1]。当时的报纸报道："（《盛世危言》）所载中外各事，中华人近以该书作指南针，迩来场中考试常出该书所序时务为题目。"[2] 礼部尚书孙家鼐（另一说为江苏布政使邓华熙）将该书推荐给光绪皇帝，光绪皇帝读毕嘉叹不已，下旨印刷两千部，分发给大臣阅看，盛宣怀由此致书郑观应："《盛世危言》一书，蒙圣上饬总署刷印二千部，分送臣工阅看，倘能从此启悟，转移全局，公之功岂不伟哉"[3]。张之洞评价该书："论时务之书虽多，究不及此书之统筹全局择精语详""上而以此辅世，可为良药之方；下而以此储才，可作金针之度"[4]。蔡元培评价该书："以西制为质，而集古籍及近世利病发挥之。时之言变法者，条目略具矣。"[5]

《盛世危言》是一部全面系统地学习西方社会的纲领，对清末的维新派和革命派具有承先启后的作用，亦为1898年开始的百日维新奠定下重要的理论基础和舆论基础。该书不但影响了康有为、梁启超等人，也影响了孙中山、毛泽东等人。孙中山《实业计划》中提出的实业救国理论就凸显了《盛世危言》的核心思想。《盛世危言》是早年毛泽东"很喜欢的书"，1936年，毛泽东在延安与美国记者斯诺谈话时，几次提到该书对他的影响："我当时非常喜欢这本书，作者（郑观应）是个老的改良主义者，认为中国之所以弱，在于缺乏西洋的器械——铁路、电话、电报、轮船，所以想把这些东西引进中国"，更主要的是"《盛世危言》激起了我恢复学业的愿望。"[6]

---

[1] 辛俊玲：《盛世危言》，华夏出版社2002年版，第582页。
[2] 《新闻日报》，1897年3月2日。
[3] 盛宣怀档案资料：《盛宣怀致郑官应函》，光绪二十一年五月十五日，档案号SD048350-49。
[4] 《盛世危言增补统编·序》，转引自夏东元：《郑观应年谱长编》，上海交通大学出版社2009年版，第520页。
[5] 高平叔：《蔡元培年谱长编》（上册），人民教育出版社1996年版，第83页。
[6] [美] 诺斯：《红星照耀中国》，董乐山译，作家出版社2012年版，第88页。

三、躬身入局的民族资本家

郑观应不仅是思想家,也是知行合一的实践者。在政治方面,清政府1910年前后下诏仿行立宪之际,郑观应上书摄政王请求速行立宪:"安内之法,莫若早开国会,颁布宪法,预建议院,饬举议员。""若不及早立宪,敦法强邻,尚自因循粉饰,必至内乱,四面楚歌,悔之晚矣。"

在经济方面,郑观应躬身"商战",毕生实践"商战"救国。他是近代实业开拓、经营、管理的前驱。用他自己的话说,他在洋行当买办是"初则学商战于外人",而后凭着他经营近代工商业的经验,"继则与外人商战"。这是郑观应对自己一生传奇式经历高度宏观的如实概括。郑观应自1858年放弃科举到上海学商,他先后在英商的宝顺洋行、太古轮船公司担任买办,又自营贸易,开设商号、钱庄,投资参股轮船招商局、开平矿务局、上海造纸公司、上海机器织布局等多家企业。郑观应在担任买办的同时,还主动投身赈灾工作,其商业才能和筹措能力得到李鸿章等洋务派官员赏识:1880年后,相继担任上海机器织布局总办、上海电报局总办,并脱离洋行,结束买办生涯;1891年任开平煤矿局粤局总办;1892年、1893年分别担任轮船招商局帮办、总办,并于1893年二度出任轮船招商局帮办;1896年任汉阳铁厂总办,1897年兼任铁路公司总董和电报局总董;1899年除"会同办理"招商局外,兼任多个洋务派企业要职,新兼任吉林矿物公司驻沪总董;1904年被推举为广州商务总会协理;1906年兼任粤汉铁路公司总办;1909年,乘袁世凯被迫返籍"养疴"之机,协助盛宣怀发起组织轮船招商局商办,第三次入轮船招商局任会办。

郑观应毕生追求改良,不支持革命,但从内心也并不抵触。19世纪90年代,郑观应和孙中山曾有过密切交往,并曾致函盛宣怀托请其举荐孙中山于李鸿章,称孙中山"留心西学,有志农桑生植之要术……兹欲北游津门,上书傅相,一白其胸中素蕴。"[1] 民国成立伊始,其写下"人人望共和,

---

[1] 盛宣怀档案资料:《郑观应致盛宣怀函》,年份不详,档案号SD048104,转引自邵建:《一个上海香山人的人际交往:郑观应社会关系网研究》,上海辞书出版社2014年版,第285页。

唐虞复盛世"的诗句。① 1915 年，袁世凯废除了《中华民国临时约法》，颁布了《中华民国约法》，郑观应非常气愤，斥之为"民主独裁之专制"，并赋诗言志："古今尧舜华盛顿，择贤禅让名不磨。欲救万世家天下，强秦洪宪今如何？"②

民国以后，郑观应倾主要精力办教育，并兼招商局公学住校董事、主任、上海商务中学名誉董事等职。1914 年，他因年迈多病，向招商局提出辞呈，并于冬月写好遗嘱，准备修身静养，安度晚年。由于他在商界深孚众望，1919 年 6 月招商局股东常会改选董事时，他仍继续当选。此间，郑观应多次强调教育作为实现富强的重要手段，认为"教育为立国之本，国运之盛衰系之，国步之消长视之。"③ 但也指出中国当前教育"有名无实"，很难培养有用之才，需效法日本现行学校。1921 年 4 月，郑观应致书招商局董事会，请求辞职退休。1922 年 5 月，郑观应病逝于上海提篮桥招商公学宿舍，享年 81 岁。第二年，他的灵柩移葬于澳门。

四、结语

郑观应兼具改良主义思想家、近代实业家和洋务官僚等多重身份，他生于鸦片战争战火甫息之际，卒于民国初年军阀混战之时，一生经历了近代中国政治、经济、社会的剧烈变革，并积极投身时代浪潮，办实业求富图强，著《易言》《盛世危言》等鼓吹改良。"观察学贯中西，识超今古，无物我之见，泯畛域之分，专心致志于洋务者已数十年。所著有《盛世危言》一书，早已风行于 20 年前。海内之谈洋务者，所当取则焉。"，这段话是 1894 年《申报》一篇文章对郑观应学术、思想、社会影响的综合评价。郑观应的思想和活动在中国近代历史上写下了浓墨重彩的一笔，并对后世产生了重要影响。

---

① 转引自王杰：《郑观应研究的里程碑——"郑观应诞辰 160 周年学术研讨会"综述》，载《岭南文史》2002 年第 3 期，第 8 页。
② 夏东元：《郑观应集》（下），上海人民出版社 1982 年版，第 1472 页。
③ 夏东元：《郑观应集》（下），上海人民出版社 1982 年版，第 270 页。

Zheng Guanying: the Modern Enlightenment Thinker with the Unity of Theory and Practice

Liao Ming　Wu Jia

Abstract: Zheng Guanying was the earliest enlightenment thinker who put forward an ideological system for the social reform in modern China, as well as a industrialist and educator, litterateur, philanthropist and zealous patriot. He had written several works aimed at saving the nation, such as Jiu Shi Jie Yao, Yi Yan, Alarmist Talk in the Heyday and so on. Among the works above, Alarmist Talk in the Heyday reflects Zheng Guanying's reform ideas and actions, with the theme of "Nation Saving by Prospering" as the implementation of the entire work. Based on the introduction and comparative understanding of the history and current situation of the West and Japan, Alarmist Talk in the Heyday has provided readers with more feasible solutions to the Chinese problems, and proposes practical and feasible plans for political, economic, military, diplomatic, and cultural reforms. Alarmist Talk in the Heyday provided a package of medicine for the late Qing Dynasty, which has been terminally ill and confused after the defeat of the Sino-Japanese War of 1894–1895.

（责任编辑：顾晨昊）

案例与评论

德国联邦宪法法院
关于《航空安全法》违宪的判决

袁治杰　白　鸽[①]

导读

为了拯救多数人，可以放弃少数人吗？
为了拯救多数人，可以牺牲少数人吗？
为了拯救多数人，可以杀死少数人吗？

为了公共利益，往往可以牺牲个人利益，现代法律确立的征收制度是这一原则的典型体现。为了征收、紧急避险和正当防卫，法律允许在一定限度内损害他人的利益。正当防卫之正当性几乎是不言自明的，因为防卫行为正是由加害人的侵害行为所引致，即使如此，防卫也不能超出必要限度。而在征收和紧急避险的情况下，涉及的却是利益衡量问题。征收制度仅限于财产法领域，且应当给予被征收人合理补偿。如果说征收制度是通过牺牲特定的更小的利益以追求一个更大的利益的话，紧急避险则是两害相权取其轻，通过积极侵害一个相对而言更小的利益以避免更大的利益受损，其隐含的前提在于利益大小的可衡量性。

然而，对于上述问题，特别是最后一个问题，"为了拯救多数人，可以杀死少数人吗"，这些法律原则无法给出答案。现实中遇到这样的问题，该如何处理？德国联邦宪法法院（以下简称"宪法法院"）《航空安全法》判决对

[①] 袁治杰，德国法兰克福大学法学博士，北京师范大学法学院教授；白鸽，北京师范大学法学院硕士研究生。

此给出了明确答案。① 该判决是宪法法院作出的里程碑式判决之一,法理严谨,哲学意蕴深厚。为使读者更好地理解此判决的实质与深刻意义,译者不揣浅陋,谨作数语导读介绍其产生背景及后续发展,并予以简要评论。

一、背景与现状

受美国"9·11"恐怖袭击等事件影响,欧洲议会和欧盟委员会出台了《民用航空安全的通用规定》,以加强对民航安全的保护。在将上述条例国内化的过程中,2005年1月,德国颁布了《航空安全法》,其第14条第3款规定,为了防止恐怖分子劫持客机用作武器造成特大事故,武装部队可以在一定条件下击落被劫客机,即使客机上还有无辜的乘客和机组人员。② 该规定出台后备受争议,先后有6位申诉人向宪法法院提起申诉。宪法法院基于2005年11月9日的言辞辩论,于2006年2月15日判决被诉规定违宪且自始无效。

2013年,在另一案件中,宪法法院裁定,尽管《航空安全法》第14条第3款被判决无效,但第14条并不因此而失去其基础,它还是符合宪法的。③ 2017年2月23日,《〈航空安全法〉第一修正案》出台,这一法案删除了原《航空安全法》第14条第3款的规定。④ 自此,《航空安全法》第14条被正式修改为:

第十四条 应用与权限

(1) 为了防止发生特大事故,武装部队可以在空中驱逐飞机、迫使他们降落、威胁使用武力或射击示警。

(2) 在多种可能的措施中,应该选择一种对个人和公众预计损害最小的措施。该措施仅能在为实现其目的所必要的时间和范围内被执行。它不能造

---

① 判决全文载于《联邦宪法法院判决汇编》第115卷,第118页以下。为求准确与全面,译者对判决全文未做裁剪、编辑,仅略去了文中原有之边码,所有注释均为译者便于读者理解所加,同时在文末附录判决中涉及的重要条文,所有条文均由译者依据判决作出时之法律文本所译,特此说明。另,因译者疏于检索,译竟之际方检索到我国台湾地区学者李建良教授早在2011年即已翻译判决全文(《〈航空安全法〉判决》,李建良译,载《德国联邦宪法法院裁判选辑(十三)》,台湾"司法院"2011年5月版,第81-112页),李译除偶有疏误之外厥为上品,读者可一并参阅。

② 《航空安全法》涉案的关键条文见判决正文中判决理由A部分第Ⅰ节,导读和译文中涉及的其他重要条文见译文后附录。

③ 宪法法院于2013年3月20日作出的第2 BvF 1/05号裁定。

④ 《联邦法律公报Ⅰ》,2017年3月3日第9号文件,《〈航空安全法〉第一修正案》,第15条。

成与其所追求的效果明显不成比例的不利后果。

(3) 联邦国防部部长可以一般地授权空军总监 (Inspekteur der Luftwaffe) 就第一款中的措施下达命令。

二、《航空安全法》判决理由概要

判决理由由 A. 争议焦点、B. 申诉可受理性、C. 被诉规定违宪性、D. 费用四部分构成。笔者就前三部分简要介绍如下。

（一）争议焦点

申诉人主张，申诉的可受理性在于，被诉规定将直接侵害申诉人的基本权利。申诉的合理性在于，被诉规定侵犯了申诉人的人格尊严和生命权；被诉规定超越了军事宪法框架，宪法不允许联邦在动用武装部队抗击特大事故时使用特定军事武器；被诉规定缺乏立法权限，《航空安全法》包括须经联邦参议院批准的条文，而其未得到批准。因此，整部法律都缺乏立法权限。

其他相关主体提交了书面意见。德国联邦议院认为被诉规定具有合宪性，但德国联邦议会党团绿党在补充说明中表示，只有击落客机不会导致无关的人死亡，他们才同意被诉规定。联邦政府也认为该法律符合《基本法》[①]，其认为乘客实际上是武器的一部分。巴伐利亚州政府和黑森州政府发表了联合声明，他们认为宪法申诉是合理的。德国联邦国防军协会对被诉规定的合宪性持怀疑态度。飞行员工会认为宪法申诉是有根据的，因为在空中交通的实际过程中难以对事实进行确认。独立空乘组织也认为，机上的形势可能被地面错误评估。

（二）申诉可受理性

宪法法院认为，首先，《航空安全法》是否应当由参议院批准才能生效不

[①] 1949 年 5 月，美国、英国和法国三国的占领区合并成立德意志联邦共和国，并制定了一部名为《基本法》的宪法性法律。两德统一后，通过对原《基本法》的修改，《基本法》成为适用于整个德国的新宪法。参见祝捷：《联邦德国基本法与德国的统一》，载《武汉大学学报（哲学社会科学版）》2010 年第 5 期，第 723、726 页。

在本案审查范围之内，申诉人没有充分举证。本案可受理的部分是，申诉人主张根据《航空安全法》击落飞机是对其基本权利的侵犯。虽然通常情况下，申诉人的基本权利受到切身、现时且直接的影响时，申诉人才有资格提出申诉。但是当申诉人的基本权利很可能受到基于被诉规定而采取的措施的影响，且申诉人不能或无法合理地采取行动来应对可能的执行行为，亦可以认为上述要求基本得到满足。

（三）被诉规定违宪性

宪法法院首先指出，虽然生命权不受国家干预，但受到法律保留的限制。经由议会正式通过的法律可以干预生命权，前提是该法律必须根据权限而制定，不能侵犯基本权利的实质内容，不能与宪法的基本决定相抵触。

随后，宪法法院论证了被诉规定不符合上述标准的原因。

1. 联邦政府对被诉规定没有立法权限

根据《基本法》第87a条，被诉规定可能的立法权限来源只有两种路径：(1) 基于国防目的；(2) 其他《基本法》明确允许的范围。就第一种路径而言，由于被诉规定涉及的是平民保护而非国防，因此不能据此而享有立法权限。就第二种路径而言，《基本法》第73条第6项规定，联邦对空中交通享有专属立法权；《基本法》第35条第2款第2句和《基本法》第35条第3款也明确允许为抗击自然灾害和特大事故而使用武装部队。由于《航空安全法》的目的之一在于，规范为了有效防御由于重大空中事故引发的危险而支援州警察部队的武装部队使用方式，因此，被诉规定是否具有立法权限应当根据《基本法》第35条第2款第2句和第3款的规定进行判断。

但被诉规定不能以《基本法》第35条为基础。在发生区域性紧急状态时，被诉规定与《基本法》第35条第2款第2句不符，该条禁止武装部队使用特定的军事武器抗击自然灾害和特大事故，而要击落飞机必须使用特定的军事武器。在发生跨区域性紧急状况时，被诉规定与《基本法》第35条第3款第1句不符，该条规定，此时只有联邦政府被明确授予动用武装部队的权力，而联邦政府是一个合议机关，要集体作出决定。然而，《航空安全法》第13条第3款却允许由联邦国防部部长或在代理的情况下有权代理他的内阁成员与内政部部长协商决定。且即使在此种状态中，宪法也不允许武装部队使用典型军事武器。

2. 被诉规定实质上违背了《基本法》关于保护生命权的规定

生命权可以为法律所限制，但是，对于限制基本权利的法律必须在基本权以及与之紧密关联的《基本法》第1条第1款所规定的人格尊严保障的烛照下来理解。人的生命是人的尊严的重要基础，而人的尊严是宪法的支柱性构建原则并拥有最高的宪法价值。尊重和保护人的尊严的义务普遍地排除了将人作为国家行为纯粹的客体，通过公权力对人采取任何从根本上危及其法律主体地位的行为都是被绝对禁止的，这些行为使得人丧失了其基于自身意志以及人之所以为人所具有的价值。根据这些标准，被诉规定不符合《基本法》关于保护人的生命和尊严的规定。

第一，由于飞行中飞机为封闭空间，乘客和机组人员处于典型的绝望境地，他们不能独立于他人而自主地影响自己的生存状态，在这种情况下下令击落飞机的国家仅将这些人视为为了保护他人而采取的防御行动的纯粹客体。

第二，决定执行被诉规定措施的那一刻，实际情况并不总能得到全面和正确的评估。

第三，即使在危险防范领域对未来的预测常常存在不确定性，也不能因此而故意杀害无辜之人，这不符合国家尊重并保护人的尊严的义务。首先，不能假定任何登上飞机的机组人员或乘客都同意国家在发生空中事故时根据被诉规定采取防御措施，将飞机击落并将自己杀害。其次，即使做出了机上无关人员无论如何都会死亡的评估，将飞机击落仍然具有侵犯人的尊严的特征。无论个人生命的长短，人的生命和人的尊严都享有相同的宪法保护，遑论基于事实的不确定性，通常也不能可靠地做出"这些人的生命'反正已经丧失'"的陈述。再次，有观点认为飞机上的人已经成为武器的一部分，因此应当被当作武器来看待。这公然表达出此类事件的受害者不再被视为人，而是被视为某物的一部分观点。又次，被诉规定不能基于个人为了国家整体利益牺牲生命的团结义务而被证成，因为被诉规定不涉及防御旨在消灭共同体、毁坏国家法律与自由秩序的攻击。最后，被诉规定不能以国家对被劫持飞机拟侵害的地面的人有保护义务而被证成。虽然国家在履行保护义务时享有自由裁量权，但自由裁量权的行使应当符合宪法，不能违反国家不得剥夺人的生命的禁令。

但如果飞机上只有恐怖分子，或者该飞机是无人机，则将飞机击落并不违宪。此种情况下，执行被诉规定符合比例原则。然而，即使在此种情况下被诉规定具有合宪性,由于其缺乏立法权限,该规定仍完全违宪,且自始无效。

三、《航空安全法》判决之价值内蕴

或许受该法及该案判决的启发,2016年,一部名为《审判》的德国电影讲述了这样一个故事:恐怖分子劫持了一架载有164位乘客的民航客机,企图撞向正在举办音乐会的慕尼黑安联球场。当时,音乐会现场约有7万名观众。一名空军少校不顾上级的命令,擅自发射导弹击落了这架飞机,后该空军少校被以故意杀人罪提起公诉。这部电影展现了控辩双方激烈的交锋,并创造性地设计了结尾:由观众投票对空军少校做出判决,并观看对应的结尾。据各大媒体报道,德国、奥地利和瑞士三国的观众,约80%认为被告无罪。观众是感性的,我们无法判断如果把音乐会的7万名观众改成700名甚至70名结论会否不同。无论如何,这部电影的问世使得道德两难问题再一次进入了公众视野。

1967年,哲学家菲利帕·福特(Philippa Foot)提出了"电车难题",朱迪斯·贾维斯·汤姆森(Judith Jarvis Thomson)以"电车难题"为基础,又提出了"旁观者视角下的电车难题""天桥难题""器官移植难题"。[1] 被诉规定所假设的情景可称为"电车难题"的又一变体,此处称为"劫机难题"。"劫机难题"涉及的是以提前杀死那些被认为反正也会死亡的少数人的方式拯救多数人。而该案判决则否认了这种选择,认为无论劫机事件的结果如何,都不能击落飞机从而杀死无辜者。哪一种选择是可以被接受的呢?

典型的"电车难题"涉及的是个人,因此可能更接近于道德或伦理判断。虽然包括德国在内很多国家的法律都规定了见死不救罪,从而确立了个人的救助义务,但是法律并未强人所难,要求以牺牲个人的方式去救助他人。在

---

[1] "电车难题"见:菲利帕·福特, The Problem of Abortion and the Doctrine of Double Effect, Oxford Review, No. 5, 1967, pp. 1-7。"旁观者视角下的电车难题"指,甲是一名路人,列车前方的轨道上有五个人、另一条轨道上有一个人,问甲是否要让列车变道;"天桥难题"指,甲和一个胖子在天桥上,天桥下有一列失控的列车,列车的前方有五个人,问甲是否要推下胖子以阻止列车;"器官移植难题"指,甲是一名医生,他的五个病危病人各需要一个新器官,恰好有一个健康人的器官可以和这五个人相匹配,问甲是否要杀死这个健康的人。参见朱迪斯·贾维斯·汤姆森, Killing, Letting Die, and the Trolley Problem, The Monist, vol. 59, issue 2, 1976, pp. 204-217。

上述的影片中，被告作为士兵负有服从命令和法律的义务，作为个人，则没有作出牺牲的义务（承担故意杀人的可能法律后果），他可以不作为。与之不同，本案中做出决定的不是个人，而是国家。站在国家的立场上讨论这一问题，最棘手的地方在于，国家无论如何都要以一种作为或不作为的方式在机上的无辜乘员和可能坠机区域的受害者之间进行选择。在这个意义上，"劫机难题"和"电车难题"亦有相似之处，国家必须做出选择，电车司机也必须做出选择，如果我们认为他可以选择的话。正如施特劳斯所言，价值无涉的政治科学是不可能的，① 国家必须做出价值判断。

按照边沁的功利主义立场，社会利益是由个人利益构成的，国家行为应当最大程度地增加幸福、防止不幸。② 然而，功利主义的困境在于我们很难计算幸福和不幸。即使在"劫机难题"中，我们也很难简单地说，多数人的生命就一定比少数人的生命更有价值，因为得出这样的结论的暗含前提恰恰是生命是有具体价值的，是可以度量的。如果说生命的价值可以度量，我们就必须要面对生命的长度、生命的贡献、生命的罪责、年龄之长幼以及人数之多寡等问题。显然，从功利主义视角出发我们很难做出这样的度量，而从个人主义视角出发，我们很难想象具体生命的具体价值。也正因此，生命才具有最高的价值。

罗尔斯批判了功利主义，并从程序的角度构建了"无知之幕"。"无知之幕"构想了一种原初状态下的正义，在进入现实世界的过程中，罗尔斯提出以四个阶段的序列考虑正义原则的运用，第一是设计一个正义程序，第二是制定宪法，第三是制定法律和政策，第四是规范的具体应用，其中在制定宪法这个阶段必须保护个人的基本自由。③ 基于罗尔斯的正义理论评价"劫机难题"会发现，由于《航空安全法》处于第三阶段，而在此阶段，"人们在立法是否正义的问题上一般来说合情合理地具有各种不同的观点"④，因此必须回归宪法对其进行评价。正如德国《基本法》第19条所规定的，基本权利的

---

① [美] 列奥·施特劳斯：《什么是政治哲学》，李世祥等译，华夏出版社2019年版，第14页。
② Jeremy Bentham, An Introduction to the Principle of Morals and Legislation, Oxford: Clarendon Press, 1907 reprint of 1824 edition, p. 1.
③ [美] 约翰·罗尔斯：《正义论》，何怀宏、何包钢、廖申白译，中国社会科学出版社2009年版，第153-157页。
④ [美] 约翰·罗尔斯：《正义论》，何怀宏、何包钢、廖申白译，中国社会科学出版社2009年版，第156页。

实质内容在任何情况下均不得被侵犯,这无疑也包括生命权。当然,也可以直接以揭开"无知之幕"的方式看待此案。试问,如果恐怖分子劫持的是联邦总理所乘坐的飞机,抑或国防部部长的全家都在飞机上,国防部部长是否还会做出击落飞机的决定?正如上述电影中的情节,当检察官问到如果被告的妻子和儿子在飞机上时他是否还会击落飞机,被告拒绝回答。就此而言,答案不言自明。

诺齐克则从权利本位出发,认为个人是唯一的实体,个人的生命是他拥有的唯一生命,任何人都没有权力将为了他人所做的牺牲强加在个人身上。国家或政府在所有公民面前应是严格中立的。其核心立场依然是康德的绝对命令:个人是目的,而不仅仅是手段。[1] 极端自由主义的立场通常禁止使用暴力伤害无辜的人,但是,在面对"具有威胁的无辜盾牌"时,比如是否可以侵害被绑在侵犯者的坦克前面的无辜者时,诺奇克也提出应适用不同的原则。无论如何,他认为,一种声称以互不侵犯为中心的观点必须在某种意义上明确地解决这些难题,虽然他也没有给出明确的解决方案。[2]

所有的此类难题,都假定了某种必然性。系列"电车难题"均设定了轨道上的人必然会被电车撞死这一条件,"劫机难题"实际上也假定了机上乘员反正都会死。然而,每个人本来不是反正都会死吗?"电车难题"给人直观的感觉是分秒之间。而"劫机难题"设定的时间显然要更长一些。这就让我们不得不讨论时间的问题。

时间有何意义?古希腊哲人赫拉克利特率先进入"变"的范畴,认为时间是第一个有形体的本质,时间是变的第一种形式,时间在直观中是纯粹的变。[3] 近代哲学则着力于"自我"原则的确立。康德认为一切事物作为现象都在时间中,但时间只是人类直观的一个主观条件,超出主观就其自在来说则什么也不是,所以说时间具有先验的观念性。[4] 海德格尔则进一步提出,世界的存在论建构奠基在时间性中,世界既非现存的,也非将存的,而是展现

---

[1] [美] 罗伯特·诺奇克:《无政府、国家和乌托邦》,姚大志译,中国社会科学出版社2008年版,第36-40页。

[2] Innocent shields,指无辜的人自己不是威胁,但是他们所处的局势使他们将被阻止威胁的唯一手段伤害。见前引《无政府、国家和乌托邦》,第42-43页。

[3] [德] 黑格尔:《哲学史讲演录》(第一卷),贺麟、王太庆等译,上海人民出版社2013年版,第294、303页。

[4] [德] 伊曼努尔·康德:《纯粹理性批判》,邓晓芒译,人民出版社2004年版,第37、38页。

在时间性中，如果没有此在，也就没有世界的在"此"。① 换言之，世界也就不"在"。马克思则直接将时间与人改造世界的活动相联系，指出时间对人具有积极意义，它不仅是人的生命的尺度，而且是人的发展的空间。②

实际上，人的主体性与时间紧密相关，在时间中生命才得以展开，未来也才是未来。静观机上形势，只要尚有时间就无法预知未来，犯罪分子是否最终放弃、乘客能否成功自救。这种"不可知"恰恰是对人的主体性的肯认。放眼世间风物，在复杂的、非线性的世界中，只要尚处于事件进程之中，任何一个微小的行为都足以如蝴蝶振翅引起风暴般影响这个世界。

或许人的存在本身没有意义，但人的主体性恰恰在于，自为其意义，而这种意义当然以时间为前提条件。即使被劫持的飞机最后撞向大楼，乘员在弥留之际，回忆其一生，与亲人和解，对身后事进行安排，与世界告别，这都是短暂的时间所可能给其生命带来的巨大价值。这种价值无关于生命剩余时间之长短，甚至恰恰因为时间之短暂而更显价值巨大。而提前击落飞机剥夺了这一主体性和可能性。

问题的本质在于我们应该如何看待人。从普罗泰戈拉的"人是万物的尺度"到笛卡尔的"我思故我在"，再到康德的"人是目的而不是手段"，关于"人是什么"的回答总是紧紧围绕构建主体性这一核心。"人是目的而不是手段"这一基本价值判断，已经成为实证法的基础。技术上的问题在于，如何使哲学判断成为法律标准。首先，人是主体，而非客体。享有尊严的本质内涵就在于，成为主体，而非客体。③ 对于尊严的确定则是从对其之侵害出发，德国的主流观点认可所谓的"客体公式"原则，该原则长久以来为宪法法院所采纳。这一原则奠基于康德的伦理学思想，其内涵为，当具体的人被贬低为客体、纯粹的手段、可代替的数字时，人的尊严就受到了侵犯。④ 在本案中，宪法法院也在处处强调"那些机上乘员被当作了纯粹的客体"，他们没有一丝一毫被作为主体看待。就此而言，结论不言而喻。

因此，沿着康德的主张行进，人类需要"时时勤拂拭"的准则或许就是

---

① Martin Heidegger, Sein und Zeit, 11. Aufl., 1967, Max Niemeyer Verlag, S. 365.
② 中共中央马克思恩格斯列宁斯大林著作编译局：《马克思恩格斯全集》（第三十七卷），人民出版社2019年版，第161页。
③ Epping/Hillgruber, BeckOK Grundgesetz, Hillgruber, Art. 1 Abs. 1, 54. Edition, Rn. 13.
④ Dürig/Herzog/Scholz, Grundgesetz Kommentar, Herdegen, Art. 1 Abs 1, Rn. 36.

至少不将人当成纯粹的手段。

德国联邦宪法法院第一庭 2006 年 2 月 15 日判决要旨

案号：1 BvR 357/05

1. 联邦直接根据《基本法》第 35 条第 2 款第 2 句和第 3 款第 1 句享有立法权，制定关于动用武装部队抗击《基本法》第 35 条第 2 款第 2 句和第 3 款第 1 句所指的自然灾害和特大事故以及联邦与参与各州如何协作的细则。特大事故的概念也包括几乎肯定会导致灾难发生的事件。

2. 《基本法》第 35 条第 2 款第 2 句和第 3 款第 1 句不允许联邦动用武装部队时使用特定军事武器抗击自然灾害和特大事故。

3. 《航空安全法》第 14 条第 3 款授权武装部队直接使用武器击落被用于危害人类生命的飞机，这一授权在击落行为会影响到飞机上与劫机行为无关的人员的范围内，违反了《基本法》第 2 条第 2 款第 1 句规定的生命权和《基本法》第 1 条第 1 款规定的人格尊严保护。

判决正文

德国联邦宪法法院

案号：1 BvR 357/05

宣判日期：2006 年 2 月 15 日

书记员：Achilles

申诉人：

1. 博士 H 先生、2. B 先生、3. 博士 F 先生、4. H 博士、5. T 先生、6. A 先生

其中第 2 至第 6 位申诉人委托 Burkhard Hirsch 博士作为代理人，地址 Rheinallee 120，40545 Düsseldorf。

审判员：

联邦宪法法院院长 Papier

法官

Haas、Hömig、Steiner、Hohmann-Dennhardt、Hoffmann-Riem、Bryde、Gaier

联邦宪法法院第一庭以人民的名义就针对 2005 年 1 月 11 日的《航空安全法》(发布于《联邦法律公报 I》, 第 78 页) 第 14 条第 3 款提起的宪法申诉基于 2005 年 11 月 9 日的言辞辩论通过判决宣判如下:

1. 2005 年 1 月 11 日的《航空安全法》第 14 条第 3 款(《联邦法律公报 I》第 78 页), 因违反《基本法》第 2 条第 2 款第 1 句、第 87a 条第 2 款、第 35 条第 2 款和第 3 款、第 1 条第 1 款而无效。

2. 德意志联邦共和国赔偿申诉人的必要费用。

判决理由

A

该宪法申诉针对《航空安全法》中的规定,该规定授权武装部队直接使用武器击落被用于犯罪武器、对人的生命构成威胁的飞机。

I

1. 2001 年 9 月 11 日,在美国,四架美国航空公司的客机被一个国际恐怖组织劫持并坠毁。其中,两架飞机撞向纽约世界贸易中心,一架飞机撞向美国国防部所在的五角大楼。可能受机上乘客的干预,第四架飞机飞行线路发生变化,在宾夕法尼亚州匹兹堡东南部坠毁。这次袭击导致了机上、世界贸易中心和五角大楼所在区域共计 3000 多人死亡。

2. 2003 年 1 月 5 日,一名武装男子劫持了一架运动飞机,在法兰克福银行区上空盘旋并威胁说,如果不让他往美国拨打一通电话,就将飞机撞向欧洲中央银行大楼。一架警用直升机和两架空军战斗机包围了该飞机。警方拉响了重大警报,法兰克福内城被清空,高层建筑被疏散。劫持事件发生约半小时后,才清楚劫持者只是一个疯子。要求被满足后,他降落在莱茵-美因机场,未作抵抗被捕。

这两起事件促生了许多措施,其目的在于阻止对民用航空的非法攻击,提高民用航空的整体安全性,并在民用航空器落入那些试图将其滥用于航空以外目的的人之手时,防御该危险(关于航空器一词的概念,参见《航空交通法》第 1 条第 2 款,1999 年 3 月 27 日《联邦法律公报 I》公布的版本,第

550页)。

a) 2002年12月16日,欧洲议会和欧盟理事会通过了第2320/2002号条例《民用航空安全的通用规定》(2002年12月3日《欧洲共同体公报》第L355号,第1页),其后于2004年4月29日为(欧洲共同体)第849/2004号条例(2004年4月30日《欧洲共同体公报》第L158号,第1页)所修订。[①] 它规定在欧洲共同体成员国领土内的机场应采取广泛的空中交通安保措施。其中包括明确国家机场规划的要求,对所有向公众开放的机场区域进行监控的规定,对飞机、人员、携带物进行检查的规定,对乘客和行李的管控规定,还有关于招募和培训飞行人员、地勤人员的国家项目的要求。

b) 德意志联邦共和国已在事实上和法律上采取了措施,旨在加强空中交通的安全性并保护其免受攻击。

aa) 自2003年10月1日起,国家空域安全指挥基地在德国下莱茵区Kalkar市建成并投入使用。作为确保德国空域安全的中央信息枢纽,它旨在确保所有与航空安全有关的联邦机关和各州机关之间进行协调及快捷的合作。在这里,联邦国防军、联邦警察和德国航空安全有限公司[②]成员控制着德国空域。该中心的主要任务是避免所谓的"叛变飞机"带来的危险;"叛变飞机"指的是被人暴力控制并被作为武器滥用于有目的坠机的民用飞机。当把飞机定性为"叛变飞机"之后,无论是北大西洋公约组织还是德国国家空域安全指挥基地做出该定性,在德国空域,采取必要的防御措施是德意志联邦共和国主管部门的责任。

bb) 这些措施的法律依据包含在2005年1月11日通过的《关于航空安全任务新规定的法律》中(《联邦法律公报Ⅰ》第78页)。

aaa) 这一联邦参议院认为需要批准但并未批准的法律(参阅《联邦参议院公报》第716/04号决议),统合了迄今为止《航空交通法》中关于防御航空安全外部危险的规定以及其他与此相关的规范内容,并贯彻了欧洲议会和欧盟理事会2002年12月16日通过的第2320/2002号条例《民用航空安全的通用规定》(参见《联邦议院公报》第15/2361号,第14页)。该法第一条包

---

① 2009年生效之《里斯本条约》在法律上明确,以"欧盟"概念取代"欧洲共同体"概念,本案判决作出之时法律文件中依然使用"欧洲共同体"之概念,特此说明。
② 德意志联邦共和国全资控股的公司,提供航空安全方面的服务。

括了作为新规定核心的《航空安全法》。

（1）根据《航空安全法》第1条，该法目的在于防止对空中交通安全的攻击，尤其是防止劫机、破坏活动和恐怖袭击。根据该法第2条，航空安全当局的任务是保护空中交通安全免受攻击。根据《航空安全法》第3条，除《航空安全法》第5条对权限另有规定外，航空安全当局应采取必要措施，防御个案中存在的威胁空中交通安全的危险。

这赋予了航空安全当局针对人员和物品的广泛检查和搜查的权限，以确保未向公众开放的机场区域的安全。《航空安全法》第7条赋予了航空安全当局对那些基于职业原因而接触飞机运营和机场运营的人员开展可靠度调查的权力。《航空安全法》第8条和第9条规定了机场运营人员和航空承运人员保护空中交通安全免受攻击的特殊义务。《航空安全法》第11条禁止携带特定物品进入飞机。第12条还规定了负责的飞行员维持机上安全与秩序的职责和权力。

根据《航空安全法》第16条第2款的规定，航空安全当局的任务原则上在联邦政府的委托下由各州执行。与之相反，依据《航空安全法》第5条所规定的保护空中交通安全免受攻击的责任，按照《联邦警察法》第4条的规定属于联邦警察，前提是存在《航空安全法》第16条第3款第2句和第3句所规定的要件。根据《航空安全法》第16条第3款第2句和第3句，为了确保在全国范围内统一执行安保措施，必要时，航空安全当局的任务可以由联邦内政部指定的联邦当局以联邦自我行政的形式执行，但《航空安全法》第9条第1款规定的任务不在此列。

（2）《航空安全法》第13条至第15条以"武装部队支援和协助"为标题，构成特殊的第三章。根据《航空安全法》第13条第1款，当基于一项重大空中事故而导致在危险防御的框架内有理由认为，将会发生《基本法》第35条第2款第2句或者第3款指涉的特大事故，为了有效抗击确有必要时，可以动用武装部队，在空域支援各州的警察部队以防止特大事故的发生。在发生《基本法》第35条第2款第2句所谓的区域性紧急状态时，由联邦国防部部长或在代理情况下有权代理他的内阁成员，应有关各州的请求，决定动用武装部队（《航空安全法》第13条第2款），在发生《基本法》第35条第3款所谓的跨区域紧急状态时，则由联邦政府与有关各州协商决定（《航空安全法》第13条第3款第1句）。如果联邦政府无法及时做出决定，则由联邦国防部部长或在代理情况下有权代理他的内阁成员和联邦内政部部长协商决定（《航空安全法》第 13 条第 3 款第 2 句）。根据《航空安全法》第 13 条第 4 款第 2 句，武装部队在投入使用中提供的支援应当符合《航空安全法》的规定。

据此允许采取的措施和选择具体措施的原则则由《航空安全法》第 14 条和第 15 条规定。根据《航空安全法》第 15 条第 1 款，为了避免特大事故发生，只有当飞机具有引发此种事故的危险，武装部队已经在空中对其进行了检查，实施警告并促使其改变航向而未果时，才允许采取《航空安全法》第 14 条第 1 款和第 3 款所规定的措施。如果满足此项要求，依据《航空安全法》第 14 条第 1 款武装部队可以在空中驱逐飞机、迫使他们降落、威胁使用武力或射击示警。具体选择上述措施的哪一项受比例原则的限制（《航空安全法》第 14 条第 2 款）。只有当上述措施依然无法防止发生特大事故时，才允许根据《航空安全法》第 14 条第 3 款使用武器直接击落飞机。且仅在根据情况可以判断飞机将被用于杀人，并且直接击落飞机是防御现时危险的唯一手段时，方可如此。根据《航空安全法》第 14 条第 4 款第 1 句，联邦国防部部长或在代理情况下有权代理他的内阁成员独自负责下达击落的命令。

bbb）在立法过程中——不考虑那些针对《航空安全法》第 14 条第 3 款的实质合宪性而表达的疑虑，主要争议是《航空安全法》第 13 条至第 15 条是否符合《基本法》第 35 条第 2 款第 2 句和第 3 款的规定。联邦政府和执政党议员在联邦议院中对此进行了确认（参见《联邦议院会议纪要》第 15/89 号，第 7882-7883 页，第 7886 页 A 段，第 7900 页 C 段），但反对党代表对此予以否认（参见《联邦议院会议纪要》第 15/89 号，第 7884 页，第 7890-7891 页）。在联邦议院内政委员会举行的专家听证会中，对此问题表达的观点也具有争议（参见 2004 年 4 月 26 日第 15/35 号会议记录）。在参议院表达的观点亦复如此（委员会多数派观点请参阅《联邦参议院公报》第 827/1/03 号，第 1 页及以后，以及《联邦参议院公报》第 509/1/04 号，第 13-14 页中的建议）。

对宪法基础的不同评估也反映在以下事实中：各州（主要参见《联邦参议院公报》第 181/04 号）和基民盟/基社—议会党团（参见《联邦议院公报》第 15/2649 号；第 15/4658 号）反复提交了法案，计划修改《基本法》第 35 条和第 87a 条。然而《基本法》并未被修改（参见《联邦议院会议纪要》第 15/115 号，第 10545 页）。

ccc）《航空安全法》第 13 条至第 15 条中有关武装部队支援和协助的规定如下：

第 13 条　联邦政府的决定

（1）当基于一项重大空中事故而导致在危险防御的框架内有理由认为，将会发生《基本法》第 35 条第 2 款第 2 句或者第 3 款指涉的特大事故，为了有效抗击确有必要时，可以动用武装部队，在空域支援各州的警察部队以防止特大事故的发生。

（2）基于《基本法》第 35 条第 2 款第 2 句而动用武装部队的决定，由联邦国防部部长或在代理情况下有权代理他的内阁成员与内政部部长应有关各州的请求而做出。如果需要立即采取行动，则必须立即通知联邦内政部。

（3）基于《基本法》第 35 条第 3 款而动用武装部队的决定，由联邦政府与有关各州协商做出。如果联邦政府无法及时做出决定，则由联邦国防部部长或在代理情况下有权代理他的内阁成员与联邦内政部部长共同决定。联邦政府的决定应毫不迟延地做出。如果需要立即采取行动，必须立即通知有关各州和联邦内政部。①

（4）细则由联邦和各州规定。武装部队的支援依照本法规定进行。

第 14 条　使用措施与命令权限

（1）为了防止发生特大事故，武装部队可以在空中驱逐飞机、迫使他们降落、威胁使用武力或射击示警。

（2）在多种可能的措施中，应该选择一种对个人和公众预计损害最小的措施。该措施仅能在为实现其目的所必要的时间和范围内被执行。它不能造成与其所追求的效果明显不成比例的不利后果。

（3）仅在根据情况可以判断飞机将被用于杀人，并且直接击落飞机是防御现时危险的唯一手段时，方允许击落。

（4）根据第 3 款采取的措施只能由联邦国防部部长或在代理情况下有权代理他的内阁成员下达命令……

第 15 条　其他措施

（1）第 14 条第 1 款和第 3 款的措施只能在检查、实施警告并促使其改变航向而未果时采取。基于此目的，武装部队可应航空安全主管部门的请求对飞机在空中进行检查、促使其改变航向或警告。

---

① 《航空安全法》第 13 条第 3 款第 2 句、第 3 句为宪法法院于 2013 年 3 月 20 日作出的第 2 BvF 1/05 号裁定宣布违宪并因此无效。

(2) ……空军检查员必须毫不迟延地将可能导致需要按照第 14 条第 1 款和第 3 款采取措施的情况通知联邦国防部部长。

(3) 官方援助的其他规定和原则不受影响。

II

申诉人直接针对《航空安全法》提起宪法申诉,因为它允许国家故意杀害那些犯罪行为的受害者,而他们并非罪犯。在满足法律规定的条件下授权击落飞机的《航空安全法》第 14 条第 3 款侵犯了受害者基于《基本法》第 1 条第 1 款、第 2 条第 2 款第 1 句和第 19 条第 2 款享有的权利。[①]

1. 该宪法申诉是可以受理的。被诉规定将直接侵害申诉人的基本权利。由于他们出于私人和工作原因经常乘坐飞机,使得他们受《航空安全法》第 14 条第 3 款所规定的措施影响不只具有理论上的可能性。

2. 该宪法申诉也具有合理性。《航空安全法》侵犯了申诉人根据《基本法》第 1 条第 1 款和第 2 条第 2 款第 1 句所享有的基于人格尊严和生命的基本权利。这使他们成为国家行为的纯粹客体。他们生命的价值及其维持将由联邦国防部部长基于数量和他们"视情况"而定的预期生存时间的考量而酌情决定。如果国防部部长根据他所掌握的信息认为,他们的生命只能再存续很短的一段时间并且和可能面临的损失相比不再有价值或者只有很少的价值时,他们将在紧急情况下牺牲。

国家不应通过故意杀害少数人来保护多数人,在这里少数人指的是机组人员和飞机上的乘客。像这样根据一方面可能影响多少人,另一方面可能影响多少人,从数量出发对生命进行权衡是不被允许的。国家不应该因为杀死的人数少于因杀人而可以拯救的人数而杀人。

将乘员视为作为武器飞机的一部分,并不能证成乘员生命权的相对化。这样的主张使得乘员成为国家行为的纯粹客体,剥夺了他们的人格和尊严。

同样,《基本法》第 2 条第 2 款第 3 句中的法律保留也不会导致任何其他结论。[②]《基本法》第 19 条第 2 款的实质内容保障排除了通过故意毁灭肉体的

---

① 以下均为申诉人之主张。
② 即《基本法》第 2 条第 2 款第 3 句中的法律保留不能证成《航空安全法》的合宪性。法律保留,此处指基本权利限制的法律保留,是指对于基本权利的限制必须由法律来规定,或者说公权力对于基本权利的限制行为必须有法律的授权。张翔:《基本权利的体系思维》,载《清华法学》2012 年第 4 期,第 35 页。

方式对生命权的侵犯。

申诉人的基本权利——生命权和人格尊严也受到了侵犯，因为《航空安全法》和基于该法而在境内动用联邦国防军因违反《基本法》第87a条而违宪。《基本法》第87a条第2款所规定的条件未被满足。《航空安全法》第13条至第15条无法由《基本法》第35条第2款和第3款获得正当性。上述条文希望建立局部战争法以克服无望的困难局势。但是，联邦国防军在境内以军事手段进行的作战行动不在《基本法》第35条的范围之内。

动用武装部队不属于各州政府的责任，亦未根据州警察法，而是根据联邦法律的新规定进行，这也与《基本法》第35条第2款和第3款不符。根据所有州的警察法，不得故意杀害那些在警察法意义上的旁观者。尽管立法者将《航空安全法》第13条第1款中动用联邦国防军称为行政协助，并以和平年代的命令权证成国防部部长根据《航空安全法》第13条第2款享有的职权，但违背《警察法》而杀死无辜者这一结果不能通过《航空安全法》第13条第4款第2句的规定，以《航空安全法》中的规定取代各州的《警察法》的方式而被规避。

此外，《航空安全法》第14条第3款不符合宪法，因为《航空安全法》的制定未经联邦参议院同意。根据《基本法》第87d条第2款，该法须经联邦参议院同意，因为该法所修改之条文，曾将空中交通管理权转移至各州。当一部法律包含或会包含需要同意的部分，则参议院的同意不仅仅是及于该法的个别条款，而是及于整部法律。

III

德国联邦议院、联邦政府、巴伐利亚州政府、黑森州政府、德国联邦国防军协会、飞行员工会和德国独立空乘组织对宪法申诉提出了书面意见。

1. 德国联邦议院认为被诉规定具有合宪性

a) 被诉规定基于《基本法》第35条第3款第1句而获得宪法基础。该条意义上的特大事故这一概念包含人为引起的事件。而且此种事故也不需要已经发生。只要迫在眉睫即可满足条件。《航空安全法》中指称的事故威胁到跨州的区域。联邦领土被划分成如此小的单位，以至于以巡航速度飞行的飞机会不可避免地越过几个联邦州的边界。

该法律没有违反《基本法》第1条规定。在采取《航空安全法》第13条至第15条所规定的措施时，并非国家剥夺机上乘员的尊严并把他们变成客体，国家仅仅是在被动反应，相反，是那些劫持飞机的人，他们不仅想杀死飞机上的人，还想将他们作为工具利用其死亡造成更多人的死亡。国家只有否认相关人的主体性，并因之表明其蔑视人之为人的价值，才更接近陷于违背《基本法》第1条。然而《航空安全法》并不涉及这一点。《航空安全法》所涉及的是，在如此绝望的境况中立法者仍然努力尝试确立一个法律框架。

《基本法》第2条第2款第1句也没有被违反。虽然被劫持的飞机上的机组人员、乘客、飞机劫持者的基本生命权受到最严重的干预。但这却是合宪的。《基本法》第2条第2款第3句明确允许剥夺人的生命。当立法者基于希望不会发生但却现实存在的危险而制定规则，允许武装部队杀死更少的人以避免更多人的死亡之时，实际上决定性的问题在于，基于《基本法》第2条第2款第1句，这部法律是否确保了只在极端情况下动用武装部队。对此的回答是肯定的。在人口稠密且面积相对较小的德国，选择适用《航空安全法》第14条第3款几乎是不可想象的。①

《航空安全法》亦不会违反《基本法》第19条第2款的实质内容保障。其对可以想象的最严重侵害设定了高门槛。由此可以保证，仅在受害者的数量起码以一定的概率限于机上乘员时，最终才能击落客机。

立法机关只能选择不作为，或者勉为其难在几乎无法规范之处提供规范。2001年9月11日模式的恐怖主义与刑法意义上的正当防卫和紧急避险不同。在这种情况下，法律使责任人的行为合法化，造成的后果是，责任人通过合法的行为制造不法的结果，以避免更严重的不法结果。因此，《航空安全法》第14条第3款为国防部部长和执行命令的士兵创制了一个个人的、与职务相关的正当化理由。

b) 德国联邦议会党团绿党在补充声明中表示，如果击落客机不会导致无关的人死亡，则他们同意《航空安全法》第14条第3款的规定。该规定没有从根本上创造新的正当化构成要件。否则，对生命权这一基本权利的法律意识将被以危险的方式削弱。

《航空安全法》第14条第3款没有在人的生命与生命之间进行定量或定性的权衡。当飞机上仅有希望通过自己的行为造成特大事故的"妨害者"时，

---

① 即由于德国人口稠密且面积相对较小，如果出现了需要适用《航空安全法》第14条第3款的劫机事件，那么这种情况一定是非常极端的。

击落飞机无论如何都为《基本法》所允许。相反,故意杀害无关的人则为《基本法》第 2 条第 2 款第 1 句和第 1 条第 1 款所禁止。在国家和公共利益的存在受到威胁时,个人不应承担为了维护国家和公共利益而做出牺牲的义务。当一架客机被使用为武器时,乘客和机组人员要求国家不得侵害其生命权的权利,不应让步于国家针对那些由于击落飞机而被威胁的地面上的人的保护义务,这项保护义务同样源于他们的生命权。[①]

2. 联邦政府也认为,被诉规定符合宪法

通过《航空安全法》,国家履行其对每个人生命的保护义务。一如本案之情形,如果一个人的生命权和另一个人的生命权相互冲突,则应由立法者来确定保护生命的方式和范围。主管部门必须尽职行使裁量权来决定所采取的具体措施。此时对机上乘客的基本权利的积极侵害具有异乎寻常的重要性。但是对第三人而言,当相同的法益也就是他们的生命权被直接威胁时,并不能理所当然地认定可以不履行对他们的保护义务。防御功能并不优先于保护功能。因此为了实现后者,立法机关可以规定,针对一个现时的对生命的攻击进行反击,即使这种反击会引起其他人的死亡或者比如说由于飞机坠落而使其他人遭受危险。在此意义上没有进行生命与生命之间的权衡。

如同比例原则未被违反一样,《基本法》第 2 条第 2 款第 1 句的实质内容也未受侵害。尤其是以所有可能的事件经过为基础,《航空安全法》第 14 条的严格规定排除直接击落存在无关人员的飞机。这是因为,对于即将发生的特大事故,该条要求规范意义上的最高确定性。同时也避免在人口稠密的德国发生更严重的损失。

还应考虑到,在《航空安全法》第 14 条第 3 款的情况下,当飞机被用作武器时,飞机上的乘员实际上如同武器的一部分一样。考虑到空中交通受到的现时威胁,乘员在乘坐空中交通工具时即意识到危险并自己置身于此危险之中。只有国家按照《航空安全法》第 14 条第 3 款行事,才能至少挽救一部分受到威胁的生命。在此种特殊情况下,为了挽救生命,可以牺牲那些无法

[①] 即生命权的防御功能不应该让步于国家的保护义务。防御功能指,相对于国家来说,公民行使基本权利不需要任何正当化理由,而国家限制公民的基本权利在宪法上则必须具有正当性。根据国家保护义务理论,既然宪法规定基本权利的最根本目的就是实现公民的自由与平等,那么当公民基本权利遭到私法主体(私人)的侵害时,国家有义务采取积极有效的保护措施。陈征:《基本权利的国家保护义务功能》,载《法学研究》2008 年第 1 期,第 51—52 页。

与武器分开并因此反正无法得救的人。

《航空安全法》也保护了人的尊严。被击落飞机上的乘员之人格尊严受到尊重。他们被迫成为威胁他人生命的武器的一部分。因为欠缺采取其他措施防御攻击的可能性，国家只能采取这样的手段针对他们。可能被危及的第三人在人格方面亦未受到侵犯。该法的所有规定均服务于对第三人的保护。

并且，《航空安全法》也符合《基本法》关于立法权限的规定。涉及动用武装部队的问题时，联邦立法权源自《基本法》第 73 条第 1 项和第 6 项。联邦还具有航空安保管理权限。根据《基本法》第 87d 条第 1 款第 1 句的规定，联邦直接负责的空中交通管理职责也包括通过联邦机构确保空中交通安全的职责。这一行政管理权限来自《基本法》第 87a 条第 1 款和第 2 款以及第 35 条第 2 款和第 3 款。《航空安全法》中所规定的武装部队的使用是在《基本法》第 35 条第 2 款和第 3 款避免发生紧急状态的框架内进行的。

在警察防御危险时对各州提供支援，基于武装部队的这一功能，无法得出必须始终适用州法律。为了提供支援而有必要使用武器这一点不会导致支援落入《基本法》第 87a 条第 1 款的规范范围内。

根据《航空安全法》第 13 条至第 15 条，动用武装部队旨在避免《基本法》第 35 条第 2 款和第 3 款指涉的特大事故。使用飞机杀人可能会导致此类事故。即使是故意使用飞机杀人，也不妨碍这一点。这种事故亦无须已经发生。

《航空安全法》不需要联邦参议院的批准。对于《关于航空安全任务新规定》的法律中的其他规定亦是如此。

3. 巴伐利亚州政府和黑森州政府发表了联合声明，依照其观点，宪法申诉是合理的。被诉规定违反《基本法》第 87a 条第 2 款与第 35 条第 2 款第 2 句和第 3 款。

该规定不在《基本法》第 35 条第 2 款第 2 句和第 3 款涵盖的联邦立法权范围内。据此规定，武装部队只能用于支援各州执行警察任务，并且只能行使州法律赋予他们的权力。《航空安全法》授权联邦政府根据联邦法律动用联邦国防军防御危险与前述规定不符。联邦政府基于《基本法》第 73 条第 1 项和第 6 项享有的专属立法权不能对抗《基本法》第 87a 条第 2 款。

《航空安全法》第 13 条至第 15 条还允许出于预防目的而动用武装部队，这也与《基本法》第 35 条第 2 款和第 3 款不符。宪法只允许在已经发生特大事故时提供武装部队支援。而且《航空安全法》第 14 条第 4 款规定的命令权限并未考虑，在《基本法》第 35 条第 3 款规定的情形下，联邦政府系以合议机关的形式授权做决定。①

据此，《航空安全法》第 13 条及以下诸条违宪，因为联邦偏离了《基本法》第 87a 条第 2 款及第 35 条第 2 款第 2 句和第 3 款的框架，这使得无须考虑基本权利是否受到侵犯。需要提前予以指出的是，申诉人的下述观点不被认同，即《基本法》第 2 条第 2 款第 1 句和第 1 条第 1 款绝对禁止为了避免发生特大事故而对被劫客机使用武器。

4. 德国联邦国防军协会对被诉规定的合宪性表示怀疑。《航空安全法》第 13 条及以下诸条规定的职责不涉及军事国防。相反，它涉及警察的危险防御职责。对此，联邦国防军缺乏必要的授权。宪法申诉正确地指出，《基本法》第 35 条第 2 款不包括以战时的方式、军事的手段在境内动用武装部队。

此外，基于宪法的明确性原则，《航空安全法》第 14 条第 3 款也存在问题。该规定没有为它所设定的生命与生命之间的权衡提供精确的标准。这导致被迫执行任务的士兵陷入服从命令的义务与其高度个人化的良知之间的严重冲突中。一个可靠的使士兵免于刑事调查和民事责任的规定是缺位的，包括面对外国法庭时亦是如此。

5. 飞行员工会认为宪法申诉是有根据的。《航空安全法》第 14 条第 3 款允许对无关者使用致命武力，其适当性和必要性值得怀疑。叛变袭击的恐怖主义结果取决于许多不可估量的因素。仅就空中交通的实际过程而言，对《航空安全法》第 13 条第 1 款意义上的重大空中事故进行确认是非常困难的，并且几乎是很难肯定的。通过根据《航空安全法》第 15 条第 1 款的规定进行检测而获得的发现，即使在理想的天气条件下也是模糊的。劫机者的可能动机和劫机的目标直到最后一刻都难以确定。鉴于可用时间太短，在有疑问时，基于确定事实支撑而做出适用《航空安全法》第 14 条第 3 款的决定已经太晚。因此，《航空安全法》第 13 条至第 15 条的构想只有在一开始就过度反应时才起作用。

6. 德国独立空乘组织赞同宪法申诉中所提出的疑虑。从任何法律角度来看，击落民用飞机都是不合法的。尽管《航空安全法》提高空中交通安全和

---

① 而《航空安全法》允许个别部长做出此种决定。

强化平民保护免受恐怖袭击的目标得到支持。但是，还有很多其他选择未被穷尽。

此外，还存在一种危险，那就是机上局势被地面错误地评估。实际上对于是否满足《航空安全法》第 14 条第 3 款所规定的条件，地面几乎不可能准确评估。联邦国防部部长下令击落飞机所需的信息并非来自飞机上的直接危险区域。飞行员从机舱乘务员那里获得的只是间接信息，而他们可能为恐怖分子所控制。除此之外，机上情况瞬息万变，并且由于通信渠道较长，这些情况无法被足够迅速地通知地面。

IV

在言辞辩论中，申诉人、德国联邦议院、联邦政府、巴伐利亚州政府与黑森州政府、德国联邦国防军协会、飞行员工会和德国独立空乘组织补充并深化了其书面陈述。联邦内政部部长和德国联邦议会的议会团体代表们就《航空安全法》第 14 条第 3 款的辐射范围发表了部分不同意见。此外，德国航空安全有限公司和联邦国防军喷气式战斗机机组人员协会对被诉规定及其适用中的事实问题发表了意见。

B

宪法申诉是可以受理的。

I

但是认为《航空安全法》需要获得联邦参议院同意，而其未获同意，以此为由认为被诉规定与《基本法》不符，这一申诉是不被允许的。

申诉人根据《基本法》第 87d 条第 2 款提出此项申诉。根据该条，通过需要获得联邦参议院同意的联邦法律，可以将空中交通管理职责作为委托行政任务（Auftragsverwaltung）委托给各州。申诉人并未聚焦于《航空安全法》或《关于航空安全任务新规定的法律》中的其他条文可能导致这样一种任务委托。申诉人更多的是在主张，将空中交通管理职责移交给各州的规定需要获得联邦参议院同意，而该法律已经改变了这些规定，因此需要得到联邦参议院的同意。然而宪法申诉没有明确，哪些包含根据《基本法》第 87d 条第 2 款应获得参议院同意的内容的条文为当前通过的法律所修订，也没有明确，根据联邦宪法法院关于这一条的判例，在何种程度上这一修订法律需要获得联邦参议院的同意（参见《联邦宪法法院判决汇编》97，198<226-227>）[1]。在这方面，申诉不符合《联邦宪法法院法》第92条以及第23条第1款第2句第一半句规定的提出宪法申诉所必须具备的要件（参见《联邦宪法法院判决汇编》99，84<87>；109，279<305>）。

II

相反，下述申诉是可以受理的，申诉人主张其基于《基本法》第1条第1款和第2条第2款第1句享有的权利受到了侵犯，因为《航空安全法》第14条第3款允许武装部队在满足规定条件时按照第13条至第15条所规定的标准击落飞机，即使飞机上有人，而这些人被那些试图将飞机用于杀害他人生命的人暴力挟持。

1. 申诉人的申诉仅限于这一规定的内容。对于《航空安全法》第14条第1款、第2款和第4款以及第15条中提及的措施，他们没有提出独立的申诉。这些规定以及主要包含程序性内容的《航空安全法》第13条仅在下面的意义上被提及，即这些条款是《航空安全法》第14条第3款所规定措施的前置条款，并且指向该措施。

2. 就被诉规定提出申诉的方式而言，申诉人有权提出申诉。

a）直接针对一部法律提出的宪法申诉，如本案这样，其申诉资格要求，申诉人的基本权利应受到被诉规定切身、现时且直接的影响（参见《联邦宪法法院判决汇编》1，97<101及以后>；109，279<305>；持续性判例）。当申诉人表明，申诉人的基本权利很可能受到基于被诉规定而采取的措施的影响，则提起宪法申诉所需要的切身且现时的影响要件就基本得到满足（参见《联邦宪法法院判决汇编》100，313<354>；109，279<307-308>）。直接影响的要件亦得到满足，当被诉规定无须执行行为即足以改变申诉人的法律地位时（参见《联邦宪法法院判决汇编》97，157<164>；102，197<207>）。如果申诉人不能或无法合理地采取行动来应对可能的执行行为，亦可以认为直接影响这一要件得到满足（参见《联邦宪法法院判决汇编》100，313<354>；109，279<306-307>）。

b）根据这些原则，申诉人有权提出申诉。他们已经可靠地证明，出于个人或职业原因，他们经常使用民航飞机。

---

[1] 括号内"< >"的含义为该文件起始页码<被引内容所在页码>，下同。

aa）因此，他们申诉的《航空安全法》第 14 条第 3 款的规定很有可能会切身且现时地影响他们的基本权利。与《航空安全法》第 14 条第 1 款的措施和第 15 条第 1 款的其他措施相比，基于第 14 条第 3 款使用军事力量干预飞机意味着达成使涉事飞机在必要时坠毁的目的。

申诉者受到影响的事实没有因为在宪法申诉中被提出的下述观点而受到质疑，即当飞机上的人——机组人员和乘客，对该条意义上危险的引起并不负责任时，《航空安全法》第 14 条第 3 款不适用。《航空安全法》第 14 条第 3 款的措辞没有反映出对条款适用范围的此种限制。相反，立法理由表明，根据《航空安全法》第 14 条第 3 款，未引起特大事故危险的人也可能受到直接击落飞机的影响。立法理由明确提到了机上乘员由于袭击者而遭受的生命威胁，并没有区分乘员是袭击者还是受害者（参见《联邦议院公报》第 15/2361 号，第 21 页关于第 14 条的内容）。这表明，《航空安全法》第 14 条第 3 款的适用也会影响飞机上的无辜人员。

此外，在德国联邦议院关于修订航空安保任务的法律草案的审议中也以此为出发点（参见，特别是自由民主党议员 Burgbacher，社会民主党议员 Hofmann 在 2004 年 1 月 30 日第 15 届联邦议院第 89 次会议的声明，《联邦议院会议纪要》第 15/89 号，第 7887-7888 页，第 7889 页；无党派议员 Pau 在 2004 年 6 月 18 日第 15 届联邦议院第 115 次会议的声明，《联邦议院会议纪要》第 15/115 号，第 10545 页；绿党议员 Ströbele 的声明，《联邦议院会议纪要》第 15/89 号，第 7893-7894 页；联邦议院内政委员会在听证会上的意见参见 2004 年 4 月 26 日的会议记录，第 15/35 号，第 11-12 页，第 22，33，43，44，57-58，66-67，85-86，94-95，111-112 页）。在联邦宪法法院言辞辩论中，德国联邦议院的代表们在很大程度上也确认，《航空安全法》第 14 条第 3 款不仅涉及机上只有罪犯的情况。至少从理论上讲，该规定还针对飞机上存在无辜人员的空中事故的情形。

bb）申诉人受到直接影响的要件在这种情况下也是满足的。不能期待申诉人等到自己成为《航空安全法》第 14 条第 3 款规定的受害者时才允许其起诉。

C

宪法申诉具有正当性。《航空安全法》第 14 条第 3 款与《基本法》第 2

条第 2 款第 1 句、第 87a 条第 2 款及第 35 条第 2 款和第 3 款不符并且无效。

I

《基本法》第 2 条第 2 款第 1 项将生命权作为自由权予以保障（参见《联邦宪法法院判决汇编》89，120<130>）。基于这项权利，每个人的生物与物理存在，自出生时起至死亡时止，都不受国家干预，无论其生活条件、身体和精神状态如何。每个人的生命都具有同等价值（参见《联邦宪法法院判决汇编》39，1<59>）。尽管此权利在宪法秩序中具有最高价值（参见《联邦宪法法院判决汇编》39，1<42>；46，160<164>；49，24<53>），但根据《基本法》第 2 条第 2 款第 3 句亦受到法律保留之限制。因此，通过议会正式通过的法律可以干预基本生命权（参见《联邦宪法法院判决汇编》22，180<219>）。但是，其前提在于，该等法律在所有方面均符合《基本法》的要求。它必须是根据权限制定的，根据《基本法》第 19 条第 2 款不侵犯基本权利的实质内容，并不得与宪法的基本决定（Grundentscheidung der Verfassung）相抵触。[1]

II

被诉之《航空安全法》第 14 条第 3 款不符合上述标准。

1. 这一条款不仅侵犯了根据《航空安全法》第 14 条第 3 款采取措施而受影响的机组人员、乘客基于《基本法》第 2 条第 2 款第 1 句而享有的基本生命权的保护范围，也侵犯了那些该规定意义上企图使用飞机危害人类生命的人的生命权保护范围。根据《航空安全法》第 14 条第 3 款的授权使用武器击落飞机的做法实际上会导致其坠毁。这反过来几乎肯定会导致飞机上的所有人死亡。

2. 此种侵犯无法获得宪法上的正当性。《航空安全法》第 14 条第 3 款在形式上未能获得联邦立法权的支撑（以下简称 a）。不仅如此，从实质层面来看，该规定也违反了《基本法》第 2 条第 2 款的规定，它不仅涉及那些将飞机滥用作武器的人，而且涉及那些对引起《航空安全法》第 14 条第 3 款所规定的重大空中事故没有责任的人员。（以下简称 b）

---

[1] 宪法的基本决定，其含义为，基本权利首先是公民对抗国家的防御权，同时也包含了作为宪法基本决定的客观价值秩序，这种价值秩序被视为基本法的基本决定，贯彻于所有法律领域。参见德国联邦宪法法院第 1 BvR 400/51 号判决，即著名的"吕特案"判决。张翔：《基本权利的双重性质》，载《法学研究》2005 年第 3 期，第 23 页。

a）联邦政府对被诉规定没有立法权限。

aa）《航空安全法》第14条第3款是《航空安全法》第三章规定的一部分。这一章以"武装部队支援和协助"为标题，清楚地表明，对于《航空安全法》第13条至第15条规定的武装部队使用，主要不是为了履行联邦政府自身的职责，而是"在防御危险的框架内"和"支援各州警察"（《航空安全法》第13条第1款）为完成各州职责而提供帮助。正如《航空安全法》第13条第1款至第3款所详细表明的那样，这种帮助一方面在《基本法》第35条第2款第2句的框架下，另一方面在《基本法》第35条第3款的框架下得以贯彻。《基本法》第35条无可争辩地属于《基本法》第87a条第2款意义上的在国防范围之外明确允许使用武装部队的规定（参见《联邦议院公报》第V/2873号，第2页B段以及第9-10页；《基本法》第35条第3款，参见《联邦宪法法院判决汇编》90，286 <386-387>），《航空安全法》第14条第3款以及第三章的其他规定在《基本法》第73条第1项的权能规范（Kompetenznorm）①的意义上，涉及的不是国防行为（不同观点参见关于修订航空安保任务的法律草案的理由，参见《联邦议院公报》第15/2361号，第14页，以及联邦行政法院，《公共行政》，1973，第490页<第492页>）。因此，包含于"国防"这一权限条款（Kompetenztitel）②之下的平民保护这一子领域与此并不相关。

《航空安全法》第14条第3款也不能以联邦根据《基本法》第73条第6项所享有的空中交通立法权限为基础。在《基本法》第73条第6项的框架内，联邦是否还可以超越目前所为，在更大范围内承担防御危险的任务，此处不予作答。根据《航空安全法》的构架，其第13条至第15条涉及的是针对各州防御危险时的支援。规范目的在于，确定联邦范围内以及与各州合作的程序，以及确定为了有效防御由于重大空中事故引发的危险而支援州警察部队的武装部队的使用方式。这里涉及的是，在《基本法》第35条第2款第2句和第35条第3款所规定的情形中如何使用武装部队的细则。对此的联邦立法权不是基于《基本法》第73条第6项（联邦政府的立法理由亦是如此；

---

① Kompetenznorm，权能规范，或译为授权规范，只有某个拥有权能的权威才能制定有效的规范，而这种权能只能来自某个授权制定规范的规范，后者即为权能规范。参见［奥］汉斯·凯尔森著：《纯粹法学说（第二版）》，雷磊译，法律出版社2021年版，第241-242页。

② Kompetenztitel，同 Kompetenznorm。

参见《联邦议院公报》第 15/2361 号，第 14 页）。对于规定使用武装部队和与有关州合作以抗击区域性或者跨区域紧急状态细则的立法权而言，联邦立法权直接源自《基本法》第 35 条第 2 款第 2 句和第 3 款。

bb）但是，《航空安全法》第 14 条第 3 款不在联邦此项立法权限内，因为该规定与《基本法》军事宪法条款的规定不符。

aaa）武装部队由联邦根据《基本法》第 87a 条第 1 款第 1 句的规定出于国防目的部署，《航空安全法》第 13 条至第 15 条则规定了其使用。根据《基本法》第 87a 条第 2 款，只有《基本法》明文规定允许时，才可以基于其他目的（在国防目的之外）使用武装部队。该规定是在《基本法》中引入紧急状态宪法的过程中由 1968 年 6 月 24 日《基本法》第十七修正案（《联邦法律公报 I》第 709 页）所创制，旨在防止武装部队的使用可以"基于事物的本质"而获得不成文的权限（参见联邦议院法律事务委员会关于紧急状态宪法草案的书面报告，《联邦议院公报》第 V/2873 号，第 13 页）。因此，就该条文的解释与适用而言，至关重要的是通过严格的文义解释以限制在境内动用联邦国防军的可能性（参见《联邦宪法法院判决汇编》90，286<356-357>）。

bbb）这一立法目的也限定了《基本法》第 87a 条第 2 款意义上在国防目的之外明文允许使用武装部队的规范解释和适用。如前所述，《基本法》第 35 条第 2 款第 2 句和第 3 款中的授权即属于此类规范，在其基础上，《航空安全法》第 13 条至第 15 条旨在对抗重大的空中事故和相关的危险。如果发生《基本法》第 35 条第 2 款第 2 句所述的区域性紧急状态，有关州可以请求武装部队提供人员和设施协助以应对自然灾害或特大事故。如果发生威胁到一个州以上地区的跨区域灾难，则根据《基本法》第 35 条第 3 款第 1 句不需要此种请求。在这种情况下，只要为有效抗击所必要，为了支援各州的警察，联邦政府可以动用联邦边防部队——根据 2005 年 6 月 21 日的法律（《联邦法律公报 I》第 1818 页）被更名为联邦警察，以及武装部队。

ccc）《航空安全法》第 14 条第 3 款授权击落飞机不符合上述规定。

（1）《基本法》第 35 条第 2 款第 2 句不包含发生区域性紧急状态时的这种击落行为。

（a）《航空安全法》第 14 条第 3 款所追求的目的从宪法角度来看不能责难。就其与第 13 条第 1 款和第 14 条第 1 款的关联来看，《航空安全法》第 14 条第 3 款旨在，在防御危险的框架内，避免发生《基本法》第 35 条第 2 款第

223

2句所指的特大事故，而作为现时危险的重大空中事故可能造成该特大事故。

（aa）通常来说，《基本法》第35条第2款第2句以及《航空安全法》第13条至第15条所指的特大事故，是指大规模的损害事件——严重的飞机或铁路事故，影响生存保障领域的停电或核电厂事故，这些事件由于其重要性会对公众产生严重影响，并且因为人为错误或技术缺陷而发生（该含义已经在下述文件中被使用：国防部部长关于联邦国防军在自然灾害、特大事故及紧急援助时的援助指令A节第3项，1988年11月8日，《联邦国防部公报》，第279页）。对该概念的此种理解在宪法上无可置疑，它也包括诸如此处所讨论的事件。

（bb）根据《航空安全法》第14条第3款采取措施故意击落飞机，与《基本法》第35条第2款第2句的适用不冲突。

根据通常的表达，事故不难被理解为，包含基于人的故意行为而发生的事件。按照不同的方式理解《基本法》第35条第2款第2句，认为仅限于无意或过失事件，不包括由于故意引起的事件，这一理解无论从条文文义还是从立法资料中均无法获得支持（参见《联邦议院公报》第V/1879号，第22页及以后；第V/2873号，第9-10页）。《基本法》第35条第2款第2句的意义和目的在于，通过动用武装部队有效实现灾难保护（参见《联邦议院公报》第V/1879号，第23-24页），这同样表明对事故的概念应作广义解释。因此，长期以来，国家实践（Staatspraxis）一直正确地认为，特大事故还包括由第三方故意造成的破坏性事件（参见联邦国防部部长在发生自然灾害或者特大事故时以及紧急救助时联邦国防军提供援助的指令第3项规定，1973年5月22日，《联邦国防部公报》第313页，以及1977年12月17日《联邦国防部公报》1978第86页的相应指令）。

（cc）在《航空安全法》第13条第1款所指的重大空中事故已经发生，但是通过采取直接暴力干预试图避免的特大事故本身（比较《航空安全法》第14条第1款）尚未发生的时间节点上，命令并执行《航空安全法》第14条第3款所规定的措施，在宪法上同样无可置疑。《基本法》第35条第2款第2句并不要求应动用武装部队防御的特大事故已经发生。紧急状态的概念通常也包括那些几乎可以确定会导致灾难发生的事件。

基于《基本法》第35条第2款第2句无法得出，针对自然灾害和特大事故，武装部队的援助部署在开始的时间点方面应有所不同。然而，就自然灾害而言，如联邦国防部部长的援助指令（参见 1988 年 11 月 8 日援助指令 A 节第 2 项）中的理解，通常认为该概念包括迫在眉睫的危险状态（参见 Dreier 主编《基本法》，第 2 卷，1998 年，第 35 条，边码 24，Bauer 撰条目；von Münch/Kunig 主编《基本法评注》，第 2 卷，2001 年第 4、5 版，第 35 条，边码 25，Gubelt 撰条目；Mangoldt/Klein/Starck 主编《基本法评注》，第 5 版，第 2 卷，2005 年，第 35 条，边码 70，von Danwitz 撰条目），也就是说，它还包括那些如果不及时应对就几乎可以确定会导致相应危险事件发生的危险情况。就特大事故而言并无不同，因为这些事故无法总是明确地与自然灾害区分开来，并且从迫在眉睫的危险到已经发生损害的转化过程在个案中也是模糊不定的。《基本法》第 35 条第 2 款第 2 句的意义和目的在于，赋权联邦在州的责任范围内提供有效的援助，这一点表明，在开始时间的问题上应同等对待两种灾难，而非在提供援助时观望直到使得有导致危害结果可能的危险进程实际产生了危害才提供救援。

根据《基本法》第 35 条第 2 款第 2 句，"在发生自然灾害时"和"在发生特大事故时""为了协助"而请求和动用武装部队，并不能因此而假定必须已经发生了损害结果。该规定的文义同样可以解释为，当认识到几乎可以确定会在短时间内发生损害的情况下，也就是说存在警察法意义上的现时危险时，协助即可被请求并且被提供。《基本法》第 35 条第 3 款第 1 句也明显以此为出发点，该条结合《基本法》第 35 条第 2 款第 2 句，在自然灾害或事故"危及"一个州以上地区时，扩展了联邦政府的权力。如同跨区域灾难的情形，在发生《基本法》第 35 条第 2 款第 2 句所述的区域性紧急状态时，对于武装部队的使用而言，存在现时危险这一要件也是满足的。

因此，联邦国防部部长在发生自然灾害或者特大事故时以及紧急救助时联邦国防军提供援助的指令长期以来一直正确地认定，武装部队不仅根据《基本法》第 35 条第 3 款"在跨区域危险的情况下"，也可以根据《基本法》第 35 条第 2 款第 2 句"在发生区域危险的情况下"（最近的是 1988 年 11 月 8 日指令第 A 节第 4 项）被使用。这必然排除了特大事故必须已经发生的假定前提。

(b) 然而，根据《航空安全法》第 14 条第 3 款的规定动用武器直接对飞机采取行动，突破了《基本法》第 35 条第 2 款第 2 句的框架，因为该条并未允许武装部队使用特定的军事武器抗击自然灾害和特大事故。

（aa）《基本法》第35条第2款第2句所指的"援助"是提供给各州的，这使它们能够有效地执行应对自然灾害和特大事故的任务。《航空安全法》第13条第1款也恰当地以此为出发点，即在为有效抗击所必要之时，武装部队的使用应服务于支援各州警察在防御危险的范围内防止发生特大事故。在立法理由中非常明确（参见《联邦议院公报》第15/2361号，第20页关于第13条的内容），《航空安全法》第13条至第15条不应侵越各州危险防御机关的职责范围，而针对这一职责范围的任务指向也必然决定了为了援助而部署武装部队时所允许的援助方式。这些援助方式在性质上不能有别于各州警察最初执行任务的方式。这意味着，如果应州的请求按照《基本法》第35条第2款第2句为了"援助"而动用武装部队，则可以使用州的法律允许警察使用的武器。相反，军事武器则不被允许使用，比如为执行《航空安全法》第14条第3款所规定的措施所必需的战斗机机载武器。

（bb）《基本法》第35条第2款第2句的措辞、意义和目的所必然得出的这一解释，还能为这一规定所在的体系和产生历史所确证。按照联邦政府提交的紧急宪法草案，《基本法》第35条第2款第2句意义上的区域性紧急状态原本与所谓的内部紧急状态一起被规定在《基本法》第91条中（参见《联邦议院公报》第V/1879号，第3页）。该提案的目的是，使得在内部针对公民动用武装部队以及鉴于《基本法》权限划分的考虑在区域性灾难援助时使用武装部队合法化（参见《联邦议院公报》第V/1879号，第23页关于第91条第1款的内容）。但是，根据草拟规定的明确措辞，武装部队只能"作为警察部队"在执行任务时被使用。联邦政府希望通过这种方式确保，武装部队只能用于警察任务，并且只能行使警察法所规定的权限来对抗公民（参见《联邦议院公报》第V/1879号，第23页关于第91条第2款的内容）。这也包括下述含义，即在各州政府的职责范围内动用武装部队时应当排除特定军事武器的使用。

在后来的宪法文本中不再包含将武装部队"作为警察部队"使用的限制性表述；该表述由于联邦议院法律事务委员会的提议而被放弃，该提议基于事物的不同关联，将灾害紧急状态中对各州的协助规定在《基本法》第35条第2款和第3款，将对抗内部紧急状态时对各州的支援规定在《基本法》第87a条第4款和第91条中（参见《联邦议院公报》第V/2873号，第2页B段，第9页关于第1条第2c项的内容）。但是，这一修改的目的并不在于将武装部队允许使用的武器范围扩展至军事化武器（参见 Cl. Arndt,《德国行政公报》1968，第 729 页<第 730 页>）。

相反，相对于政府草案而言，法律事务委员会所建议的方案希望提高使用武装部队的门槛，仅在根据《基本法》第 87a 条第 4 款对抗武装叛乱团体时允许联邦国防军使用武装力量，该方案后来为修宪机关所采纳（参见《联邦议院公报》第 V/2873 号，第 2 页 B 段）。这一点也明确表现在下面这一点，即关于在区域性灾难中动用武装部队的规定位于《基本法》规定联邦和各州的第 2 章，而非位于第 8 章，这部分也规定了武装部队的军事应用。按照宪法制定者的观念，《基本法》第 35 条第 2 款第 2 句"为了协助"而动用武装部队的规定，明确地局限于使联邦国防军在区域性灾难救助的框架内承担因此产生的职责和行使警察强制力，例如封锁处于危险中的不动产、制定交通规则（《联邦议院公报》第 V/2873 号，第 10 页关于第 35 条第 2 款的内容；关于 1962 年德国北部洪灾的宪法政治背景参见汉堡市参议员、社民党成员 Ruhnau1967 年 11 月 30 日在第五届联邦议院法律事务委员会和内政委员会第三次公开信息会议的说明，会议纪要第 8 页，以及汉堡市议员、社民党成员 Schmidt1968 年 5 月 16 日在第五届联邦议院第 175 次会议上的声明，速记员报告，第 9444 页）。

（2）《航空安全法》第 14 条第 3 款也与《基本法》第 35 条第 3 款第 1 句中关于跨区域紧急状态的规定不符。

（a）在宪法上同样无可置疑的是，将根据《航空安全法》第 14 条第 3 款和第 13 条第 1 款的规定而击落飞机与故意利用该飞机危害他人生命的行为相关联。基于针对《基本法》第 35 条第 2 款第 2 句所述的理由（参见上文 C II 2 a bb ccc［1］［a］），这种故意引发的事件也可以被理解为《基本法》第 35 条第 3 款第 1 句意义上的特大事故。该事件的后果尚未完全发生，事态正在向灾难发展，这从"有危险的"这一构成要件来看，并没有排除《基本法》第 35 条第 3 款第 1 句的适用。危险发生之所在是否满足具有跨区域危险性的要求是个案的问题。在满足《航空安全法》第 14 条第 3 款的前提条件之时，根据立法机关对情况的评估（参见《联邦议院公报》第 15/2361 号，第 20-21 页关于第 13 条的内容）、联邦议院和联邦政府的观点，危险波及一个州以上的区域无论如何都是可能的，甚至是常态的。

（b）但是《航空安全法》第 14 条第 3 款已然存在合宪性问题，因为据此所允许的武装部队的使用，依据《航空安全法》第 13 条第 3 款并不完全以联邦政府的事前使用决定为前提。

根据《基本法》第 35 条第 3 款第 1 句的明文规定，在发生跨区域紧急状态时，只有联邦政府被明确授予动用武装部队的权力。根据《基本法》第 62 条，联邦政府由联邦总理和联邦各部部长组成。他们是合议机关。基于跨区域灾难救助的目的而决定动用武装部队的权限属于联邦政府，因此《基本法》第 35 条第 3 款第 1 句要求集体做出决议（参见关于《基本法》第 80 条第 1 款第 1 句——《联邦宪法法院判决汇编》91，148<165-166>）。联邦政府作为整体的决定权更强地确保了各州的利益，而在各州遭受危险时没有提前提出请求的情况下动用武装部队会持续影响这些州的权限范围（参见《联邦宪法法院判决汇编》26，338<397-398>）。

《航空安全法》第 13 条第 3 款仅第 1 句是妥当的，根据该句，依据《基本法》第 35 条第 3 款动用武装部队的决定由联邦政府与相关州协商做出。相反，第 2 句和第 3 句规定，如果联邦政府无法及时做出决定，则由联邦国防部部长或在代理的情况下有权代理他的内阁成员与内政部部长协商决定；根据立法者的观点，联邦政府无法及时做出决定属于常态（参见《联邦议院公报》第 15/2361 号，第 21 页关于第 13 条的内容），此时应事后毫不迟延地获取其决定。据此，在跨区域灾难中决定动用武装部队时，联邦政府非属例外而系经常地由一位部长代替。鉴于《基本法》第 35 条第 3 款第 1 句的规定，这不能以特别紧迫而证成其正当性。《航空安全法》第 13 条第 3 款适用范围内通常来说可用的紧张时间清晰地表明，按照《基本法》第 35 条第 3 款第 1 句规定的路径，实施《航空安全法》第 14 条第 3 款规定的措施往往很难实现。

（c）此外，《基本法》第 35 条第 3 款第 1 句确立的军事宪法框架已然被突破，因为即使在发生跨区域紧急状态的情况下，宪法上也不允许武装部队使用典型军事武器。

《基本法》第 35 条第 3 款第 1 句与《基本法》第 35 条第 2 款第 2 句只有两个方面的不同。一方面，《基本法》第 35 条第 3 款第 1 句要求存在威胁到一个以上州的危险形势。另一方面，鉴于紧急情况的跨区域性质，有效应对这种情况的主动权已转移到联邦政府，联邦政府支援各州警察的权限也有所扩大；联邦政府还有权自主决定动用武装部队。相反，是否允许武装部队使用专门的军事武器,如为《航空安全法》第 14 条第 3 款规定的措施所必要的武器,这一点并未规定。《基本法》第 35 条第 3 款第 1 句允许武装部队仅仅"支援"各州警察,也就是说仅仅承担州的职责,这一措辞以及从中可以得出的联邦对各州仅仅提供支援的立法目的,排除了《基本法》第 87a 条第 2 款背景下的军事武器的使用,即使是在对抗跨区域紧急状态时。

这一点在一定限度内为《基本法》第 35 条第 3 款第 1 句的立法过程所证实,对于修宪机关而言,没有理由以与《基本法》第 35 条第 2 款第 2 句不同的方式来规范武装部队的使用及其所使用的武器。鉴于《基本法》第 35 条第 2 款第 2 句已经明确,在对州援助的框架内应当允许以警察的方式承担因此而生的职责,相应的表达对于《基本法》第 35 条第 3 款第 1 句而言是如此地不言而喻,以至于在立法材料中都可以不再加以引用(参见《联邦议院公报》第 V/2873 号,第 10 页关于第 35 条第 2 款和第 3 款的内容)。鉴于在语言的通常用法中,《基本法》第 35 条第 2 款第 2 句中"为了协助"和《基本法》第 35 条第 3 款第 1 句"为了支援"这一目的在本质上内涵相同,这样的做法也是可以理解的(参见 Cl. Arndt,前引处)。同样,联邦国防部部长 1988 年 11 月 8 日发布的援助准则 A 节第 5 项结合第 4 项和 C 节第 16 项的条文当然认定,《基本法》第 35 条第 2 款第 2 句与第 35 条第 3 款第 1 句中联邦国防军提供援助的权力、方式和范围没有区别。这些条文亦未规定,在根据《基本法》第 35 条第 3 款第 1 句对各州警察提供支援时,武装部队可以使用《航空安全法》第 14 条第 3 款规定措施所必要的特定军事武器。

b)此外,就《基本法》第 1 条第 1 款(以下 aa)规定的人格尊严保障而言,《航空安全法》第 14 条第 3 款在如下限度内也在实质上与《基本法》第 2 条第 2 款第 1 句不符,即它允许武装部队击落飞机,而该飞机上有人是《航空安全法》第 1 条所定义的危害航空安全的袭击的受害者(以下 bb)。只有当《航空安全法》第 14 条第 3 款规定的措施是针对无人机,或者针对那些对袭击负有责任的人时,该规定才不存在实质性违宪(以下 cc)。

aa)《基本法》第 2 条第 2 款第 1 句保障的基本生命权按照《基本法》第 2 条第 2 款第 3 句受到法律保留的限制(参见上文 C I)。但是,对于限制基本权利的法律必须在基本权以及与之紧密关联的《基本法》第 1 条第 1 款所规定的人格尊严保障的烛照下来理解。人的生命是人的尊严的生命基础,而人的尊严则是宪法的支柱性构建原则并拥有最高的宪法价值(参见《联邦宪法法院判决汇编》39，1<42>；72，105<115>；109，279<311>）。每个人作为人都具有这种尊严，无论他的特征、身体或精神状态、贡献和社会地位如何（参见《联邦宪法法院判决汇编》87，209<228>；96，375<399>）。任何人的尊严都不能被剥夺。但是，基于尊严而获得尊重的请求权却是可侵犯的（参见《联邦宪法法院判决汇编》87，209<228>）。无论个体预期寿命之长短，皆是如此（参见《联邦宪法法院判决汇编》30，173<194>关于人即使在死亡后仍然享有尊重其尊严的请求权）。

基于生命权与人的尊严之间的这种关系，一方面，不允许国家违反不得蔑视人的尊严的禁令，通过自己的举措侵犯基本生命权。另一方面，国家还被要求保护每一个人的生命。这种保护义务要求国家及其机关在面对每个人的生命时以保护和支持的形象出现；这首先意味着要保护生命免受第三方的非法攻击和干预（参见《联邦宪法法院判决汇编》39，1<42>；46，160<164>；56，54<73>）。这项保护义务也基于《基本法》第1条第1款第2句，其明确规定国家有义务尊重和保护人的尊严（参见《联邦宪法法院判决汇编》46，160<164>；49，89<142>；88，203<251>）。

这项义务对国家行为具体意味着什么无法一劳永逸地确定（参见《联邦宪法法院判决汇编》45，187<229>；96，375<399-400>）。《基本法》第1条第1款保护个人免受第三方或国家本身的贬低、侮辱、迫害、蔑视及其他类似行为（参见《联邦宪法法院判决汇编》1，97<104>；107，275<284>；109，279<312>）。根据《基本法》立法者的思想，自由地决定和自由地发展是人的本质的一部分，个人有权要求在社会中被认可为具有平等地位和有自我价值的成员（参见《联邦宪法法院判决汇编》45，187<227-228>），以此为出发点，尊重和保护人的尊严的义务普遍地排除了将人作为国家纯粹的客体（参见《联邦宪法法院判决汇编》27，1<6>；45，187<228>；96，375<399>）。通过公权力对人采取任何从根本上危及其法律主体地位的行为都是被绝对禁止的（参见《联邦宪法法院判决汇编》30，1<26>；87，209<228>；96，375<399>），这些行为使得人丧失了其基于自身意志以及人之为人所具有的价值（参见《联邦宪法法院判决汇编》30，1<26>；109，279<312-313>）。至于是否存在这样的行为，鉴于可能存在冲突情况，需要在个案中基于具体情况加以明确（参见《联邦宪法法院判决汇编》30，1<25>；109，279<311>）。

bb）根据这些标准，《航空安全法》第14条第3款也不符合《基本法》

第 2 条第 2 款第 1 句和第 1 条第 1 款，只要击落飞机就会波及飞机上的机组人员和乘客，而这些人并未对《航空安全法》第 14 条第 3 款作为前提条件规定的非战争性空中事件的发生产生影响。

aaa）根据《航空安全法》第 14 条第 4 款第 1 句命令击落飞机之时，在存在上述人等的情况下，依据《航空安全法》第 14 条第 3 款必须以该飞机将会被用于危害人类的生命为出发点。正如立法理由所说，这架飞机必须被那些控制它的人转用为犯罪武器（参见《联邦议院公报》第 15/2361 号，第 20 页关于第 13 条第 1 款的内容），飞机本身必须被罪犯转用为实施犯罪的武器，用以坠毁飞机以针对那些处于坠毁区域中的人的生命实施犯罪，而非仅将飞机作为辅助手段（参见《联邦议院公报》第 15/2361 号，第 21 页关于第 14 条第 3 款的内容）。在这种极端情况下，由于飞行中飞机为封闭空间，乘客和机组人员处于典型的绝望境地。他们不能独立于他人而自主地影响自己的生存状态。

这使他们成为犯罪分子的客体。在这种情况下采取《航空安全法》第 14 条第 3 款规定的防御措施的国家，也将这些人当作了为了保护他人而进行的救援活动的纯粹客体。机上乘员作为受害者所面临的绝望和无法逃脱的处境，也存在于命令和执行击落飞机任务的人身上。机组人员和乘客基于其所处的无法以任何方式控制的境地，无法避免国家对他们所采取的这种行动，他们无力反抗、毫无帮助，只能和飞机一起成为目标被击落，并且几乎可以肯定会死亡。这种行为无视那些受到影响的人作为主体而享有的尊严和不可剥夺的权利。以杀害这些人作为手段拯救别人，他们被客体化并同时被剥夺法律保护；由此他们的生命被国家单方面处置，这些乘员自己作为受害者本应当得到保护，可是却被剥夺了人之为人的价值。

bbb）此外，这种情况发生时，并不能期待根据《航空安全法》第 14 条第 4 款第 1 句决定执行《航空安全法》第 14 条第 3 款规定的措施的那一刻，实际情况总能得到全面的和正确的评估。同样不能排除的是，事态发展导致不再需要采用该措施。基于申诉程序中提交的书面意见和言辞辩论中的陈述而为法庭获悉的情况，不能假定总能以必要的确定性来确定命令和执行该措施的事实条件。

（1）特别是飞行员工会指出，仅仅确认是否出现了《航空安全法》第 13 条第 1 款意义上的重大空中事故，以及该事故是否存在造成特大事故的风险，根据具体情况就存在很大的不确定性。这种确认仅在个别时候才具有确定性。评估情况时棘手之处在于，在多大限度内，可能涉事的机组人员能够向地面决策者告知劫机的企图或结果。如果不能，那么事实依据从一开始就蒙上了错误的阴影。

在飞行员工会看来，即使是在理想的天气条件下，按照《航空安全法》第 15 条第 1 款的规定应当通过侦察和检查措施获得的情况也是模糊的。鉴于其危险性，使用截击机逼近一架可疑飞机并不容易。因此，识别这样一架飞机舱内状况和事件的可能性本身是受限的，哪怕是在目光可及之时，何况这一点也非常难得。在这种情况下，基于调查所得做出的关于劫机者动机和目标的评估通常可能直到最后时刻仍是推测性的。因此，适用《航空安全法》第 14 条第 3 款的危险在于，在通常情况下极其短暂的时间内要及时成功击落飞机并确保不过分伤及无辜，就会基于不确定的事实过早地下达击落命令。为了使击落有效，必须从一开始就承受这一点，即该措施可能是不必要的。换句话说，这往往是一种过度反应。

（2）在申诉程序中没有主张认为，上述评估可能基于不真实、不恰当的假设。相反，独立空乘组织也明晰地表示，由联邦国防部部长或有权代理他的人根据《航空安全法》第 14 条第 4 款第 1 句和第 3 款做出的决定不得不在很大程度上以不确定的信息为基础。由于涉事飞机机组人员与驾驶舱之间、驾驶舱与地面决策者之间通信渠道复杂且容易出错，以及飞机上的情况瞬息万变，这使得那些不得不在极端时间压力下在地面上做出决定的人几乎不可能可靠地评估是否满足《航空安全法》第 14 条第 3 款规定的前提条件。因此，这种决定通常只能根据猜测，而非基于确定的情况做出。

这项评估在法庭看来有其说服力，因为按照《航空安全法》第 13 条至第 15 条需要履行的程序复杂、多层次、需要大量决策者和参与者推进，等到程序推进到可以根据《航空安全法》第 14 条第 3 款采取措施时，在紧急情况下，也需要耗费可观的时间。鉴于德意志联邦共和国的空域面积相对较小，因此不仅存在巨大的决策时间压力，而且存在过早决策的风险。

ccc）即使在危险防范领域预测的不确定性往往无法完全避免，根据《基本法》第 1 条第 1 款也绝对不可想象，基于法律的授权，必要时甚至完全忽视这种不可衡量性而不惜故意杀害无辜之人，如那些身处被劫持飞机上绝望的机组人员和乘客。至于刑法上应如何评价击落飞机的行为和下达击落命令的行为，此处不做叙述（相关内容及类案参见：《德国英占区最高法院刑事判决》1，321＜331及以后，335及以后＞；2，117＜120及以后＞；Roxin著，《刑法》，总则，第1卷，1997年第3版，第888-889页；《慕尼黑刑法典评注》，第一卷，2003年，第34条，边码117及以后，Erb撰条目；《刑法典系统评注》，2003年4月版，第1卷，总则，第19条总述，边码8，Rudolphi撰条目；Kühl著，《刑法》，2004年第25版，第32条总述，边码31；Tröndle/Fischer著，《刑法典》，第52版，2004年，第32条总述，边码15，以及第34条，边码23；Hilgendorf文，载Blaschke/Förster/Lumpp/Schmidt主编，《以安全替代自由？》，2005年，第107页＜第130页＞）。对于合宪性评价的唯一决定性因素是，立法机关不应针对无关的、无辜的人做出对《航空安全法》第14条第3款所规定措施的法律侵害授权，不应以这种方式将这种行为合法化从而允许之。非战争情况下武装部队采取的这些措施，不符合生命权和国家尊重并保护人的尊严的义务。

（1）因此——与偶尔被提及的论点相反，不能假定，登上飞机的机组人员或乘客可能都同意将飞机击落从而造成自身死亡，当该飞机发生《航空安全法》第13条第1款所指的空中事故并会导致《航空安全法》第14条第3款规定的防御措施时。这种假设没有任何现实的背景，只不过是一种天方夜谭。

（2）即使评估认定在《航空安全法》第14条第3款所指的被用于危害他人生命的飞机上的无关人员无论如何都会死亡，也不能排除根据该条采取措施杀死那些处在绝境中的无辜者的行为所具有的侵犯这些无辜者人格尊严的特征。无论个人生命的长短，人的生命和人的尊严都享有相同的宪法保护（参见上文 C I，II 2 b aa）。那些对此加以否认或质疑的人，也就是在拒绝尊重那些就像劫机受害者一样处于绝望境地的人，拒绝尊重他们人之为人的尊严（参见上文 C II 2 b aa, bb aaa）。

此外，这里也存在事实的不确定性。在《航空安全法》第13条至第15条的适用范围内通常存在的对情况评估的不确定性（参见上文 C II 2 b bb bbb），也必然会影响关于在被用做武器的飞机上的人们还能存活多久以及是否还有机会营救他们的预测。因此，通常来说不能可靠地做出这些人的生命"反正已经丧失"的陈述。

（3）有一种观点认为，飞机劫持者试图将《航空安全法》第14条第3款意义上的飞机用为武器侵害他人生命，其所劫持的机上人员自身已经成为武器的一部分，并因此应当被当作武器来看待，这一观点不能得出不同的判断。这种观点公然表达出此类事件的受害者不再被视为人，而是被视为物的一部分，并因此被物化。这种观点与《基本法》中人的形象、人作为一种有决定自由的存在的观念（参见《联邦宪法法院判决汇编》45，187<227>），以及人因此不能成为国家行为纯粹客体的观念不一致。

（4）还有一种观念认为，在势不得已时为了国家整体利益个人有义务牺牲，当只有这一种方式有可能保护依法组织起来的共同体免受旨在瓦解和破坏它的攻击时（参见《柏林基本法评注》，2005年版，第1卷，第1条，边码93，Enders撰条目），这一观念不会导致其他结果。① 对此法庭无须决定，是否以及在何种情况下，可以在紧急宪法确立的保护机制之外从《基本法》中得出一个这样的团结义务。因为在《航空安全法》第14条第3款的适用范围内，涉及的并非防御旨在消灭共同体、毁坏国家法律与自由秩序的攻击。

《航空安全法》第13条至第15条旨在防御危险的框架内防止发生《基本法》第35条第2款第2句和第3款所指的特大事故。根据立法理由，此类事故可能是出于政治动机，但也可能是没有政治意图的罪犯或精神错乱的个人罪犯造成的（参见《联邦议院公报》15/2361，第14页）。即使个案中存有政治动机，但是正如《航空安全法》第13条以下诸条被纳入《基本法》第35条第2款第2句和第3款抗击灾难的体系中所表明的那样，这种事件也被假定为不以质疑国家本身和其持续存在为目的。在这种情况下，不存在假设此种意义上团结义务的空间。

（5）最后，《航空安全法》第14条第3款也不能以国家对被劫持飞机拟侵害的人负有保护义务而被证成。

在履行保护义务时，国家及其机关享有广泛的评估、价值衡量和形成空间（参见《联邦宪法法院判决汇编》77，170<214>；79，174<202>；92，26<46>）。与基本权利作为主观防御权的功能不同，基于基本权利的客观内容所产生的国家保护义务在原则上是不确定的（参见《联邦宪法法院判决汇编》96，56<64>）。国家机关如何履行这种保护义务，原则上应由其自负其责地决

---

① 即不能用团结义务证成合宪性。

定（参见《联邦宪法法院判决汇编》46，160<164>；96，56<64>）。这也适用于保护人的生命的义务。尽管在一些特殊情况中对于此种保护法益而言，在无法通过其他方式实现有效的生命保护时，履行保护义务的方式可能会被局限于某种特定的方式（参见《联邦宪法法院判决汇编》46，160<164-165>）。然而永远只能选择与宪法相符的方式。

《航空安全法》第 14 条第 3 款不符合此要求。根据该条规定动用武装部队击落飞机的命令和执行行为并未考虑到，被困于飞机上的受害者也有权要求国家对他们的生命给予保护。国家不仅不给予他们保护，相反还去侵犯这些人的生命。如前所述，《航空安全法》第 14 条第 3 款规定的每个行为，均以不符合《基本法》第 1 条第 1 款的方式藐视这些人的主体地位，并违反国家不得剥夺人的生命的禁令。即使这一行为旨在保护和维系他人的生命，也不能改变这一结论。

cc）相反，如果是击落无人机或仅针对将飞机作为武器以侵害地面上人的生命的人，则《航空安全法》第 14 条第 3 款符合《基本法》第 2 条第 2 款第 1 句以及第 1 条第 1 款。

aaa）在此限度内，按照《航空安全法》第 14 条第 3 款下达的命令和执行行为与《基本法》第 1 条第 1 款规定的人格尊严保护不冲突。这一点对于针对无人机采取的措施而言是不言而喻的，在其他情况下也适用。任何非法侵犯他人合法权益的人，如那些想将飞机作为消灭人类生命的武器的人，并未被作为国家行为的纯粹客体而从根本上使其主体性受到质疑（参见上文 C II 2 b aa），此时国家在对抗他的非法侵害，并通过对抗他以履行其针对那些将被杀害的人的保护义务。相反，这恰恰符合侵害者的主体性，因为他自主行为的结果归责于他自己，并由他对其造成的后果负责。因此，同样为他所拥有的人格尊严得到尊重的权利没有受到侵害。

下达命令并执行《航空安全法》第 14 条第 3 款所述措施的前提条件是否存在，对此的不确定性并不影响上述结论（参见上文 C II 2 b bb bbb）。此种情况下的不确定性与通常机上除罪犯之外还有机组人员和乘客时的不确定性不具有可比性。如果控制飞机的人并不想将飞机用为武器，也就是说相应的怀疑没有依据，那么他们面对根据《航空安全法》第 15 条第 1 款和第 14 条第 1 款所采取的初步措施，比如威胁使用武力或射击示警，可以轻易通过配合，例如转弯或者降落表明他们不构成危险。被罪犯威胁的机舱乘务员与驾驶舱之间以及他们与地面决策者之间沟通中可能出现的特定困难也会被消除。因此，这里能够更可信且更及时地确定，飞机将被用作有目标地坠毁的武器。

如果没有迹象表明在可疑飞机上存在无关人员，则剩余的不确定性——空中事故背后的动机——针对的是事件发生的过程，这一过程正是由《航空安全法》第 14 条第 3 款的防御措施所针对的人所引起的，且可以为其所阻止。因此，与之相关的不可权衡性归责于犯罪者的责任范畴。

bbb）《航空安全法》第 14 条第 3 款的规定如果仅适用于飞机上将飞机用为武器侵害人类生命的人员，则符合比例原则的要求。

（1）该条的目的是拯救人的生命。鉴于人的生命在《基本法》的宪法秩序中具有最高价值（参见上文 C I），这一规范的目的具有如此的重要性，以至于它可以将对飞机上罪犯生命权的严重侵犯合法化。

（2）《航空安全法》第 14 条第 3 款并非绝对不适合实现该保护目的，因此不能排除，在个案中根据《航空安全法》第 14 条第 3 款采取措施有助于实现该目的（参见《联邦宪法法院判决汇编》30，292<316>；90，145<172>；110，141<164>）。姑且不考虑评估和预测所具有的不确定性（参见上文 C II b bb bbb），可以设想下述情况，即可以足够确定在涉事飞机上只有罪犯，并且可以可靠地假定，根据《航空安全法》第 14 条第 3 款采取措施后，不会给地面人员的生命带来负面影响。是否存在这种情况，取决于个案中对情况的评估。如果可以得出在飞机上只有罪犯的可靠评估，并且可以预测，通过击落飞机可以避免对地面上受到威胁的人员造成伤害，那么就促进了《航空安全法》第 14 条第 3 款所追求目的的实现。因此，该条款适宜于达成其所追求的目的这一点不能被一概否认。

（3）该规则亦为达成其目的所必要，因为没有其他方法能产生相同的效果，同时又能够使罪犯的生命权不受到或者少受到侵害（参见《联邦宪法法院判决汇编》30，292<316>；90，145<172>；110，141<164>）。

立法机关主要是在《航空安全法》第 5 条至第 12 条中采取了一整套措施，所有这些措施均是在《航空安全法》第 1 条的意义上致力于，防止对空中交通安全的攻击，尤其是防止劫机、破坏活动和恐怖袭击（细节参考上文 A I 2 b bb aaa［1］）。尽管立法者认为有必要，根据《航空安全法》第 13 条至第 15 条，在发生重大空中事故从而担心可能导致《基本法》第 35 条第 2

款第 2 句或者第 3 款所指的特大事故的情况时，制定规则赋予干预权限和采取保护措施，甚至于在《航空安全法》第 14 条第 3 款的条件下作为终极手段授权击落飞机。这一终极措施以无可辩驳的假定为基础，即《航空安全法》第 5 条至第 11 条所规定的广泛的防范措施和《航空安全法》第 12 条对飞行员职责和权力的扩大，根据经验无法提供一个绝对安全的保护，以防止飞机被滥用于犯罪目的。其他的可能的保护措施亦无不同。

（4）当机上只有《航空安全法》第 14 条第 3 款所指的滥用飞机的人时，授权直接击落飞机亦符合狭义比例原则。基于对侵犯相关基本权利的严重程度和需要保护的法益的重要性之间所进行的整体权衡（参见《联邦宪法法院判决汇编》90，145<173>；104，337<349>；110，141<165>），当事实条件具有确定性时，击落这种飞机是一种适当的、对于涉事者而言可以被合理期待的防御措施。

（a）基本权利被严重地侵犯了，因为执行《航空安全法》第 14 条第 3 款规定的措施几乎肯定会导致机上乘员的死亡。但是，在这里假设的情景中，这些人本身作为罪犯引致了国家干预的必要性，并且可以通过中止犯罪计划的实施而随时避免这种干预。那些控制飞机的人在相当程度上决定了机上以及地面事件的进程。只有明确地确认他们将使用所控制的飞机杀人，且他们也意识到这会给他们自己的生命带来危险而仍然坚持执行这一计划，他们才能被杀死。这降低了对他们基本权利侵犯的严重性。

另外，国家通过执行《航空安全法》第 14 条第 3 款规定的干预措施以履行保护义务而保护的那些人，在坠机的目标范围内通常没有可能防御针对他们的有计划的攻击，特别是无法避免攻击。

（b）但是还应注意，实施《航空安全法》第 14 条第 3 款的措施，不仅会影响地面上高度危险的设施，被击落飞机的碎片还有可能会造成坠落地区人员的死亡。国家在宪法层面也负有义务保护这些人的生命和健康。根据《航空安全法》第 14 条第 4 款第 1 句做出决定不能忽略这一点。

但是这一点并不影响《航空安全法》第 14 条第 3 款之规定的合法成立，而仅涉及个案中的适用。根据申诉程序中的陈述，如果可以肯定地预计，在人口稠密地区飞机碎片掉落会使人们受到伤害甚至丧生，则无论如何都应停止适用上述规定。至于该规定是否也符合宪法上的适合性原则①，下述想象中的情形即足以表明其符合：击落仅有袭击者的飞机可以避免其将飞机作为武器而危及他人的生命，同时不会因为击落飞机而干预其他人的生命。这种情况如前所述（参见上文 C II 2 b cc bbb［2］）。因此，在允许直接击落无人机或仅有攻击者飞机的范围内，《航空安全法》第 14 条第 3 款也符合狭义比例原则。

ccc）《基本法》第 19 条第 2 款的实质内容保障（Wesensgehaltssperre）也不排除针对这一类人群采取此类措施。就《航空安全法》第 14 条第 3 款所针对的非同寻常的情况而言，只要需要保护的第三方利益将侵害行为合法化并且符合比例原则，此种情况下，与该条款关联的对基本权的侵害不影响基本生命权的实质内容（参见《联邦宪法法院判决汇编》22，180＜219－220＞；109，133＜156＞）。根据前述说明（参见上文 C II 2 b cc bbb），这两个条件均得到满足。

III

鉴于联邦缺乏对于《航空安全法》第 14 条第 3 款的立法权限，因此即使击落飞机在实质宪法层面可能得到正当化论证②，该规定也不能成立。该规定完全违宪，并因此基于《联邦宪法法院法》第 95 条第 3 款第 1 句无效。在给定的情形下，认定单纯违宪是没有空间的。③

---

① 适合性原则，比例原则的要求之一。一般认为，宪法层面的比例原则通常分为四个子原则，即目标正当性原则、适合性原则、必要性原则和狭义比例原则。参见陈征：《论比例原则对立法权的约束及其界限》，载《中国法学》2020 年第 3 期，第 148 页。

② 此处指击落无人机以及只有罪犯的情形，在此限度内该规定实质合宪，在飞机上有无辜者时，击落飞机同样是实质违宪的。

③ 此处指该规定自始无效。一部法律违反基本法的效果分为两类，一是自始无效，二是嗣后无效。对于针对法律的宪法申诉，联邦宪法法院如果判决认定该法律违反宪法，则应依据《联邦宪法法院法》第 95 条第 3 款第 1 句，判决该法律无效，此时该法律溯及既往自始无效。但是判决一部法律溯及既往无效往往会造成严重后果，比如损害到基于该法律而产生的信赖利益，因此联邦宪法法院发展出"单纯违宪"的理论，如果联邦宪法法院判决一部法律单纯违宪，则该法律原则上自判决公布之日起无效，不得再被适用，包括针对已发生而未决的案件也不得再适用，也即判决并非溯及既往无效。Schmidt-Bleibtreu/Klein/Bethge, Bundesverfassungsgerichtsgesetz Kommentar, 2022, Hömig, §95, Rn. 39, 50-54。

D

费用裁决基于《联邦宪法法院法》第 34a 条第 2 款作出。①

附录：判决所涉的重要法律条文

《基本法》第 1 条

（1）人的尊严不可侵犯。尊重和保护人的尊严是一切国家权力的义务。

（2）为此，德国人民信奉不可侵犯和不可让渡的人权是世界上每一人类共同体、和平与正义的基础。

（3）下列基本权利作为直接适用的权利，约束立法，行政和司法。

《基本法》第 2 条第 2 款

人人享有生命和身体不受侵犯的权利。人身自由不可侵犯。此类权利只有依据法律才得干预。

《基本法》第 19 条第 2 款

基本权利的实质内容在任何情况下均不得被侵犯。

《基本法》第 35 条

（1）联邦与各州的所有机关都要互相提供法律与职务协助。

（2）一州在发生重大事故时，为维持或重建公共安全或秩序，在警察没有联邦边防军人员和设施的帮助下无法完成或很难完成任务时，可以请求联邦边防军协助警察。在发生自然灾害和特大事故时，一州可请求其他州的警力、其他行政部门以及联邦边防军和武装部队的人员和设施提供援助。

（3）如自然灾害或特大事故威胁超出一个州以上的区域，在有效抗击所必要的范围内，联邦政府可以指示各州政府，将其警力提供给其他州，并动用联邦边防军以及武装部队对警力给予支援。无论何时应联邦参议院要求，其他情况下在危险消除后的第一时间，联邦政府根据第 1 句所采取的措施应

---

① 就赔偿义务主体而言，联邦宪法法院遵循肇因原则，即如果被诉法律是由联邦批准的，则由联邦赔偿；如果是州批准的，则由州赔偿。如果宪法申诉完全得到了支持，则应判决赔偿义务主体全部赔偿申请人支出的必要费用。这种情况下不能根据需要来判决部分偿还。但如果宪法申诉只是部分得到了支持，则可以判决赔偿部分必要费用。但如果没有被支持的部分只是因为从属性原因，则法院仍然可以判决赔偿全部必要费用。法院对此享有自由裁量权。Schmidt-Bleibtreu/Klein/Bethge, Bundesverfassungsgerichtsgesetz Kommentar, 2022, Hömig, § 34a, Rn. 11-12, 39-40。另外，根据《联邦宪法法院法》第 34 条第 1 款，宪法申诉的程序一般是免费的，因此并非退还诉费。

予撤销。

《基本法》第 62 条

联邦政府由联邦总理和联邦各部部长组成。

《基本法》第 73 条第 1 项、第 6 项

联邦对下列事项享有专属立法权：1. 外交以及包括民防在内的国防；6. 航空交通；

《基本法》第 87a 条

（1）联邦基于国防目的部署武装部队。在预算中须载明其数量以及组织的基本情况。

（2）在国防目的之外，只有在本《基本法》明确允许时才能动用武装部队。

（3）在国防状态和紧急状态下，只要为履行防御任务所必需，武装部队有权保护民用设施、实施交通管制。此外，在国防状态和紧急状态下，武装部队可接受委托为保护民用设施而支援警察；此时武装部队应与主管机关协作配合。

（4）当具备第 91 条第 2 款所指的前提条件，且警察和联邦边防军力量不足时，为抵御对联邦或州的存续以及自由民主的基本秩序构成的紧急危险，联邦政府可动用武装部队支援警察和联邦边防军，以保护民用设施和平息有组织的军事武装叛乱。联邦议院或联邦参议院提出要求时，应停止使用武装部队。

《基本法》第 87d 条第 1 款第 1 句

航空行政由联邦以自我行政的形式执行。

《基本法》第 87d 条第 2 款

经联邦参议院批准，联邦法律可将航空行政管理的任务以委托行政的形式委托给各州执行。

《基本法》第 91 条

（1）为防御危及联邦或州的存续或自由民主的基本秩序的紧急危险，一州可请求获得其他州的警察，以及其他行政机关和联邦边防军的人员和设施。

（2）面临危险的州，如果自身未准备就绪或无力防御危险的，联邦政府有权对该州警察和其他州的警察部队发布指令，以及动用联邦边防军。危险消除后，以及任何时候在联邦参议院要求时，应撤销上述指令。当危险蔓延至一州以上区域时，在为有效抗击所必要之时，联邦政府可向各州政府发布指令；第1句和第2句不受影响。

《联邦宪法法院法》第23条第1款

引发申诉程序的申请应向联邦宪法法院书面提出。申请应有依据；必要的证据应被提供。

《联邦宪法法院法》第34a条第2款

如果宪法申诉被证明是有根据的，应全部或部分赔偿申诉人支出的必要费用。

《联邦宪法法院法》第92条

申诉理由应当载明被侵犯的权利以及申诉人认为使其受到侵犯的机构或机关的作为或不作为。

《联邦宪法法院法》第95条第3款第1句

如果针对某项法律的宪法申诉得到支持，则应宣布该法律无效。

《联邦警察法》第4条 航空安全

根据《航空安全法》第5条，联邦警察负责防御对空中交通安全的攻击，前提是这些任务根据《航空安全法》第16条第3款第2句和第3句以联邦自我行政的形式执行。

《航空安全法》第1条 目的

该法目的在于防止对空中交通安全的攻击，尤其是防止劫机、破坏活动和恐怖袭击。

《航空安全法》第2条 任务

航空安全当局的任务是保护空中交通安全免受第1条所指的攻击。特别是，它根据第7条进行背景调查，根据第8条第1款第2句和第9条第1款第2句批准航空安保计划，根据第8条和第9条规定机场运营人、航空承运人的安保措施，并对其执行进行监管。

《航空安全法》第3条 航空安全当局的一般权力

航空安全当局可以采取必要措施以避免个案中特定的威胁空中交通安全的危险，除非第5条对其权限另有规定。

《航空安全法》第16条第2款

根据本法以及2002年12月16日欧洲议会和欧盟理事会第2320/2002号条例《民用航空安全的通用规定》，航空安全当局的任务原则上在联邦政府的委托下由各州执行,除非第3款和第4款另有规定。

《航空安全法》第 16 条第 3 款第 2 句和第 3 句

此外,为确保在全国范围内统一执行安保措施,航空安全当局的任务可以由联邦直接执行。在第 2 句的情况下,航空安全当局的任务由联邦内政部指定的联邦当局执行;联邦内政部在《联邦公报》上公布所承担的任务和负责的联邦当局。

(责任编辑:顾晨昊)

学苑清声

[**编者按**] 此栏目特别为青年学人所设，用意在于为如今正在学术路途中上下求索，努力进取的莘莘学子、没有响亮名头的年轻学者提供一个发表见解、表达思想、直抒胸臆的讲坛。因为虽然现在期刊芸芸、道场遍地，但能够让年轻学子和学者们发声发言的机会并不多。总说"长江后浪推前浪"，但可惜"前浪往往就是墙"，许多有见解、有思想、有才学的年轻学人，经常是远望此墙而不得入。然而，自然与社会的发展规律是无论这墙有多高，后浪最终还是要推走前浪。科学和学术都是人的作品，而产生这类作品的根本源泉是人的自由思想与表达。其中，年轻人的思想和表达尤为重要，因为只有他们才能决定未来的浪头有多高、多大。我们选择这样一个栏目名称，想必会使读者联想到李商隐的"桐花万里丹山路，雏凤清于老凤声"的诗句。然而，我们这里所说的"清声"，其内涵与旨意要远远深刻和丰富于古人。我们期待和想象的"清声"，就如同一只只栖身于梧桐树上，正在整理她们华丽的羽毛准备飞向蓝天和远方的雏凤，满怀激情和理想唱出的清脆、清纯、清新、清高和清雅

的歌声。因为她们还没有成年，不知道蓝天可能会忽然变脸而乌云密布，不知道远方可能会随时碰到风雨雷暴，更不知道途中可能会有这样的评价考核。对于她们来说，一切都那么单纯美好，她们只想由衷地唱出自己内心的欢喜、真情和美好的向往。而恰恰是这种纯真乐观，才是未来社会的希望。

愿我们的这个栏目能够成为所有雏凤立足起飞的梧桐枝。

论民用航空器机长的权力行使

——基于"合理性"标准的分析

王　旭[①]

摘要：《东京公约》第六条赋予民用航空器机长对危及航空安全的人采取合理措施的权力，但并未明确"合理"要件的具体判断标准。域外司法实践对这一标准形成了高度尊重、客观理性以及任意武断三种不同的解释路径。为探寻"合理"要件的真意，应立足于《东京公约》的制定目的，以平衡航空器安全利益和成员个人利益为出发点，将机长采取措施的目的性、必要性以及保障个人权利三个具体要素作为判断"合理性"的要件，以期在细化适用规则的同时形成国际统一的裁判规则。此外，在我国民航法治体系的现代化过程中，亦可以借鉴"三要素"判断方式，积极同国际接轨，辅以机长责任豁免等制度，以便最大限度地维护航空安全，更好地推动我国民航法治朝着体系化、规范化、国际化方向发展。

关键词：机长　权力行使　东京公约　合理性标准　民用航空法

引言

2021年2月20日在东海航空DZ6297航班（南通—西安）上发生了一起客舱安全事件。在该航班下降前准备阶段，机长与乘务员发生了肢体冲突。[②]该事件引起社会广泛关注，民航监管部门也在事后对东海航空和相关当事人

---

① 本文作者系北京外国语大学法学院国际法学硕士研究生。
② 东海航空：《东海航空通报"机长与乘务长互殴"》，https://china.huanqiu.com/article/42JgUff6Q16，最后访问日期：2022年7月5日。

予以了严厉处罚，并指导陕西省公安厅机场公安局依法展开调查。① 东海航空"2·20"事件，在敲响航空安全警钟的同时，也引发了人们对机长如何依法行使权力的关注和思考。尽管机组成员之间发生肢体冲突的事件鲜有耳闻，② 但其危害性不容小觑，本质上仍属于破坏客舱秩序、危及航空安全的行为。况且国内外发生在客舱中的安全事件呈逐年上升趋势。③

国际社会为应对类似事件的发生，早在 19 世纪六十年代就制定了《关于在航空器内的犯罪和犯有某些其他行为的公约》（以下简称《东京公约》）。《东京公约》第六条规定："机长在有理由认为某人在航空器上已犯或行将犯第一条第一款所指的罪行或行为时，可对此人采取合理的措施，包括必要的管束措施"，同时为鼓励机长积极作为，在《东京公约》第十条明确规定了机长依据公约授予的权力，对行为人采取措施而产生的任何法律责任予以豁免。④ 然而豁免的适用前提是机长基于合理理由采取了合理的措施。但《东京公约》并没有明确界定"合理"要件的内涵，缺乏明确的认定标准和适用规范，无法确保各国对《东京公约》第六条的释法行为的一致性和结果的可预期性。⑤ 虽然国际航空运输协会（International Air Transport Association，以下简称"IATA"）、国际联邦航空公司飞行员协会（International Federation of Air Line Pilots' Association）等国际组织已经注意到了上述问题给航空安全带

---

① 海报新闻：《民航局通报东海航空处理结果：撤销涉事机长执照》，详见 https://baijiahao.baidu.com/s?id=1694284062203790470&wfr=spider&for=pc，最后访问日期：2022 年 7 月 22 日。陕西机场公安局最终以"暴力危及飞行安全"予以立案侦查，详见机场公（刑）立案（2021）25 号。

② 虽说少见，但仍时有发生。2022 年 6 月在法国航空公司一航班上，发生飞行员打架事件，见董铭：《法航航班上两飞行员竟然在驾驶舱打架！被停职》，载《环球时报》2022 年 8 月 30 日，第 5 版。

③ 国际航空运输协会（International Air Transport Association，IATA）统计数据显示，在 2017 年每 1053 架次飞行就会发生一起危及飞行安全、破坏机上正常秩序的事件，且三级和四级事件比例显著上升。在 2021 年前 7 个月里，这一比重为每 1340 架次发生一起事件，详见 IATA, Even safer and more enjoyable air travel for all - A strategy for reducing the problem of unruly and disruptive passenger incidents, at 4, available at https://www.iata.org/contentassets/b7efd7f114b44a30b9cf1ade59a02f06/tackling-unruly-disruptive-passengers-strategy.pdf, last visited on August 16, 2022；国内外发生的相关事件也时常见诸媒体，如 2015 年 JD5628 航班发生的乘客斗殴事件，2016 年在 HU7041 航班上发生的乘客殴打乘务员事件，http://news.carnoc.com/list/318/318622.html，最后访问日期：2022 年 7 月 24 日；亦可见《巴西客机疑似乘务员殴打机长 飞行途中紧急降落》，http://news.cntv.cn/201202 15/104962.shtml，最后访问日期：2022 年 7 月 24 日。

④ Boyle, R. P., & Pulsifer, R. The Tokyo Convention on Offenses and Certain Other Acts Committed on Board Aircraft, Journal of Air Law and Commerce, vol. 30, no. 4, 1964, p. 344.

⑤ 宋保振：《走出法律解释的泥淖：法律解释规则理论与运用》，法律出版社 2020 年版，第 81 页。

来的潜在威胁，并且对《东京公约》第十条提出了修改意见，即在豁免条款中明确"合理性"的判断标准，[①] 但是 2014 年通过的《修订"关于在航空器上犯罪和犯有某些其他行为的公约"的议定书》（以下简称《2014 年蒙特利尔议定书》）并没有对机长行权的"合理性"标准做出统一的规定，使得这一问题遗留至今，在制度层面仍待解决。因此，确有必要明确"合理性"的具体内涵，以期能促进行政机关、司法机关在事后调查阶段精准快速地认定机长行为是否合法合规，更好地维护客舱秩序、保障航空安全。因为这关涉航空安全及每一个人的生命安全。

虽然学界已经在《东京公约》的范围内针对"机长权力"这一主题进行了较为充分的理论分析和研究，[②] 但囿于国内鲜有对民用航空器机长行权的"合理性"标准进行解释的案件，所以国内学者对机长权力的研究大都集中于性质、内容等方面；[③] 而国外学者主要是以国内判例为基础，从《东京公约》缔约史的角度对"合理性"一词采取了宽泛解释或者限制解释的方法，但仍未就"合理性"要件达成统一的判断标准，[④] 实务界亦然。[⑤] 而订立国际条约

[①] International Conference on Air Law, Amendment to Article 10 of The Tokyo Convention 1963, DCTC DOC No.15；另，在法律委员会东京公约现代化包括不循规旅客问题特别小组委员会提交的《修订〈东京公约〉的议定书草案的主要执行条款》（LC/SC-MOT/2, Flimsy No.1,）第三页中，虽然没有明确对豁免标准进行修改，但是也提到了现有的相关标准。

[②] 在 CNKI 以"机长"和"《东京公约》"为主题进行检索，共有 20 篇学术论文和 4 篇学位论文；在 HeinOnline 上以 Aircraft Commander's power, Tokyo Convention, Reasonable 为关键词进行检索，限定在 Relevance, International Law, Article 中，共检索到 317 篇相关文献。

[③] 我国学界对机长权力研究的特点之一是以保安权为基础，对机上权力的归属与分配问题进行讨论，相关研究参见车彤：《论非法干扰与航空安全责任界定》，载《四川大学学报（哲学社会科学版）》，2004 年增刊，第 231-234 页；张君周：《论客舱执法中的权力配置与冲突应对》，载《甘肃政法学院学报》，2010 年第 2 期，第 99-104 页；朱子勤、毕凤敏：《民用航空运输中机长权力再探讨——兼谈机长与机上安保员的关系》，载《北京航空航天大学学报（社会科学版）》，2015 年第 6 期，第 39-45 页；刘晓山、夏娜：《试论机长职权——以刑事司法职权为基点》，载《江西师范大学学报（社会哲学科学版）》，2016 年第 4 期，第 72-78 页。

[④] Moshe Leshem, Court Analyzes the Elements of Air Carriers Immunity Under the Tokyo Convention 1963：Zikry v. Air Canada, Air and Space Law, vol.32, issue 32, 2007, pp.220-224；Hanlan, Y. J. Eid v. alaska airlines, inc.：the great divide. Issues in Aviation Law and Policy, vol.11, no.3, 2012, pp.479-500；Jordan Campbell, Get off My Plane：The Need for Extreme Deference to Captains and Crews on International Flights under the Tokyo Convention of 1963, Journal of Air Law and Commerce, vol.77, no.2, 2012, pp.367-402.

[⑤] 2006 年以色列海法法院判决的 Zikry v. Canada, Civil File No.1716/05 A 和 2010 年美国联邦第九巡回法庭判决的 Eid v. Alaska Airlines, Inc., 621 F.3d 858, 65 A.L.R. Fed. 2d 611 均是适用《东京公约》第六条进行判决的案例，但二者的判决结果截然相反，具体内容详见后文分析。

的目的在于形成统一适用的国际标准，减少不必要分歧，但无论是现有规则本身，还是理论及实践研究所得均具有一定的局限性，对"合理性"的判断标准仍是形而上学，缺乏具体的判断要素。特别是考虑到各国实际国情的差异，对相关行为的容忍程度不一，所以只有在明确具体的认定要素的基础上才可以在国际上尽可能形成统一的裁判规则。此外，我国现有民航法律体系也缺乏对机长行权"合理性"标准的明确规定，长此以往不仅会导致法律适用困难，也有碍于航空安保工作的有效进行。

由此可见，民用航空器机长行权的"合理性"标准问题在国内和国际两个维度同时存在，而解决这一问题的关键就在于明确《东京公约》的制定目的和价值追求，并在此基础上结合既有理论和实践对"合理"要件进行分析和论证，归纳出具体的判断标准。这将在解决国际实践中规则适用不统一现状的同时，为我国今后的审判实务提供借鉴思路。

一、"合理"要件的文本分析

标准的本质在于对相关条约的解释。只有通过解释具体条文才能明确当事国在缔约时所期望赋予"合理"一词的真意。[1] 下文将以《东京公约》文本和缔约历史为视角对"合理性"问题进行分析和说明。

(一) 公约文本视角下的合理性内涵

按照条文表示的意义确定缔约方的意图，是英美两国法院解释国会立法时一贯的方式，[2] 即从词义语法和规范角度出发，将文本自身作为法律解释的起点和终点。[3] 按此逻辑，就"合理"一词本意而言，其是指在理性或理智期望的范围内，不放肆或过分，保持适度。[4] 即客观上存在一个理性人的标准，并以此为尺度评价机长所采取的措施是否符合理性标准或者符合一个理

---

[1] [英]詹宁斯等修订：《奥本海国际法》（Jennings, Oppenheim's International Law），王铁崖等译，中国大百科全书出版社1998年版，第661页。
[2] 周鲠生：《国际法》，商务印书馆2018年版，第716页。
[3] 王泽鉴：《法律思维与民法方法》，中国政法大学出版社2011年版，第220页。
[4] Shorter Oxford English Dictionary Online, Oxford University Press, 6th edition, https://www.oed.com/view/Entry/159072?redirectedFrom=reasonable, last visited on January 5, 2023.

智的人所应当采取的适度措施。这种理性人的解释立场对机长施加了更高的注意义务，更强调基于应然事实状态对机长行为进行事后评价。然而机长并不是《理想国》中的哲学王，无法在有限时间内做出完美的理性决定。在机长面临危及航空安全的事件时，客观上是没有时间去充分地收集全部信息以支持其进行理性决策，机长只能依据零散的信息快速处置危及航空安全的事件。囿于机长的判断及应对措施建立在不充分的信息基础上，不满足"合理"一词本意所暗含的更高注意义务，导致机长失去了行权的正当性。此外，《东京公约》第十条中豁免制度的适用前提是机长采取了合理措施，若严格从词义解释角度出发对合理性判断施以更高的注意义务，则会提高机长因决策不合理而无法适用豁免制度的概率，长此以往会影响豁免制度作用的发挥。所以，依据理性人标准对民用航空器机长行权进行"合理性"判断是存在一定矛盾的，按照词义本身进行解释所得出的结论无法面对现实的诘难。

但任何法律规定并不是孤立存在的，若看似清晰的文义与同一法律的其他规定相冲突，就需要突破词义进行解释。[①] 特别是在无法通过词义本身来明确相关规则是否属于该特定范围内时，诉诸逻辑性的体系推理无疑是更好的方法。[②] 从《东京公约》的上下文来看，应认为公约本意是，对机长在应对紧急事件时造成的错误保持宽容。首先，《东京公约》第六条规定，无论机上人员是否已经实施或可能实施危害航空器安全或人员财产的行为，只要机长基于"合理理由"就能够对他采取相应的措施，这表明机长在行权时有很强的主观性，[③] 即使是尚未发生的危险事件，只要机长相信有采取行动的必要就能够实施相关措施。但尚未发生的危害事实本身就存在不确定性，对理性人来说，此时并不存在充分的确信来支持其采取相应行动，而公约却允许机长自行判断是否存在对不确定行为采取措施的必要，这一规定本身就突破了"合理"一词的原意。其次，公约第十条给予了机长充分的诉讼豁免权，其本意在于鼓励机长积极作为，即使机长判断错误对行为人采取了相应措施并造

[①] [德]魏德士：《法理学》，丁晓春、吴越译，法律出版社2005年版，第324-325页。

[②] [德]英格伯格·普佩：《法学思维小学堂——法律人的6堂思维训练课》，蔡圣伟译，北京大学出版社2011年版，第53-55页。

[③] Jordan Campbell, Get off My Plane: The Need for Extreme Deference to Captains and Crews on International Flights under the Tokyo Convention of 1963, Journal of Air Law and Commerce, vol. 77, no. 2, 2012, p. 395.

成了损害后果，机长也能免于承担责任。考虑到机长在危急情形下无法充分收集证据做出理性判断这一因素，如果只允许基于理性判断所采取的措施才能予以豁免，这也意味着获得豁免的条件十分苛刻，机长也将因缺乏理性判断而要对因其所采取的措施造成的损害承担责任。从另一个角度来看，豁免制度的本质在于对机长处置过程中所犯错误的容忍，但相较于不作为，机长反而更有可能因采取措施而陷入诉累，最终使得机长在应对危急事件时难以快速做出决策，长此以往不仅会使得豁免制度目的落空，还有可能使得豁免制度被架空。综上所述，从体系解释的角度来看，《东京公约》尊重了机长的权力，允许其在应对突发事件中出现错误，并通过豁免制度予以保护。这种解释的立场并没有完全采取理性人标准，更偏向给予机长更多的自主决定权，只要机长认为有必要就能采取相应措施。正如法庭之友在 Eid 案中所提出的："无论该标准的表达是否精确，公约的缔约国都希望给予机长行权行为极大的尊重"。[1]

显然，从文义解释和体系解释角度出发对"合理"一词进行解释会出现不同的结论。因为无法肯定体系解释的结论一定优于文义解释，所以为进一步明确《东京公约》的真意，有必要结合其缔约史做进一步分析，明确缔约目的，对上述两种解释结论进行实质性的价值导向检验和填补。

（二）缔约历史视角下的合理性内涵

一般来说，历史的解释方法是比较合理的，[2] 可以更加容易地理解条约本意，[3] 同时还可以参照有关条约谈判的记录文件和其他历史资料，以及缔约时的特殊情况，来确定缔约国的真实意图。[4] 换言之，要想洞悉《东京公约》所蕴含的思想，揭示其内容，则应当站在缔约国的立场上，模拟后者再次形成法律思想，[5] 只有在明晰缔约国意图的基础上，才能更好地理解"合理"要件的内涵。

---

[1] Gregory G. Katsas & Michael S. Raab & Sarang Vijay Damle, Eid v. Alaska Airlines Brief for the United States of America as Amicus Curiae, No. 06-16457, p. 13.
[2] 周鲠生：《国际法》，商务印书馆 2018 年版，第 717 页。
[3] J. L. Brierly, The Law of Nations, Oxford at the Clarendon Press, 6th ed, p. 318.
[4] 周鲠生：《国际法》，商务印书馆 2018 年版，第 716 页。
[5] [德] 弗里德里希·卡尔·冯·萨维尼、雅各布·格林：《萨维尼法学方法论讲义与格林笔记》，杨代雄译，法律出版社 2008 年版，第 7 页。

首先，缔约国选择容忍机长的失误。在东京外交会议期间，大多数国家都认为机长并不是法律专家，不可能在事态既紧急又无法全面掌握信息的条件下做出完美的决定，失误是无法避免的，要在法律上给予充分的保护，鼓励机长勇于担责，而不是畏首畏尾，无所作为。① 即缔约代表都认可不能对机长苛以过高要求，相较于机长在面对突发事件时，选择袖手旁观或犹豫不决所造成的后果而言，容忍机长因采取行动所造成的失误无疑是更优的解决办法。②

其次，缔约国将常识作为判断"合理"的标准。在会议期间，瑞士建议用"有严重理由认为"替代"有合理理由认为"等词，但是被与会代表否决。③ 同时，代表还否决了阿根廷提出的"机长的合理信念应当以'具体'和'特定外部事实'为客观依据"的提议，④ 因为这样会使标准过于"严苛和僵硬"，也与"给予机长自主判断权的目标相冲突"。⑤ 与会代表还反对法国提出的"如果能够证明机长有过错，则不给予豁免"的建议，⑥ 大多数观点赞成机长采用常识去做出决定即可，而未同意法国删去第六条的提案。⑦

最后，豁免标准较低且适用于所有的法律程序。《东京公约》第十条规定的为维护航空器安全而采取行动的人员在任何法律诉讼中免于承担责任的规定源于《罗马草案》第九条。⑧ 谈判期间，各国代表拒绝了弱化或者取消授予机长豁免权的建议，同时为避免减少对相关人员保护的程度，代表也拒绝了要求将机长"严格"遵循条约条款作为适用豁免的前提条件。⑨ 法国代表

---

① 赵维田：《国际航空法》，社会科学文献出版社2000年版，第440-441页。

② International Civil Aviation Organization International Conference on Air Law, Volume I Minutes, Doc 8565-LC/152-1, p. 223. URL: https://standart.aero/en/icao/book/doc-8565-v-1-international-conference-on-air-law-convention-on-offences-and-certain-other-acts-committed-on-board-aircraft-volume-i-minutes-en-cons, last visited on July 5, 2022.

③ Ibid, p. 153.

④ Ibid, p. 179.

⑤ Ibid, p. 178.

⑥ Ibid, p. 219.

⑦ FitzGerald & Gerald F, Offences and Certain Other Acts Committed on Board Aircraft: The Tokyo Convention of 1963, Canadian Yearbook of International Law, vol. 2, 1964, p. 196.

⑧ Ibid, Rome Draft Article 9 "Neither the aircraft commander, another member of the crew, a passenger, the owner or operator of the aircraft nor the person on whose behalf the flight was performed, shall be liable to the person against whom measures or actions are taken in accordance with the provisions of this Convention, on account of such measures or actions".

⑨ Grant, above note 25, pp. 317-324.

主张草案的规定与对己行为负责原则相矛盾,即使是处于特殊职位的机长,也不能突破这一原则,但是该提议最终并未获得通过。① 同时,各国代表也否决了法国提出的将豁免仅限于民事诉讼程序的意见,最终《东京公约》将保护范围扩展到包含刑事、行政以及民事在内的"任何程序"。② 这表明公约在制定过程中对机长行权给予了极大的保护,打消了机长因履职行为而陷入诉累的担忧,从而可以更加积极有效地处置航行中的危害事件。

综上所述,从《东京公约》的缔约史中可以推断出,缔约国对"合理"要件的判断持较为宽松的态度,其对航空安全的价值追求使得制定立场更偏向给予机长自主判断的权利,立法的主要目的是鼓励机长积极采取措施以应对航行中突发的危害事件,以维护航空器安全和机舱正常秩序,并对机长在此期间发生的错误行径予以包容。这也表明公约中的"合理"一词的本义并不是在事后判断机长行为是否符合理性人的标准,而是充分尊重机长的判断及意见,能够包含非理性因素在内的。所以结合对立法者原意及相关资料的分析,可以进一步佐证文义解释的局限性,也说明了体系解释结论的合理性。

二、"合理"要件的实践分析

《东京公约》引入"合理"一词的目标是在维护民用航空安全这一优先价值的同时尽可能保障个人的权利。③ 但随着安检技术和相关制度的确立和完善,使得劫机事件发生的概率相较于《东京公约》制定时已经大大降低,人们更多地开始关注自身在客舱内的权利。形象地说,原有的主要矛盾已经从敌我矛盾转变为客舱的内部矛盾,人们关注的重点开始转向该如何保障自身合法出行的权利免于被处于优势地位的承运人及其代理人侵扰的问题。而正是由于《东京公约》未明晰"合理"一词的判断标准,使得各地法院对此变化有着充足的释法空间,在实践中出现了富有争议的案件,而下文将对这些典型案例进行分析,探讨法院裁判背后所奉行的价值标准。但从另一个角度看,司法实践中出现的适用不同"合理"标准进行裁判的案件也是对《东京

---

① Grant, above note 30, p. 197.
② Grant, above note 5, p. 344.
③ Grant, above note 25, p. 156.

公约》现代化的一次大胆尝试。

当前各国法院通过案例已经对"合理"要件的判断问题做了一定程度的探索，例如在 1993 年 Levy 案中，美国地区法院就裁决机组使用镇静剂"安定"乘客的措施是合理的。[1] 但不可否认的是，由于《东京公约》并未明确机长行权时的"合理"标准，使得法院在运用这类语义表述不明的条款时难以形成一致的看法，而现有判例的分歧也证明了这一困难。[2] 因此，有必要结合案情对"合理"要件进行分析，探析何种既有标准更符合制度原意及时代发展趋势。

（一）高度尊重标准

高度尊重标准（Highly Deferential Standard）是以色列法院审理 Zikry 诉加拿大航空公司案时所适用的解释路径。[3] 在该案中，原告 Zikry 搭乘被告加拿大航空公司的航班，从特拉维夫飞往多伦多。飞行期间，机组人员怀疑 Zikry 曾在厕所吸烟，由此发生争执并收走了他的护照。待飞机降落多伦多后，Zikry 被当地警察扣留并进行询问，虽然最后被释放，但是加拿大航空公司仍然拒绝他搭乘公司旗下航班继续前往蒙特利尔。[4] 事后，Zikry 以加拿大航空公司违反《以色列诽谤禁止法》为由，将其诉至以色列海法治安法庭（Magistrates Court of Haifa）。[5]

海法法院认为，本案审查的重点不在于证明 Zikry 实际是否实施了某些行为，而应当基于事发时的情况证明包括机长在内的机组人员有合理的理由相信飞行安全处于危险中，或者有合理的理由相信 Zikry 已经实施了某种行为，

---

[1] Levy v. American Airlines, 1993 U. S. Dist. LEXIS 7842, 1993 WL 205857, pp. 18-21, pp. 45-47.

[2] International Conference on Air Law, Amendment to Article 10 of The Tokyo Convention 1963, DCTC Doc No. 15, p. 2, URL: https://www.icao.int/Meetings/AirLaw/Documents/DCTC_15_en.pdf, last visited on January 1, 2023.

[3] Zikry v. Canada, Civil File No. 1716/05 A, Magistrates Court of Haifa 2006.

[4] Moshe Leshem, Court Analyzes the Elements of Air Carriers Immunity Under the Tokyo Convention 1963: Zikry v. Air Canada, Air and Space Law, vol. 32, issue 3, 2007, p. 220.

[5] 根据以色列《司法机关基本法》（《Basic Laws of Israel: The Judiciary》）第一章之规定，以色列设立三级法院：最高法院、地区法院以及治安法庭（亦称基层裁判法院、地方法院等），后两者同属一审法庭。本案系由以色列法院系统中的一审法庭审理，具体司法制度详见王贵国、李鋆麟、梁美芬主编，《"一带一路"沿线国家法律精要：伊拉克、以色列、哈萨克斯坦、阿曼卷》，浙江大学出版社 2019 年版，第 119 页。

即使事后发现这是错误的担心。① 法院查明，由于 Zikry 频繁往返于座位和卫生间，其身上混杂着烟草味，且在机上卫生间的垃圾箱内发现的烟蒂与其行李中携带的香烟属同一品牌。所以，法院最后认定机长基于上述事实对 Zikry 做出不利判断并采取措施具有合理性。

海法法院的裁判高度尊重了《东京公约》赋予机长的权力，在解释合理性标准时并没有以"事后诸葛亮"的心态去评判，而是从特定情形出发考察机长是否有合理理由相信行为人实施了危及航空安全的行为，这种判断合理性的方法被称为高度尊重标准。② 同时也为 IATA 等国际组织所推崇。③ 尽管鲜有国家直接在案例中对《东京公约》第六条"合理性"标准进行释法，但并不意味着仅有以色列会采取高度尊重标准。2014 年 IATA 等成员提出的《1963 年东京公约第十条修正案》（以下简称"《修正案》"）的内容显示，包括德国、比利时等在内的发达国家都很有可能在其国内出现类似争端时采取高度尊重标准来认定"合理性"。④ 鉴于机长的职权显示出一定的刑事司法性，其可对客舱内的违法行为进行管束，⑤ 所以德国认为机长拥有类似警察的权力，无论危险是真实的还是明显的，机长都能被允许采取包括限制在内的措施来防止当前的危险。⑥ 比利时在《航空法》中也认为机长可以在飞行期间采取其认为适当的一切措施，包括潜在的限制措施，以防止或避免行为人继续实施第二十七条所禁止的行为。⑦ 此外，根据西班牙《航空法》采取了同德国类似的立场，认定机长具有执法官员的身份，所以出于对安全和安保问题的考虑，法院在确定机长行权是否合理时，会充分尊重机长为避免实际

---

① International Civil Aviation Organization Legal Committee-35th Session, Comments of the International Air Transport Association (IATA) on LC/35-WP/2-1 and The Legal Aspects of The Issue of Unruly Passengers, LC/35 - WP/2 - 2, p. 5. URL: https: //www.icao.int/Meetings/LC35/Working% 20Papers/LC35. WP. 2-2%20IATA. English%20only. pdf, last visited on January 1, 2023.

② Ibid, p. 5; Grant, supra note 25, p. 155.

③ Grant, above note 37, p. 3.

④ Grant, above note 37, Appendix 2-3.

⑤ 刘晓山、夏娜：《试论机长职权——以刑事司法职权为基点》，载《江西师范大学学报（哲学社会科学版）》2016 年第 4 期，第 74 页。

⑥ Grant, above note 37, Appendix-3.

⑦ Ibid, Appendix, Article 27 bis of the Law of 27 June 1937 provides that, without prejudice to the provisions of the Tokyo Convention, "the commander may take, during the flight, every reasonable measure including potential restraint measures, which he deems [emphasis added] appropriate to prevent or to avoid the committing of an act prohibited pursuant to Article 27 from being continued".

和明确的危险而采取的行动。①

（二）客观理性标准

Eid 诉美国阿拉斯加航空公司案在确保飞机航行安全和尊重国际航班机长自主判断权时，采取了同 Zikry 案不一样的立场。②

在温哥华飞往拉斯维加斯的国际航班上，机长先后两次接到乘务员的电话。在第一次通话中，机长得知乘务员在头等舱陷入困境，尽管一切尚处于可控范围，但乘务员仍希望在降落后有安保人员在场；随后的第二次通话中，乘务员叫喊着告诉机长其已经失去了对头等舱的控制。结合两次通话内容及从电话中传来的吵闹声，机长决定进行紧急降落。待飞机降落美国里诺后，原告 Eid 一行人被警察带走调查。尽管当局并未发现原告等人存在任何犯罪行为，但机长仍拒绝让其登机，Eid 等人又不得不另行购买美国西部航空公司的机票前往目的地，然而阿拉斯加航空又联系美国西部航空试图要求其拒载 Eid 一行人，并同时向美国反恐部门进行报告。这种做法不仅使原告延误了飞机，甚至在其后续的商务会面中被反恐部门逮捕，丧失了交易机会，于是 Eid 将阿拉斯加航空诉至法庭以寻求救济。

庭审中，法庭虽然同意机长有权力在紧急情况下采取果断的措施，但认为就当时客观情况而言，事态并不紧急，不作为后果也并不严重。③ 在没有乘客做出任何威胁、攻击机组人员的情况下，机长甚至没有进一步询问也没有查看客舱情况，便草率地做出了紧急降落的决定。且法庭认为简单地不服从或迟钝地遵守指示并不等同于"攻击"或"恐吓"空乘人员，且"事情变得无法控制"也并不意味着犯罪行为。④ 在法庭看来，机长的行为是缺乏合理性根据的，他不能根据"不足以支持他认为某人已经或即将实施的行为倾向"这一事实来采取行动。⑤ 即便机长实施紧急降落具有合理性，但在飞机由地面人员接管，危机得以消除的前提下，机长也没有了解事发经过，没有进行调查。且在经当局调查确认原告不存在犯罪行为后，机长仍旧拒绝其登机，这

---

① Ibid, Appendix-5.
② Eid v. Alaska Airlines, Inc., 621 F.3d 858, 65 A.L.R. Fed. 2d 611; Grant, above note 19, p.386.
③ Eid v. Alaska Airlines, Inc., 621 F.3d 858, p.888.
④ Ibid, p.871.
⑤ Grant, above note 25, p.155; also see Eid v. Alaska Airlines, Inc., 621 F.3d 858, p.866.

种做法完全丧失了合理基础，很难不让人联想到机长的目的仅仅在于安抚一个空姐，或其拒绝原告的行为与安全或秩序无关仅因其原告的国籍或种族。① 同时，法院也认为乘客也有得到尊重和公平对待的合法权益，特别是在国际航班中，外国乘客处于航空公司的控制之下，如果给予机组人员不受约束的自由裁量权，很可能会让外籍乘客遭到航空公司的不公正对待，被滞留外地，② 所以应当客观理性地判断机长的行为。

最终法庭在考虑 Cordero 案的观点后，即"当航空公司基于'不合理或非理性'形成的信念而禁止乘客登机时，他们不享有豁免权"，③ 认定机长的措施不合理并做出了有利于乘客的判决。这种判断标准也可能被新加坡法院认可。尽管新加坡并没有直接解释《东京公约》第 6 条的案例，但是在其《刑法典》第二十六条规定了可信理由（reason to believe）条款，④ 其高等法院在解释该条款时提出了"可信理由"测试（the "reason to believe" test），也就是从一个有知识和经验的理性人角度来评估行为人作为的理由。⑤ 由此可以推断出新加坡法院对机长行权合理性进行判断时，也会采取近似的观点，即如果机长行动前进行了相应的调查或询问，那么法院可能会在此基础上尊重机长的判断和措施；反之，则可能认定机长没有可信的理由。

（三）任意武断标准

任意武断标准（Arbitrary and Capricious Standard）是美国法院依据 49 U.S.C. § 44902（b）判断航空公司在特殊情况下拒绝承运旅客的"合理性"时总结出的相关规则。⑥ 尽管该条款并没有出现"合理理由"（Reasonable Grounds）这一短语，但通过法院的释法行为，已经在美国司法实践中形成了

---

① 参见 ibid.

② Ibid., p. 874.

③ Cordero v. Cia Mexicana de Aviacion, S. A., 681 F. 2d 669, p. 671.

④ The Statutes of the Republic of Singapore Penal Code 1871, 2020 revised edition, Chapter 2, Section 26: A person is said to have "reason to believe" a thing, if he has sufficient cause to believe that thing, but not otherwise. Available at https：//sso.agc.gov.sg/Act/PC1871? ProvIds = P42_6-#P42_6-, last visited on August 30, 2022.

⑤ Grant, above note 37, Appendix 4-5. Also see the High Court of Singapore, Ow Yew Beng v Public Prosecutor, MA No 30 of 2002, at para 10. Available at https：//www.elitigation.sg/gd/s/2002_SGHC_301, last visited on August 30, 2022.

⑥ 49 U.S.C.S. § 44902 (b) Permissive Refusal —Subject to regulations of the Administrator of the Transportation Security Administration, an air carrier, intrastate air carrier, or foreign air carrier may refuse to transport a passenger or property the carrier decides is, or might be, inimical to safety. Available at https：//www.law.cornell.edu/uscode/text/49/44902, last visited on July 7, 2022.

类似于《东京公约》中的"合理性"标准,即如果机长认为乘客有危害航空安全的可能,则其基于合理理由所采取的§44902(b)项下的行动是合理的。① 故此,鉴于美国国内法院在判断§44902(b)的适用前提时,采取了同《东京公约》相似的标准,结合其国内既有判例对进一步探析"合理性"标准具有一定的参考价值。

美国第二巡回法院在1975年Williams诉美国环球航空公司案中确立了任意武断标准。② Williams系非洲裔美国人,其早年因涉嫌绑架被美国联邦调查局通缉而离境出逃,直至1969年Williams才决定从坦桑尼亚搭乘飞机经英国伦敦中转最后返回美国底特律,接受当局制裁。当其购买了环球航空公司从伦敦飞往底特律的机票后,美国联邦调查局电告环球航空公司称,Williams会携带枪支且患有精神分裂,是个危险人物,待其到达底特律机场后可能会引起大规模游行示威,③ 所以建议飞机停泊在旅客到达楼以外的其他地方或者改道其他机场。④ 事后,环球航空公司考虑到其近期遭受的多起劫机事件后决定拒绝Williams搭乘其航班,导致Williams在1969年9月5日抵达伦敦后无法及时中转离境被英国当局视为非法移民收监至本顿维尔监狱,直至1969年9月12日Williams才离英返美。⑤ 待Williams抵美后,其以环球航空公司拒绝其登机的行为构成种族歧视及违反相关法律规定为由将其诉至法院。⑥

美国第二巡回法庭在审理中认为,判断环球航空公司是否恰当行使权力的前提取决于其在形成意见或做出决定时已知的事实或情形,应根据这些事实和情形来判断该意见或决定是否合理而非任意武断的,而不应受事后发现的真实情况的约束。⑦ 而环球航空公司是依据其当时已掌握的信息而做出限制Williams登机的决定,考虑到不采取相关措施的潜在风险,则必须允许其依据"不完全确定"的信息,在有限时间范围内做出决定,⑧ 除非能够证明环球航空公司所采取的措施是任意武断的,否则应予以免责,所以法院最终认定了

---

① Grant, above note 50, p. 882.
② Williams v. Trans World Airlines, 509 F. 2d 942, 1975 U. S. App. LEXIS 16638.
③ Ibid, p. 947.
④ Ibid, p. 944.
⑤ Ibid, pp. 945-946.
⑥ Ibid, p. 946.
⑦ Ibid, p. 947
⑧ Ibid, p. 946, p. 948.

环球航空公司行为的合理性。①

而上述标准又在美国法院适用49U. S. C. §44902（b）审理Cerqueira诉美国航空和Al-Watan诉美利坚航空等案件中，得到了进一步重申。② 在Cerqueira案中，巡回法庭认为该标准协调了安全的首要任务和其他重要政策之间的关系，并再一次强调了违反§44902（b）的前提是机长采取的行为或决定是任意的或武断的，除非能够证明这一点，否则机长不承担相应责任。③ 特别是对于涉及安全的问题必须要在有限信息的基础上迅速做出。④ 在Al-Watan案中，法院强调在判断机长行为是否构成任意或武断时应当基于做出决定时的特定情形，而非事后发现的新事实。⑤ 尽管任意武断标准充分尊重了机长的意见，但并不意味着完全豁免机长的行为措施，若认定机长所采取的措施构成任意或武断，则需要承担责任。这与高度尊重标准下的完全豁免有所区别。

（四）上述三种标准的局限性分析

对同一标准的理解有三种不同的路径，特别是在Eid案和Zikry案中，出现了截然相反的认定标准，都说明了《东京公约》在适用上的难题。

就Zikry案而言，海法法院在适用《东京公约》时，对机长权力给予了最大程度的尊重，裁判时充分考虑机组所处的特殊环境，无论客观事实状态是什么，只要机组成员有合理理由相信Zikry已经或者即将在飞机上实施被禁止行为，就符合《东京公约》确定的豁免权要素。⑥ 就裁判目的而言，整体更偏向于维护航空器安全和飞行秩序。然而这种一概不受惩罚的做法可能显得过于宽松，甚至是危险的。⑦ 权力必须受到控制才能保证其正当合理地

---

① Ibid, p. 949.

② Cerqueira v. Am. Airlines, Inc., 520 F. 3d 1, 2008 U. S. App. LEXIS 456, pp. 12-14; Al-Watan v. American Airlines, Inc., 658 F. Supp. 2d 816, 2009 U. S. Dist. LEXIS 79605, p. 830. Also see Adamsons v. American Airlines, Inc., 58 N. Y. 2d 42, 444 N. E. 2d 21; Cordero v. Cia Mexicana de Aviacion, S. A., 681 F. 2d 669, 1982 U. S. App. LEXIS 17396; Dasrath v. Continental Airlines, Inc., 467 F. Supp. 2d 431, 443-44 (D. N. J. 2006); Berlin v. JetBlue Airways Corp., 2022 U. S. Dist. LEXIS 81806, 2022 WL 1423695.

③ Cerqueira v. Am. Airlines, Inc., 520 F. 3d 1, p. 14.

④ Ibid, p. 12, p. 14.

⑤ Al-Watan v. American Airlines, Inc., 658 F. Supp. 2d 816, 2009 U. S. Dist. LEXIS 79605, p. 830

⑥ Grant, above note 39, p. 220.

⑦ Fuller, Lon L, The Case of the Speluncean Explorers, Harvard Law Review, vol. 62, no. 4, 1949, pp. 616-645.

使用,① 完全豁免的结果有可能会损害乘客的合法权益。

而美国巡回法庭在审理 Eid 案时对"合理"一词的解释明显采用文义解释的方式,基于"理性人标准"对于机长行为做出判断,即机长不应简单地接受其机组人员的报告。相反,机长应该对有关乘客的行为进行某种评价性调查,以确定是否存在合理的理由来使用《东京公约》赋予他的权力。然而,就当时情形而言,机长驾驶着飞机以每小时 500 英里的速度向目的地驶去,在机长接到乘务员的电话时,飞机距目的地仅剩 25 分钟的航程,这意味着机长只有极短的时间决定是否实施紧急降落,如果在此期间要求机长实施观察、反复询问等措施,则机长很有可能丧失实施紧急降落的最佳时机,增加航空器面临的不确定性,提升了潜在的风险。通常情况下,在机上发生骚乱等特殊情况时,飞行员必须留在封闭的驾驶室内,不可以离开机舱去帮助其他机组成员。② 正如国际航协所称,正是基于对快速判断和反应行动的需要,才在客机上配备了安保人员,这实际上从侧面说明了要求机长从驾驶舱门评估客舱情况的客观不能。③ 所以,在面对危机时,对机长施以过高的标准,反而不利于维护航空飞行安全。

尽管《东京公约》背后的用意是赋予机长充分的权力,④ 但并不意味这项权力不受任何制约。Zikry 案显然忽视了对个人正当权益的保护。在 Eid 案中,法院虽然考虑到保护个人权利的重要性,但是过于强调客观理性标准,反而有碍机长积极作为,不利于维护航空安全;在这种矛盾冲突下,Williams 案中确立的既尊重机长主观判断的权力又考虑到保护个人权利的任意武断标准似乎有效解决了这个问题。然而,Eid 案中的大多数法官认为这一标准的适用主体通常是行政机关或司法官员,而不能用来评判个人的行为。同时,必须认识到这一标准是美国法院在 49U. S. C. §44902(b)中缺乏"合理理由"

---

① 汪习根、周刚志:《论法治社会权力与权利关系的理性定位》,载《政治与法律》2003 年第 2 期,第 19 页。

② See U. S. Federal Aviation Administration Crew Training Manual, Common Strategy for Hijack, appendix II, at 21 (reproduced above note 19, p. 18). What's more, according to the U. S. 14 Code of Federal Regulations § 121. 587-Closing and locking of flightcrew compartment door, a pilot in command of an airplane that has a lockable flightcrew compartment door shall endure that the door is closed and locked all the times when the aircraft is being operated.

③ Grant, above note 41, p. 6.

④ Aaron B. Swerdlow, Modern Approaches to the Powers of the Aircraft Commander under Article 6 of the Tokyo Convention, Issues in Aviation Law and Policy, vol. 10, issue 1, 2010, p. 5.

这一词组的情况下，对其国内法适用进行的释明。在《东京公约》明确提及"合理标准"的前提下，能否将这两种标准等同适用仍待商榷。一方面，《东京公约》中并没有明确或暗示采取任意武断标准的依据，两种标准显然并不一致；另一方面，若认为二者一致，只是换种方式表达相同含义的，则会造成混淆。① 同时，以这样的标准来解读《东京公约》中的合理性标准确实有失偏颇，有可能会扩充其原意。除此以外，即便能够在《东京公约》中适用任意武断标准，但依旧会存在该如何定义任意行为、由谁或以何种方式来判断行为是否属于武断的问题，况且各国实际国情不一致，对特殊情形的容忍程度也不完全一致，无法就何为武断给出统一衡量标准，不排除在国际航班中发生的同一行为在不同国家有不同判断结果的可能。所以，这种标准的提出看似较为妥当，但是并没有明确具体的内容，实践中仍然具有一定的局限性。

尊重和保护权利，不是一件轻松而美妙的事情。② 尽管上述三种标准有适用的合理之处，但是高度尊重标准并不能很好地保障个人权利，客观合理标准过度限制了机长的权力，不利于维护航空安全，而看似合理的任意武断标准也因缺乏具体的判断标准，不能很好地解决"合理性"标准的模糊性问题。所以，在运用《东京公约》时，必须要认识到该公约所追求的制度目标，在此基础上尊重并保障航空飞行中应有的权利，兼顾航空安全利益和个人权益发展目标，在此基础上细化相关判断要件。

三、"合理"要件的判断标准

如果有多种矛盾存在，其中必有一种是主要的、起着领导的、决定的作用，其他则处于次要和服从的地位，着重捉住起支配地位的主要矛盾，才是解决问题的关键。③ 在面对民用航空器机长行权合理性判断的问题时，必须清楚地认识到维护航空安全和保障个人自由两种价值理念在现实中不会如 Eid 案中的多数意见所暗示的能够实现完全平等地衡量，④ 某一价值必须成为主要

---

① Grant, above note 50, p. 867.
② 参见夏勇：《权利哲学的基本问题》，载《法学研究》2004 年第 3 期，第 19 页。
③ 毛泽东：《毛泽东选集》（第一卷），人民出版社 1991 年版，第 322 页。
④ Grant, above note 50, p. 885.

价值而优于另一价值，对机长的判断起着决定性的影响。尽管《东京公约》是在 20 世纪 60 年代解决飞行中的暴力和刑事犯罪问题，特别是为应对劫机事件而制定的，[①] 其主要目标是加强航空安全。而安全问题作为悬在民航发展之上的达摩克利斯之剑，无论时代如何变化，航空安全仍然是民航在发展中最优先和最核心的事项。所以在适用合理标准时，必须将维护航空安全放在首位，将其作为判断机长措施合理性的最主要衡量因素。

然而通过对已有案例的分析表明，现存的合理性判断标准均存在不同程度的局限性，难以调和《东京公约》中维护航空安全的制度目标和现实中存在的维护乘机人合法乘机权利之间的矛盾，无法及时回应时代发展需求。故此建议对合理性标准的判断应当取决于特定环境的事实状态，并提出"三要素"判断方法，以期在追求维护航空器安全、客舱正常秩序以及客舱成员人身财产安全的基础上，最大程度地兼顾客舱成员的合法权益。

(一) 目的性

通过对《东京公约》文本、缔约历史及背景的分析可以得出，其根本目的在于维护航空安全。所以，机长采取措施的目的应当是维护航行安全。而国际民航组织将安全定义为："不存在不可接受的人身伤害或飞机和财产损害的风险的状态"。[②] 即如果机长采取措施的出发点不是为了消除上述不安状态，则其行为合理性的前提将不复存在。同时，考虑到航空安全的特殊性及紧迫性，在判断机长行为目的时，应当基于当时特定环境，除非不安因素明显处于得以控制或消除的状态，否则应当尊重机长的判断，认定机长具有合理目的。这种判断要件不仅符合《东京公约》整体的制定思路，也充分考虑到了机上遭遇危险情形时给予机长快速判断和自由处置的权力。

(二) 必要性

机长采取的措施和目的之间应当具有紧密联系，即这种措施是维护航空安全目的所必要的。鉴于航空器环境的封闭性，机上的犯罪或其他混乱活动

[①] Brief Amicus Curiae of professors Paul Dempsey and Pablo Mendes De Leon in Support of Petitioner, No. 10-962, p. 9, available at https://www.mcgill.ca/iasl/files/iasl/AlaskaAirlinesAmicusBrief.pdf, last visited on August 21, 2022.

[②] International Civil Aviation Organization, Safety Management Manual Doc 9859, 4th, vii (2018).

对生命的威胁较大,所以对可疑行为的容忍标准相对较低,对突发事件采取迅速、果断行动的要求必然较高,任何的犹豫都有可能造成机毁人亡的严重后果。如果苛责机长在极短时间内采取完全符合理性的完美措施,是违反常理的。所以不应当对机长是否采取措施做过高的要求,只要机长出于合理目的,经其自我判断相信有采取措施的必要时,就能采取相应的措施。然后在此基础之上对机长采取行为的必要性进行判断。

从某种角度来讲,除非机长采取的措施根本不能起到维护航空安全的效果,否则就应当认定该措施是为了维护航空安全。在面对危机时,所追求的不是满意结果,人的理性是有限的,不可能知道所有的备选方案,[①]所以在紧急事态下,机长依据有限的信息,尽快采取措施才是人们所期望的,至于措施本身是否为最优方案在此不论。换言之,不要求措施和目的之间具有唯一对应关系或者不要求维护航空安全是该争议措施所追求的唯一效果,只要该措施在客观上能够实现维护航空安全的效果,就能认定该措施是维护航空安全所必要的。

(三) 保障个人权利

尽管《东京公约》所追求的是维护航空安全,但是也必须清楚地认识到保障个人权利的重要性。特别是对于国际航班来讲,当某一国民处于另一国航空公司的控制之下,若不对该航班机长的权力进行限制,任由其处置,则会严重损害乘客的正当权利,所以必须确保机长所采取的措施不能对个人的人身和财产权益构成过度剥夺和限制。但必须承认,适当的限制是必需且有必要的。借用拉德布鲁赫公式来理解,即实在的、受到立法与权力保障的航空安全具有优先地位,除非这种法律规定与正义之间的矛盾达到不能容忍的地步,以至于"非正确法"的制定法必须向正义屈服。[②]

当法院在事后审查机长措施是否对行为人造成过度侵害时,首先,应当考虑机长所采取的措施是否对行为人具有明显伤害或限制等恶意,且该措施

---

① [美] 赫伯特·A. 西蒙:《管理行为》(Herbert A. Simon, Administrative behavior: study of decision-making processes in administrative organizations),詹正茂译,机械工业出版社 2013 年版,第 90-119 页。

② [德] 迪特玛尔·冯·德尔·普佛尔腾:《法哲学导论》(原书第二版),雷磊译,中国政法大学出版社 2017 年版,第 100 页。

是否直接引起了严重损害后果，但并不包括直接追求维护航空安全目的时所造成的附带性损害，① 即机长在采取合理措施控制行为人的过程中，使行为人遭受的擦伤等损害后果并不在评价范围内。对行为人被控制后，仍然遭受的无端殴打、辱骂、歧视等类似情形才具有评价意义。其次，机长的措施必须具有法律行为的外观，不能仅具有事实效果。② 如果机长的措施都不具有能够发生法律关系变动的效果，显然不可能对个人权利产生法律意义上的损害。特别是在机长采取措施控制行为人的过程中，确有可能在事实上造成行为人受伤等后果，但只有当机长的措施直接导致行为人产生重大损害时，才能产生法律关系变动的效果；对于因机长"过失"造成行为人轻伤等后果而言，在司法实践中往往会以"过失"所致轻伤不构成犯罪为由，③ 免除机长的相关责任，最终不发生法律关系变动的效果。所以不能仅以机长行权措施在客观上造成损害为由便认定其侵害了个人权利，考虑到机长不采取措施所暗含的巨大风险，只有结合专业的医疗记录或相关事实综合判断机长行权的措施对行为人造成的伤害达到了难以容忍的严重程度时，④ 才满足侵害个人权利的要求。

保障个人权利要件是对前两项要件的限制，确保每个个体都能排除他人的不法干预，保有基本的人性尊严与内涵，不致成为实现其他目的的手段。⑤ 而联合国《公民权利和政治权利国际公约》也明确规定，不得肆意干涉和破坏他人的私生活及名誉，⑥ 即一主权国家尚且负有不得随意干涉他人权利的义务，作为自然人的机长更应如此。所以，机长采取的措施不能过度侵害个人权利，必须要保障行为人应有的合法权利，不能造成损害的进一步扩大。

---

① 赵宏：《实质理性下的形式理性：〈德国基本法〉中基本权的规范模式》，载《比较法研究》2007年第2期，第27页。
② 同前文，第87页。
③ 罗翔：《法治的细节》，云南人民出版社2021年版，第83页。
④ 例如在Berlin案中，法官充分考虑了急救人员的报告、医院医疗记录等文件来判断Berlin所遭受损害的严重程度及与机长行为的相关性。详见Berlin v. JetBlue Airways Corp., 2022 U. S. Dist. LEXIS 81806, 2022 WL 1423695, pp. 21–22.
⑤ 赵宏：《疫情防控下个人的权利限缩与边界》，载《比较法研究》2020年第2期，第23页。
⑥ 联合国《公民权利及政治权利国际公约》第十七条，联合国大会1966年12月16日第2200（XXI）号决议通过，URL：https://www.un.org/zh/documents/treaty/A-RES-2200-XXI-2，最后访问日期：2022年7月29日；亦参见张望平：《论民航机长的权力》，载《北京理工大学学报（社会科学版）》2017年第3期，第125页。

上述三点是判断"合理性"要件的基本要素,只有同时满足上述三点要素的行为才能被认定为符合合理性要求,从而适用豁免制度。这种具体要素的判断方法,一方面考虑到机长在有限的时间内进行理性分析并在此基础上做出最佳判断的要求是不切实际的,所以从目的性和必要性两点要素出发,除非有相反证据证明,否则应最大程度地尊重机长的判断权,这种判断方式也是符合《东京公约》的制定目标和价值追求的。另一方面考虑到对保障乘机人权利的现实需求,引入保障个人权利要素,具体分析机长所采取措施是否构成对个人权利的变相限制。这种"三要素"的判断方式不仅能够统一《东京公约》的适用标准,还能使《东京公约》适应现代社会的发展,无疑是更具有可行性的方法。

四、"合理"要件的转化适用

缺乏"合理性"判断标准的问题不仅存在于《东京公约》,我国《中华人民共和国民用航空法》(以下简称《民用航空法》)也存在相同的问题,特别是较前者而言,我国《民用航空法》至今未就机长行权问题建立完善的保护制度,使得法院在对机长行权行为进行判断时,可能会因分别适用国内法和国际法而出现不同的法律结果。尽管《民用航空法》已经在2021年得以修正,但是在机长行权制度方面仍待完善。根据《中国民用航空局关于印发加强民航法治建设若干意见的通知》(以下简称《通知》)的精神,在推进我国民航法治建设和相关制度完善的过程中,需要注重与国际公约、国际惯例的有效衔接,推动我国民航法治体系的国际化发展,[1] 因此,有必要在《东京公约》的基础上进一步分析我国《民用航空法》在机长行权"合理性"问题上的完善路径,更好地实现国内法同国际法的有机结合。

(一)转化适用的现状及问题

在我国民航法律体系中,关于机长行权的"合理性"规定主要集中在《民用航空法》第四十六条,即机长有权对处于飞行状态中发生的任何危及航

---

[1] 民航发〔2015〕36号,2015年5月19日发,http://www.caac.gov.cn/XXGK/XXGK/ZFGW/201601/P020160122452801172476.pdf,最后访问日期:2022年8月22日。

空安全的行为采取必要的适当措施，①以及《中华人民共和国民用航空安全保卫条例》（以下简称《条例》）第二十三条，即机长可以采取包括管束在内的必要措施。②尽管上述规定并未明确提及"合理性"一词，但其中出现的"适当""必要"等词语同"合理"一样，都暗含着客观上存在判断行为是否合适的标准或者作为的限度。③然而我国《民用航空法》在转化适用《东京公约》的相关内容时，并未充分注意到这一问题，时至2021年第六次《民用航空法》修正也未明确第四十六条规定的机长行权的标准，使得该条缺少基本的可预期性和明确性要求，在司法实践中产生了一些问题。

第一，法院缺少可直接适用的裁判依据且无法通过实践总结出统一的标准。虽然我国司法实践中没有直接判断机长行权"合理性"的案件，但在应继承诉中国北方航空名誉权和人身侵权纠纷案中，④杭州中院对安全员采取措施的限度进行了解释，这对分析机长行权的"合理性"标准具有一定的借鉴意义。

在该案中，杭州中院首先认为《条例》对机长等机组成员可采取措施的范围和程度均做出了限制，说明上述人员在行权时不能超过必要限度。其次结合民航公安部门在事发后并未对应继承进行处罚的事实，杭州中院最终认定应继承的行为并未危及航空安全、扰乱航空秩序，反而是机组成员对应继承采取的措施超越了法律法规的限度，不具有合理性。杭州中院是通过事后审查的客观理性标准对机组成员可采取措施的限度进行了判断，即依据行政机关对应继承的处罚结果来判断机组成员采取的措施是否超过了必要限度。

---

① 《民用航空法》第四十六条 飞行中，对于任何破坏民用航空器、扰乱民用航空器内秩序、危害民用航空器所载人员或者财产安全以及其他危及飞行安全的行为，在保证安全的前提下，机长有权采取必要的适当措施。飞行中，遇到特殊情况时，为保证民用航空器及其所载人员的安全，机长有权对民用航空器作出处置

② 《中华人民共和国民用航空安全保卫条例》第二十三条规定："机长在执行职务时，可以行使下列权力：（一）在航空器起飞前，发现有关方面对航空器未采取本条例规定的安全措施的，拒绝起飞；（二）在航空器飞行中，对扰乱航空器内秩序、干扰机组人员正常工作而不听劝阻的人，采取必要的管束措施；（三）在航空器飞行中，对劫持、破坏航空器或者其他危及安全的行为，采取必要的措施；（四）在航空器飞行中遇到特殊情况时，对航空器的处置作最后决定。"

③ 中国社会科学院语言研究所词典编辑室编：《现代汉语词典》，商务印书馆2016年版，第70、524、1198页。

④ 应继承诉中国北方航空名誉权和人身侵权纠纷案，杭州市中级人民法院（1999）杭民初字第16号民事判决书；有关本案的相关内容亦可参见董念清：《中国航空法：判例与问题研究》，法律出版社2007年版，第245-255页。

但这一结论显然忽视了同一行为发生在地面和处于飞行状态中的航空器上会具有不同的社会危害性。① 同时也会形成消极的示范效应，即机组成员可能为避免担责，在面临危及情形时未能及时采取措施从而诱发更严重的后果，造成更大的损失。所以在浙江省高级人民法院对本案进行二审后撤销了一审判决，通过认定应继承构成寻衅滋事，危及飞行安全，说明机组成员对应继承采取相关措施具有正当性。② 但以这种口袋罪对其行为定性的方式，③ 让法院回避了确定包括机长在内的机组成员行权具体标准的问题，所以我国司法实践缺乏能够对行权"合理性"问题进行说理的有效判例，至今尚未对这一问题得出统一的处理意见，使得《民用航空法》第四十六条以及《条例》第二十三条在实务中的适用面临着较大的不确定性。

第二，现有制度无法实现鼓励机长积极作为以应对突发危机事件的作用。《东京公约》第十条为机长行权提供了完整的责任豁免制度，打消了机长因作为而可能遭受诉累的疑虑，客观上能够实现鼓励机长快速反应、及时采取行动的效果。但我国《民用航空法》在豁免制度的构建上存在缺位。正如上文所分析的，让机长在特殊情况下做出完全正确的决定是不现实的，而相较于保障机上人员生命和财产安全的价值而言，允许机长在追求上述价值的过程中犯错的代价是能够承受的。

就"东海航空互殴案"而言，当机长被乘务员殴打且处于被压制状态时，乘务员的行为已经直接对飞机的航行安全造成了严重威胁，④ 若乘务员将机长殴打至失去驾驶能力，无疑会造成机毁人亡的严重危害后果。机长在这种情形下有权依据《民用航空法》及《条例》的相关规定，对处于飞行中发生的任何危及航空安全的行为采取适当措施，即机长能够采取一定的行动让自己

---

① 张卫华：《对民用航空法修订征求意见稿的若干修改意见——以国际民用航空安保条约为视角》，载《北京航空航天大学学报（社会科学版）》2017年第1期，第52页。

② 应继承诉中国北方航空名誉权和人身侵权纠纷上诉案，浙江省高级人民法院（2000）浙法民终字第35号民事判决书。

③ 张明楷：《〈刑法修正案（十一）〉对口袋罪的限缩及其意义》，载《当代法学》2022年第4期，第5页。

④ 就该案而言，关键在于区分行为和损害之间的因果关系。机长未采取适当措施对乘务员的违规行为进行处理本身并不会直接危及航空安全或者破坏客舱秩序的后果发生，二者没有直接的因果关系。机长行使的是其依据《民用航空法》第四十四条的规定对机组成员的管理权能，即使这种管理方式不当，事后也应由航空公司依据其内部规定对机长做出处罚。事实上，正是乘务员对机长直接实施的殴打行为才是造成本次事件的根本原因，所以不应当将机长没有采取适当措施作为追究其责任的理由。

脱离被压制状态，确保机长自身的安全就是确保飞行的安全。即使机长在采取措施的过程中致使乘务员受伤，这也是为了维护飞机航行安全所能容忍的代价。然而，由于我国现有民航法治体系并没有明确规定机长的责任豁免制度，使得机长在此种情况下，可能会因为对乘务员采取措施而被认定为互殴，从而在事后遭受民事、行政甚至刑事责任的追究，相反，如果机长在此种情形下任由乘务员殴打而不采取措施，则有可能会被免于追责，但却可能会面临机毁人亡的严重后果。显然，因责任豁免制度缺位所引发的后果是不合乎情理的，也不是法律所追求和期望的。

现有的司法实践已经反映出我国在对《东京公约》的相关规定转化适用时存在一些问题，让机长在面对危及航空安全的突发事件时，特别是突然发生的有可能造成坠机等严重后果的事件时，缺乏明确的行权标准指引。外加责任豁免制度的缺位，也使得机长在应对这类突发事件时可能为了避免追责而踌躇不前，[1] 反应相对滞后，丧失最佳处理窗口期，不利于应对突发危机事件。

（二）完善我国现有规定的建议

在结合我国实际国情以及民航局《通知》的基础上，充分借鉴域外司法实践经验，针对我国在适用《民用航空法》及《条例》对机长行权的"合理性"进行判断时所反映出来的问题，具体提出以下四点建议：

首先，通过法律明确规定或者司法解释的方法确定我国民用航空器机长行权的"合理性"要素判断标准。由于我国民航法律体系并未明确"合理性"标准的内涵，不仅会导致司法实践缺乏相应的标准指引，也会导致包括机长在内的主体缺乏对行权后果的可预期性，增加了无序的风险。[2] 虽然国际上也尚未就《东京公约》的"合理性"标准形成统一的意见，但是通过对前文的分析和论述，不难得出"三要素"认定方式在确定行权的"合理性"时更具有优势的结论，而这一认定方式在我国也能适用。法院裁判时，首先应当对机长采取措施的目的和措施本身进行评价和认定，若机长是为了实现维

---

[1] 参见林泉：《机长在防范和打击航空器内犯罪中的法律地位》，载《河南社会科学》第2009年第5期，第57页。

[2] 刘峥：《指导性案例旨在实现法的安定性》，载《人民法院报》2013年2月8日，第2版。

护航空安全和客舱秩序的目的,以及机长的措施在客观上能够实现其所追求的前述目的,就应当认定机长行权的正当性;其次为保护乘客的合法权益,还要对机长行权的措施进行再检验,防止对个人权利造成变相限制。这样的方法不仅能够在最大程度上追求航空安全的目标,也能兼顾社会发展需求,维护个人正当合法权益。综上所述,我国采取"三要素"方法对机长行权的"合理性"问题进行判断无疑是更明确、更能符合公约本意也是更契合我国实际国情的方法。

其次,为鼓励机长积极作为,履行机长职责,更好地实现维护航空安全的目标,应该建立和完善我国的责任豁免制度。尽管2016年《民用航空法修订意见稿》提出了相关的责任豁免条款,① 但最终通过稿却删除了这一规定,造成了我国《民用航空法》与《东京公约》在对机长权力规定的衔接方面存在脱节。特别是在国内航班上,机长可能会因为犹豫等情形错失处理的最佳时机,造成难以挽回的损失。所以,可以以《东京公约》第十条为蓝本,将其引入我国《民用航空法》中,鼓励机长能够采取果断措施维护民航安全。

再次,依据国际民航组织在2019年发布的《不循规和扰乱性旅客法律问题手册》的规定,② 进一步细化我国民航法治体系下的机长可采取措施的前提,为机长行权划定界限。除此以外,航空公司还应加大对包括机长在内的机组人员的培训力度,制定相关的应对手册,为机组采取措施提供指引。

最后,还可依据《芝加哥公约》附件九第6.44项规定,③ 注重对乘客的宣传和引导,确保乘客能够认识到其个人不当行为所引发的后果,从根本上减少机长行权的次数。只有这样,才能在法律和社会之间形成治理合力,更好地推动我国民航法治朝着体系化、规范化、国际化方向的发展。

---

① 2016年《中华人民共和国民用航空法(修订征求意见稿)》第一百五十条之七第三款规定"机长、空中警察、机组其他成员和旅客、有关承运人、民用航空器所有人,按照本法规定履行安全保卫职责,在必要限度内采取适当措施而造成损失的,不承担法律责任",http://www.caac.gov.cn/HDJL/YJZJ/201608/t20160808_39341.html,最后访问日期:2023年1月28日。

② 国际民航组织:《不循规和扰乱性旅客法律问题手册》(DOC 10117),http://www.icscc.org.cn/upload/file/20200603/20200603135557_24614.pdf,最后访问日期:2023年1月24日。

③ 国际民航组织:《国际民用航空公约》附件9—简化手续,第十五版,http://www.icscc.org.cn/upload/file/20200508/20200508101010_39838.pdf,最后访问日期:2023年1月24日。

结语与展望

尽管《东京公约》规定了机长可以对航空器上发生的犯罪等行为采取合理措施,并且也在程序方面规定了豁免权,[1]但目前合理性的判断标准仍然缺乏国际共识,无法形成统一的司法裁判标准。且随着时代的发展,人们权利意识逐渐提升,原本模糊的合理性标准难以维系。所以,无论是从填补《东京公约》自身法律漏洞的要求,还是满足时代发展的现实需求方面来讲,从目的性、必要性及保障个人权利三个方面明确"合理性"标准都是有必要的。同时,这样的判断标准还能在尽量保持原文的基础上,满足《东京公约》在合理性问题上现代化的需求。

除此以外,机长作为狭窄机舱里的"无冕之王",[2]只有在立法上明确其权责关系,才能更好地助力民航法治的发展。当前我国《民用航空法》在转化适用《东京公约》的过程中,忽视了对合理性要件进行细化的需求,在法律逻辑上存在同《东京公约》相同的漏洞。而上述"三要素"判断方法也能够为今后完善及适用法律提供一定的借鉴思路,为机长行使权力提供明确的指引和必要的保护,也能在我国民航法治体系与国际接轨的过程中,填补法律漏洞,保障民航法治体系的完整性和与时俱进,[3]为实现民航强国的发展目标提供强有力的制度保障。

On the Exercise of Power to Civil Aircraft Commanders: An Analysis Based on the "Reasonableness Standard"

Wang Xu

Abstract: The Article 6 of the Tokyo Convention empowers the aircraft commanders to take reasonable measures against people who jeopardize aviation safety,

---

[1] Brian F. Havel & Gabriel S. Sanchez, The Principles and Practice of International Aviation Law, Cambridge University Press, 2014, p.199.
[2] 赵维田:《国际航空法》,社会科学文献出版社2000年版,第436页。
[3] 张莉琼、杨慧:《我国履行国际民用航空安保公约的立法与实践》,法律出版社2014年版,第261页。

but without specifying the criteria of "reasonable". In this regard, foreign judicial practice has formed three approaches to interpretation: highly deferential, reasonableness and arbitrary or capricious which led to opposite results in the application of concerning. In order to solve the issue of conflicting application, it is necessary to base on the purpose of the Tokyo Convention, holds the balance of aircraft safety and personal interests, and from the three specific elements of the purpose, necessity and protection of personal interests to estimate the rationality of aircraft commander when exercising power, which also helpful to form internationally uniform rules of adjudication while refining the rules of application, so as to maximize maintain the aviation safety and avoided excessive erosion of individual interests.

Keywords: Aircraft Commanders Exercise Power Tokyo Convention Standard of Reasonableness Civil Aviation Law

(责任编辑：郭远)

人工智能与司法裁判一席谈[①]

徐柏夷[②]

一、问题的提出

21世纪科学技术突飞猛进,各种新技术、新发明层出不穷,5G、物联网、大数据、电子支付等日益深刻地改变着我们的生产生活方式。人工智能技术更是在多方面介入了我们的生活之中,作为社会纠纷解决最为重要的系统——司法系统自然也受到人工智能的深刻影响,无论是对案件事实、证据材料的分析,还是对法律条文、司法解释以及相似案例的收集整理,人工智能都发挥出极大的作用。将人工智能应用于司法活动已经成为一个不可阻挡的趋势,各类"互联网+法院""大数据+法院""人工智能+法院"等在全国范围内相继涌现。然而科技是一把"双刃剑",人工智能的司法应用同时也造成了一系列的法律问题及社会问题。

为更好地促进人工智能服务司法实践,提高司法改革的质量,北京师范大学法学院珠海校区2021级硕士研究生曹展萌、王珅、宋秋露、凌维瑾、崔佳琦、郭一凡、吴鹤、曹珂瑜,针对人工智能司法应用的利与弊以及可能的解决方案展开了一场讨论。他们各抒己见、见仁见智。择其要点录之于此,或见今日学子对变幻世事认识之点滴。

[①] 此处发表的意见为参与讨论者的个人意见观点,不代表本刊意见。为简明且节省篇幅起见,其所依据的文献来源和学者观点在此不一一注明。

[②] 系本文的整理者。

二、人工智能司法应用的益处

保公正促效率,实现类案同判,是司法活动的本质要求和核心价值追求,也是我国司法体制改革的重要目标和长期着力点。对此,人工智能的司法应用在一定程度上起到了积极推动作用。

(一) 实现类案同判

类案不同判一直是我国司法实践的"顽疾",严重影响了司法公信力。曹展萌认为,人工智能的优势在于整理法规、案例、术语及其他资料,这将有助于实现类案同判。其指出,常见的法律检索系统通常分为数据体系和指标体系。数据体系用于存储法律、法规和案例等信息,指标体系用于对这些信息进行整理和编码,形成关联要素检索系统。根据字词的相似度计算统计数据,分析其中的逻辑并将相似者归类为关联法规及案例。由此,人工智能可以助力法官和律师作出更为一致的判断。

(二) 促进司法公正

公正是法治的生命线,司法公正是维护社会公平正义的最后一道防线。就此问题,凌维瑾认为,人工智能可以有效促进司法公正,这主要体现在以下两个方面。一是人工智能可以对证据材料进行更为专业化的处理与分析。由于人工智能本身不带有主观性,因此相关的智能评价体系更为标准化和专业性,具有高效和稳定的特点,可以增强处理过程的客观理性,提高证据审查认定的科学性和可靠性。同时,人工智能技术可以对各学科知识进行整合,使得该评价系统拥有海量的司法鉴定方面的知识,使其成为某种意义上的智能鉴定专家。这些均大大提升了证据工作的质量,从而促进了司法公正的实现。

二是人工智能的运用可以实现对司法权的有效监督,会促使案件处理的全过程"留痕"。例如,海南省一法院采用了"法官负面行为预警系统",该系统具有强大的监督功能,能够对案件处理过程进行全覆盖式监控,将法官的行为进行赋值考核。若某法官对应的分值低于所规定的分数,那么其便会被系统警告或者予以相应的惩罚。对于以上两个方面,宋秋露、王珅等均表示赞同。

(三) 提高诉讼效率

效率是人民的期盼，追求司法公正的同时也要提高效率，王珅、宋秋露以及凌维瑾都谈到了这一点，主张人工智能的司法应用可以极大地提高诉讼效率。其中，王珅认为，将人工智能应用于司法活动的主要目的以及最大的收益是提高诉讼效率，高效地分析数据，迅速完成基础性工作。此外，人工智能技术还可以生成简单的法律文书，简化庭审前的各种准备工作，从而提高诉讼效率。目前，在司法实践中，上海的"206"办案系统是我国人工智能技术应用的代表之一，该系统覆盖了整个刑事诉讼活动的具体流程，从立案到判决，同时将犯罪嫌疑人的刑罚执行、减刑以及社区矫正等内容串联到整个刑事法律程序网络中。

此外，宋秋露还指出，人工智能可以助力实现异步审理服务，例如杭州上城法院所建立的智慧庭审平台在检测到当事人上线后，会引导当事人完成答辩、举证、质证等诉讼环节，不用再按照传统的庭审模式集中开庭。如此可以方便当事人利用碎片化时间参加诉讼，不仅极大地减轻了当事人诉累，也有助于提高诉讼效率，在很大程度上缓解了基层法院的负担。

三、人工智能司法应用的弊端

人工智能作为一把锋利的科技"双刃剑"，抽象来看，其司法应用的弊端主要表现为人工智能自身特性及缺陷对现有社会伦理、司法秩序的破坏，具体包括以下七个方面。

(一) 造成司法歧视

算法歧视将直接导致司法歧视，而且这种歧视与以往司法实践中的歧视现象相比，更为固化和隐蔽。王珅认为，司法歧视是人工智能技术应用到司法领域所面临的最大问题，法律人工智能的成败取决于算法，其应用关键在于对实际案件规律进行提炼总结，从而形成相应的决策模型。然而，这种规律是否天然正确？虽然在算法中没有直接代入当事人的经济、种族、受教育程度等信息，但由于历史或其他因素的影响，难免会造成潜在歧视，形成压制弱者的体制。例如，在美国，黑人比白人更容易被拦下盘问，被羁押率也更高，因此基于此规律生成的算法模型无意间便将这种种族因素考虑了进来，在处理相关案件时不免因种族差别产生歧视性对待。

曹展萌则指出，人工智能司法歧视问题不仅源于前述的事实规律的提取误差，也基于编程人员自身的偏见，编程人员会将其偏见反映在算法中，这可能是故意的，也可能是社会潜移默化的影响。对此，曹珂瑜、吴鹤也持相同的观点。

(二) 存在"算法黑箱"和数据安全问题

司法活动注重公开透明，而人工智能的司法应用则逆转了这一价值追求，司法裁判日益"黑箱化"。凌维瑾谈到，人工智能司法应用所依托的算法本身就是一个"黑箱"，同时也作为一种商业秘密受到知识产权的保护，往往不予公开。基于人工智能算法得到的案件处理结果，与人工判案相比，往往更程式化，缺乏对个案的详细说理论证。然而，司法意义的程序不同于计算机意义的程序，它正是要在一步步地推理论证中体现司法的程序价值，让当事人和社会公众感知到司法的中立性、平等性、专业性、权威性等。同时，宋秋露指出，算法"黑箱"会造成很大的监管困境。进而王珅和曹展萌均认为，"黑箱"会使得权利边界复杂化和责任主体不明，给当事人带来救济困难。

此外，曹展萌还指出，数据安全问题始终是人工智能发展的一大隐忧。一方面是由于人工智能将超越人类智慧乃至统治人类这一好莱坞式的狂想渐成可能，另一方面则是出于对人工智能在采集数据过程中会侵害公民个人信息权利的担忧。

(三) "后人类主义"困境

随着人工智能等技术的飞速发展，现代社会已经进入了"后人类主义"时代，人的主体性地位开始发生动摇。崔佳琦和郭一凡便利用"后人类主义"理论来分析人工智能的司法应用问题，二人指出，后人类主体成为法律意义上的权利主体具有合理性，但仍存在很多现实性问题。

"后人类主义"源起于对人类中心主义的批判，主张人不再具有主体的优越性与特殊性。在"后人类主义"之下，人与自然、机器之间将不再有绝对的界限，以人作为知识主体构建的秩序将会被重塑。法学视域下，"天赋人权"学说作为现代法治理论的开端，"权利"依附于"人"的主体性而存在，故"后人类主义"下人主体地位地动摇，势必会使法学界面临权利主体扩张的问题。在 AlphaGo、ChatGPT 面前，人们开始担心被超越、被替代，感受到了前所未有的主体性危机。

虽然就目前来看，这些发展不完全的后人类主体大多作为法律关系中的客体来参与现代社会的各项活动，但是我们应当清楚地认识到后人类时代权利主体的扩张是不可避免的，而且是符合社会发展规律的。生物学意义上的自然人与法律上的人从来就不是画等号的。就比如在中国古代，"万物皆有灵"是社会的普遍观念，因此在当时的法律规则中，山川林木也会被认为是权利主体。西方社会中也是如此，如在古罗马时期，同样是生物学意义上的人，但同时具备自由权、市民权、家族权三种权利的个体才被认为是权利主体。直到文艺复兴时期人文主义开始崛起，自然人在法律面前人格平等的观念才被确立。而法律人格制度也被逐渐扩大适用到公司等组织，所以如果确有需要的话，我们也完全可以把法律人格赋予这些后人类主体。

当然，后人类作为权利主体有一定的合理性也并不意味着我们应当立即将其作为一个现实的紧迫问题来考虑，甚至是将其列入立法计划之中。因为就目前的科技水平来说，我们与真正的后人类时代还有巨大的差距。举例来说，虽然早在 2017 年 10 月，机器人索菲亚就被沙特阿拉伯授予了公民身份，但是索菲亚也只不过是一个公关噱头而已，它并没有展示出任何的人类理性。虽然我们很重视人工智能的发展，但是种种迹象表明我们太过于夸大现阶段科技发展的成果。目前，人工智能的研究方向是让程序更加智能化，而不是聚焦在让其拥有自我意识。现阶段，后人类时代对社会制度的冲击还没有真正到来，我们也没有必要将目前出现的所谓后人类主体规定为法律上的权利主体，大多数问题都可以在现存的法律框架中得到很好地解决。

对于"后人类主义"的问题，吴鹤则着眼于法官的主体地位，其认为大数据与人工智能技术融合应用过程中所产生的数据基础性和算法依赖性，存在削弱法官主体地位的潜在风险，极易形成以数据主导司法的"数据主义司法观"。长此以往，法官对技术系统的依赖增强，核心决策权可能会让渡给算法，"数据决策"最终将代替"法官决策"。

（四）不具有人的情感，影响实质正义

司法裁判不仅要注重法律效果，还要追求社会效果，由于人工智能不具有人的情感，致使社会效果缺位，对实质正义造成冲击。对此，曹展萌提出，人工智能是冰冷的，无法复制人类的主观体验，包括同理心和对人的尊严的认可，这是人工智能司法应用中的固有缺陷。作为理解和分享他人感受的能力，同理心是人类社会交流和互动的一个基本方面。然而，这对于基于算法和数据运行的人工智能来说是不可能的。同时，承认人的尊严是一个复杂的主观概念，植根于人类的价值观、信仰和文化规范。虽可对人工智能系统进行相应的编程以使其遵循一定的道德原则作出决策，但它们缺乏意识的主观体验及识别人类尊严细微差别的能力。且在某些特殊情况下产生的特殊信息可能会被人工智能自动排除，导致其无法纳入考量因素之中，以致作出与人类朴素正义观大相径庭的判断。

对此，凌维瑾也谈到，人工智能系统并不具有人类所拥有的情感、道德认知能力等，其机械式的处理方式或许无法保障实质正义。此外，宋秋露指出，纯粹理性化的人工智能对于诉讼参与人非理性和情绪化的要求无法作出恰当的回应，冰冷的机器会使得当事人参与感降低，难以获得情感上的安慰和认可，不利于服判息讼。

曹珂瑜则站在刑罚目的的角度来看待该问题，其指出刑罚现代化改革提出教育刑的理念，将教育犯罪人视为刑罚的主要目的，因此在具体的刑罚裁量上要考虑犯罪人的人格因素。而运用人工智能技术的量刑程序，依托大数据和算法模型，以数个指标作为关键影响因素塑造"罪犯画像"，则完全缺失人性关怀这一核心要素。

（五）易形成"群组正义观"，破坏司法公正性

司法活动不能只追求效率，而忽略个案的差异性，效率应服务于司法的公正。曹珂瑜以"正义观"为视角分析该问题，其认为大数据、云计算、无监督式机器学习等数字技术的发展突破了以个体正义为核心的正义观，取而代之的是一种效率优先的"群组正义观"。"群组正义观"是建立在相关关系分析基础上的正义观，其实质是从正义决定论跳跃到正义概率论。既然是概率，就会在实际运行中产生偏差。重视大概率的结果预测一致性，而忽视个

案的偏差,这种"工具主义"的思想颠覆了司法审判的人文价值,过度崇拜工具的客观理性而忽视对人的价值的重视实则是一种本末倒置的做法。

吴鹤还指出,司法大数据与人工智能程序依赖于专业技术公司的技术支持,而技术公司受制于技术局限性和商业性,可能会影响到司法的公正性。当大数据与人工智能技术广泛运用于量刑、证据审查、文书生成等司法审判的各个环节时,融合技术由审判活动边缘向审判核心靠近,形成了"算力即权力"的新型权力形态。

(六)"数据茧"效应明显,未能完整理解法律

目前,人工智能的发展仍处于初级阶段,其自身技术能力极大地制约了司法应用的效果,主要表现为"数据茧"效应明显,人工智能未能完整理解法律。针对"数据茧"效应,曹展萌指出,人工智能的数据来源仅限于相应的训练材料,这些材料是很有限的,无法覆盖人类社会的每个信息角落。这便导致人工智能在面对新问题时,仍沿用旧有资料进行判断,以致无法妥善应对。此外,过度依赖某些类型的数据,或者在数据收集和分析过程中排除某些群体等,都将使"数据茧"效应越发突出。

王珅提出造成此情况的另一个主要原因是公开的法律数据不够充分,决策模型的生成需要大量优质数据。目前,线上裁判文书的数量仅为审结案件的一半,并且合议庭、检察委员会和审判委员会等对案件审理产生决定性影响的会议决议等内容通常也是不予公布。敏感数据或受隐私保护的数据同样难以获取,国家安全或政治因素也会影响公开情况。

此外,对于人工智能法律理解问题,曹展萌认为识别并从法律资料中提取特征,是人工智能应用于司法的程序设计基础,但法律工作者和编程人员往往对法律术语有着不同的理解,前者执着于从法教义学的角度予以解释,后者则倾向于如何解释此类术语使之更便于编码。同时,法学知识处于变动,学术界亦存在各类观点之争鸣,这与人工智能编码的一致性要求存在内在冲突。当法律规定及解释出现重大变化的情况下,如何调整语义设定亦将成为难题。曹珂瑜也认为当前人工智能领域的自然语义处理技术主要是围绕日常用语展开训练,其与司法领域中法言法语的适配性较弱,呈现出明显的语义鸿沟。

(七) 加剧控辩双方的不对等，破坏控审结构

人工智能的司法应用不仅影响诉讼当事人的实体权益，同时还减损当事人的程序利益，加剧控辩双方的不对等、破坏控审结构。

就人工智能造成的加剧控辩双方不对等的问题，曹珂瑜认为主要体现在以下两点：一是数据方面，二是证据方面。首先，数据方面，公权力机关相较于个人在数据收集、获取、挖掘等层面掌握绝对优势，普通民众则很难获得大量的高质量数据，即使获取了相关数据资源，但却往往没有能力进行开发利用。由此，公权力机关与个人之间的数字鸿沟将越来越大，在刑事司法中体现为严重破坏了控辩双方的权利平衡，即司法机关的权力在积极扩张的同时被告方权利在变相缩减。其次，证据方面，曹珂瑜指出，在刑事司法审判中，客观性较强的证据往往被认为具有更强的证明力。由于经过算法审核、以数据为支撑的证据逻辑严谨、缜密，以至于法官更倾向于信赖算法得出的结论，如此一来辩方的辩护空间将会被极大地压缩。

至于破坏控审结构的问题，曹珂瑜认为，若司法系统内部共用同一套数据库与算法模型，控审分离的原则将被打破。法官和检察官从人工智能系统中获取的信息与结论是相似的，相当于人工智能系统在背后既主导控诉又主导审判。

四、域外人工智能司法应用的探索

梳理域外国家人工智能司法应用实践现状，无疑具有很强的借鉴意义，吴鹤具体分析了具有代表性的英、美、日三国人工智能司法应用实践情况。其指出，在英国，人工智能已经被广泛运用到法律文件起草、信息检索、文件审理等领域。但总的来看，英国智慧法院主要还是处于辅助性地位。美国作为人工智能技术最为发达的国家之一，其将人工智能应用到司法活动的全过程。但美国学界始终认为法律人工智能无法代替法官作出审判，也无法处理需要法官个人智慧的疑难案件。日本则对于人工智能的司法应用更为慎重，在民事司法领域，自2004年《民事诉讼法》修改以来，部分法院虽然对于一些程序性事项尝试开放在线申请，但始终没有取得较大的实际成绩，到2019年为止，依然不能在线提起诉讼。而且，电视会议系统也因受制于运行环境，

几乎没有得到运用。

最后，吴鹤总结指出，域外国家在人工智能司法应用的态度上都较为审慎，相关进展也较为平缓。大数据和人工智能技术多被用来辅助处理程序性事务，提供一定的技术便利。此外，王珅和凌维瑾也对域外国家的司法实践情况进行了考察，得出了同样的结论。

五、可能的解决方案

为尽可能减少人工智能司法应用的弊端，可考虑从事前、事中、事后三个维度予以应对。事前维度主要是指维护人主体性地位的伦理层面和复合型人才培养层面，事中维度便是指技术改良层面，事后维度则是指体系性制度规制层面。

（一）伦理层面

人工智能技术所带来的伦理问题是最为根本的，而该问题的关键在于人的主体性。吴鹤认为需强调应当强化法官在司法审判活动中的主体地位，明确司法大数据和人工智能技术"工具主义"的定位。首先，在一些涉及人性考量的案件中，法官对人性的思考、权衡和把握对于案件裁判结果的形成起着至关重要的作用，因此在技术融合应用过程中应当尊重法官的独立性和亲历性。法官应当在审判活动中掌握主动权，而不是被技术左右。其次，最新出台的《关于规范和加强人工智能司法应用的意见》中也多次强调技术的"辅助支持""辅助办案""辅助司法管理"等。"辅助"地位应该是现阶段以及未来较长时间内人工智能的应然定位，要避免陷入"技治主义"的陷阱。"身披法袍的正义"终究是人的正义，而非算法的正义。

此外，宋秋露也指出，法院应警惕人工智能技术带来的有罪推定风险。同时，还需要避免科技企业在司法裁判中操控人工智能技术，将其想法、利益和诉求注入智能工具，影响司法裁判。

（二）人才层面

将人才培养作为解决问题的方式显然是一种聚焦上游的方案，具有很强的现实意义。就此，王珅提出，人工智能司法应用必然需要法律专家和技术专家共同协作。司法智能化领域技术占主导，但为防止"司法歧视"和"算法模糊"等现象的出现，技术开发应当在法律规范的引导下开展。为此，高校可以考虑设立更多的跨学科培养模式，如借鉴清华大学的"金融-计算机"专业设置，尝试设立"计算机-法律"专业。此外，在司法机关中，着手设立负责算法的部门，主管人工智能司法系统的运行和维护。对此，宋秋露也持赞同意见。

（三）技术层面

技术问题是源头问题，改进人工智能的算法无疑是首要的。王珅给出了两个可以努力的具体方向：第一，在尖端技术上，联合人工智能专家、法律专家共同商讨研发，对程序员设计的针对司法领域的算法进行全面的检查监督；第二，在不侵犯商业秘密的前提下，技术公司应公开算法决策过程、算法数据来源等，从而使得算法的"黑箱"被打开，接受公众对人工智能司法应用的监督。同时，司法数据共享平台应进行优化，吸纳更多的法律数据，制定更严格的隐私和安全保护规定。此外，要对数据进行过滤和整合，以确保数据标准和格式的一致性。

宋秋露同样认为加强技术研究以研制高质量的智能系统是问题的关键，特别是要对训练数据进行评估，以确定训练数据与当前案例之间的兼容性，以及算法输出是否会不公平地对待某些社会群体。

（四）规制层面

无论是前述的技术层面，还是伦理层面，问题的解决最终还是要落到制度规制层面。曹珂瑜主张引入技术赋权理念和技术正当程序原则，对刑事司法人工智能进行包容性规制。刑事司法保障人权与人工智能以人为本的深度融合形成技术赋权理念，可以为刑事司法人工智能的研发、应用提供理念层面的宏观指引；在传统正当程序基础上发展而来的技术正当程序，可以对刑事司法人工智能应用进行过程规制，以促进司法数据的公开，提升算法的透明度，并推动刑事司法人工智能问责机制的建立。

凌维瑾认为应从控制人工智能的司法应用程度入手，在现阶段，应当将人工智能的应用限定在案件处理的初期，例如在事实层面，仅让其对录入的信息进行整理、综合，对收集的证据进行专业化分析，为法官的审查认定提供报告。

宋秋露、王珅则着眼于责任分配和惩戒方面,认为随着人工智能对司法的影响越来越大,明确界定司法责任显得尤为重要。司法系统必须能够对错误的判决承担责任,并且在研究者和使用者之间划分明确的责任。此外,随着未来人工智能获得法律实体的可能性越来越大,也有必要为智能系统设置适当的惩罚措施。

(整理:徐柏夷)

人工智能与人类未来

徐柏夷[①]

2022年12月9日下午，以"人的智能、人工智能与技术乌托邦"为主题的高端对话活动在北京师范大学珠海新校区元白楼A1美术馆报告厅成功举办。本次对话分为主旨报告和与谈两个环节。主讲人分别为澳门大学法学院讲座教授於兴中先生和极海微电子股份有限公司副总经理、郑州大学兼职教授丁励先生；与谈人为珠海纳思达股份有限公司董事长汪东颖先生和北京师范大学特聘教授米健先生。除珠海校区近百名师生外，还有数十位来自北京、上海、深圳的学术界和实务界人士参加了此次活动。法学院副院长、法治发展研究中心主任袁治杰教授主持了此次论坛。

在此次对话中，各位主讲人、与谈人以及场下嘉宾围绕"人的智能、人工智能与技术乌托邦"这一主题，展开了激烈的深入探讨。总结来看，讨论的焦点，同时也是大家观点存在差异的地方，主要集中在以下三个方面：一是如何看待人工智能的发展前景，二是如何解决人工智能造成的社会伦理问题，三是如何规制人工智能。接下来便将从此三个方面对本次高端对话进行综述。

一、人工智能的喜与忧

人工智能作为一项具有划时代意义的技术革新，究竟是为人类带来了丰饶之角，还是将彻底打开潘多拉魔盒，对于该问题，现场嘉宾的观点可以分为两派：一是人工智能"乐观主义"派，二是人工智能"悲观主义"派。两

[①] 系本文的整理者。

位主讲人於兴中教授、丁励教授以及与谈人汪东颖董事长等，皆属前者，而与谈人米健教授则属后者。

（一）"乐观主义"派

1. 坚持科技现实主义，努力追求科技向善

人工智能"乐观主义"派的於兴中教授立足于哲学层面，认为人工智能无法真正超越人的智能，人工智能应当具备更多非理性层面的东西，从而更好地服务于人类社会。其首先指出人类的进步主要是技术的进步，但是每一次技术变革都会导致社会不平等，有些人会因技术鸿沟而被抛弃到社会轨道之外。但截至目前，还没有任何一种技术改变了人的主体地位。而今天，由于人工智能、大数据、区块链等技术的发展，或许使我们正面临这种改变，人的主体地位开始发生动摇。

因此，为应对这种危险的改变，於教授主张我们要批判科技乌托邦主义，坚持科技现实主义。所谓科技乌托邦，也即技术决定论，主张以科技理性主导和规划人类未来，相信科学技术必会帮助人类实现幸福生活。但这是一个过于美好、被美化过的理想世界，会导致技术暴力，造成人性简化，使人成为人工智能的奴隶。而坚持科技现实主义，会让我们看到人工智能与人的智能是不同的，人工智能不是万能的：人工智能是人的智能的反映、衍生、外化、产品，而不是外在于人的存在物；是人的智能决定人工智能，而不是相反。

於教授认为原因在于人不是纯粹的理性存在，还包含非理性层面，而人工智能往往只是停留在理性层面。如感知、体悟、激情、迷思等非理性方面的东西，恰恰是推动人类社会进步最为重要的因素，但人工智能对这些却难以真正实现。人工智能只是人的智能的一个层次的展现，人的智能有一种自然的平衡，人工智能的发展应该寻求反映人的智能的各个层次及这种自然的平衡，防止极端理性主义的出现。

对于人工智能的局限性，场下嘉宾银华基金董事长王珠林先生在随后的交流互动中也有谈到，他以银华基金与北大清华的合作项目举例，指出目前人工智能的研究进展不大，其能代替的多是一些统计和分析类的东西，深度学习尚未实现。

最后，於教授给出了一些应对之道。一是要克服技术怀疑论，正视人工

智能;二是要坚持科技现实主义,反对技术乌托邦主义,人是道德性的存在,那么技术的存在也应该是一种道德的存在;三是理论界要加强与实务界之间的联系,朝着"科技向善"的方向去努力,同时,要避免炒作营销。

2. 人工智能改变人类生产、生活

同样作为人工智能"乐观主义"派的丁励教授从科研技术人员的角度出发,认为人工智能具有非常可怕的自主学习能力,可以大幅度提升生产质量和效率,但同时,其快速发展必将会导致相当一部分人面临失业的风险。

丁教授首先具体分析了阿尔法围棋(AlphaGo)与围棋世界冠军、职业九段棋手李世石进行围棋人机大战的对弈详情。其指出人工智能能够战胜人类的原因主要有以下三个方面:一是人工智能有强有力的电脑、算法做支撑;二是人工智能不受情绪影响,这点远比人类强大;三是人工智能可以不断克服自己的弱点,通过各种学习始终在进步。

由此,丁教授认为人工智能将快速向我们走来,将替代人类做更多的事情,包括自动驾驶、语音识别、无人机作战等方面。随后,丁教授又结合自己团队的科研成果——奔图打印机主控 SoC 芯片技术和公司所实施的数字智能化管理系统,指出人工智能在产品质量提升和生产效率管控等方面所发挥的巨大作用。

近年来,人工智能的快速发展虽然有不少是源自国家层面的推动,但更多的仍是来自业界资本力量的助力。汪东颖董事长作为上市科技企业的管理者,同样认为人工智能颠覆了以往的生产模式,但他也指出人工智能暗含危险,需要对此予以特别关注。

汪董事长首先从人工智能对企业具体生产经营状况的影响谈起,其讲述到,如今一条喷墨打印耗材的生产线所需人工的数量,只是二十年前的 1/10,但这 1/10 的人的产能却相当于二十年前三四条流水线的产能。同时,整个公司还有超过 500 名的 IT 工程师在做相关软件的开发、运营工作,保障人工智能生产系统的正常运转。汪董事长指出其中有一点需要特别注意,那就是虽然软件得出来的数据结果是准确的,但却往往不是最佳的。因为它都是在人事先编制好的程序中运行出来的,但如果现在的生产情景和当初设定程序时的情景相比发生了变化,则运行出的数据结果就是不真实的或者是不够及时的。这便是利用人工智能参与企业生产时可能带来的危险。

此外，汪董事长以 3D 打印技术为例，畅想了未来的人类生活和企业生产。其指出未来由于人工智能大规模标准化、自动化的生产，企业所追求的不再是产品的有无、产品的优质和普通，而是产品的标准和唯一。唯一的、被定制的产品才更具有价值。

(二)"悲观主义"派

米健教授认为自己是阶段性的乐观主义者、终极性的悲观主义者，其指出人类很有可能是高唱着凯歌走向自掘的坟墓。

米教授首先思考的是，我们现在所处的究竟是怎样的一个时代。其指出，如今人类社会迎来了百年未有之大变局，走入了新时代，但这个新时代的本质特征到底是什么？米教授认为这个特征就是人类社会发展出现了转折点，这个转折点就是由科技进步带来的 AI+互联网，不过，这个转折点的出现，的确使许多人陷入了也许是"杞人忧天"的困扰，就像当初爱因斯坦提出了质能方程和相对论后，究竟是利用它造福人类还是毁灭人类。

随后，米教授指出，虽然人工智能无法代替和超越人的智能，但人工智能具有恐怖的破坏力，这种破坏力具有偶然性。而恰恰是这种偶然性，才是人工智能最危险之所在，也是其具有恐怖破坏力的关键原因。一个偶然的故障（bug）会给人类社会发展带来一些偶然事件，其也许是前述 AlphaGo 的一步臭棋，也许是一个超级事故，甚至可能就是一场毁灭人类世界的灾难。基于此种考虑，米教授对人工智能的发展持悲观态度。同时，袁治杰教授指出人之所以会同情人，是因为他们都是同一个物种。但如果马斯克的芯片植入技术能够实现，那么植入芯片的有钱人和没有植入芯片的普通人之间的差异会越来越大，同一物种的相似性会越来越少，那么他们之间的同情感也就越来越少。最终，人类社会将重回奴隶时代，没有植入芯片的普通人将成为没有人格、不被同情的奴隶。

最后，米教授谈到，人类社会的发展总是从平衡到不平衡，然后又形成新的平衡。也就是说，我们每一次的进步都是在打破技术的平衡，然后必然产生不平衡，必然产生各种各样的矛盾，最后大家又重归平衡。在这个意义上，技术进步一定是带来社会的进步，但是人类社会的进步不仅仅是技术进步，除物质文明方面的发展外，还有精神文明层面的发展，这是人区别于动物，保证自身社会存在的根本性因素。

二、人工智能与社会伦理

伦理是社会存在的基础，人工智能对社会伦理的冲击越来越引发关注，在随后的现场提问环节，有同学一针见血地指出了这种社会伦理问题，产生了科研技术人员应如何面对的疑问。其认为这种伦理问题越来越普遍，而且往往难以妥善解决，给社会发展造成了很多负面影响。袁治杰教授也指出人工智能时代下的伦理问题较之传统时代更为复杂，其以自动驾驶技术为例谈到，假设人工智能已经预判到汽车将与车外行人发生碰撞，如果保护行人，那么汽车就会发生侧翻，伤害车内的人，但如果保护车内的人，汽车就会径直撞向行人，那么究竟该保护哪一方呢？这确实与传统的"电车难题"很是相似，但前者更为复杂，解决起来也更为困难，因为人工智能需要在设计时提前作出判断。

丁励教授认为包括伦理困境在内的一系列问题，实际上都难以阻碍科技的发展，只能是在发展速度上产生一些影响，技术发展永远是有需求。同时，很多科研人员，特别是在国外，都是技术狂，从事科研工作完全是出于自己的兴趣爱好。其往往没有很强的法律意识，可以出台相应法律在大方向上进行限制，但无法阻止他们关起门来做事情。他们会认为这是自己的成就，与伦理无关。对于这一点，於兴中教授也表示赞同，其认为科技发展的具体过程或许无法直接参与控制，但对于科技的应用结果完全可以予以规制。回到伦理本身，丁教授认为，可以在科技发展和伦理维护之间找到一个大家都可以接受的平衡点，使二者都可以顺利地进行下去。这个平衡点是一定可以找到的，问题在于如何去找。

汪东颖董事长也同样认为伦理问题不是最为关键的。他谈到，任何事物都有好的一面但也有坏的一面，不能拿坏的一面彻底否认事物的整体。科学技术固然是推进人类发展很重要的动力，但更为重要的还是人类的优秀文化，它可以规范人类社会朝好的方向发展，到达一种"高级文明"。这种"高级文明"就是在人类物质自由的基础上，实现更高层次的精神自由，人类可以自由地进行选择。那么这样，科技进步所带来的伦理问题也就不复存在。科技是为人类服务的，只要人类自己不出问题，科技就出不了问题，如果哪一天科技出了问题，那一定是人出了问题。

三、人工智能的规制

有了担忧、有了问题，我们就要解决它。因此，在最后，本次高端对话又讨论了"如何规制人工智能"这个关键性问题。现场有同学指出，对人工智能进行有效规制的前提是我们能够看到它可能的潜在危险，从而采取相应的控制措施。但随着人工智能自主学习能力的增强，人们似乎已经难以判断其学习的方向，从而也就难以发现其中的危险并及时进行规制。

於兴中教授指出这就是"算法黑箱"问题，目前尚未有很好的解决方案，很多还是只能依赖前述的事后规制手段。有学者提出"解释算法"的方案，但於教授认为在实际操作过程中，即便对算法进行了"通俗化"的解释，但普通人往往也难以真正理解高度专业复杂的算法运行机制。

作为一线科研技术人员的丁励教授则表达了不同的看法，其认为在研发过程中就可以实现充分的监管，不存在难以监管的问题。首先，在人工智能的设计阶段，技术人员便会给它设定一个界限，不管它开发到什么程度、学习到什么程度，永远都不会逾越这个界限。如果出现了 bug，人工智能越界了，那就会有相应的方式来强制终止。其次，在人工智能的出厂测试阶段，会分类别、分等级地进行不同强度的测试，检验其运行情况，从而最大限度地避免失控情形的发生。但如果设计人工智能的人存在恶意，那后果就难以预料了。这一点，也正是米健教授所担忧的，技术出问题时一定是人出现了问题。但对于这种通过技术来规制技术的路径，袁治杰教授抱有疑问，其认为作为规制手段的技术也同样存在出 bug 的可能，总之，人类无法完全控制这种风险。

场下嘉宾北京师范大学法学院刘荣军教授也就此问题发表了自己的观点，其同样持较为乐观的态度。刘教授从人的主体性谈起，其指出与人工智能相比，人的主体性是由历史、自然、社会等多种因素构成的。由此致使人类的社会制度（或者说是社会关系）可以对人类的技术发展产生规制，主要包括两个方面：一是人类自身的认知是有限的，二是制度本身所蕴含的历史、道德等方面的内容所具有的规制性。刘教授认为能够毁灭人类的肯定是人类自己，而不是人工智能。因此，也就无须对科技发展过分地担忧，但前提是要控制好人。

四、结语

总的来看,来自实务界的丁励教授和汪东颖董事长,无论是站在技术的角度还是企业管理的角度,均对人工智能的发展抱有很强的信心,不仅是对人工智能的发展前景,也对人工智能发展过程中,包括社会伦理、规制路径等具体问题持乐观态度。而理论界的米健教授和於兴中教授则表现出较强的担忧,特别是米教授对人工智能以及人工智能背后的"人"的态度,呈现出较为悲观的倾向。於教授虽然对人工智能的发展前景有很强的期望,但也指出人工智能所带来的一系列问题,至少从目前来看是无解的。

各方观点均具有很强的说服力,但这种一定程度上实务界和理论界观点的分野,使我们看到人工智能相关问题的研究必须兼顾自然科学和社会科学的视角,不可局限于任一方之内。如此才能在机遇中看到危险,在危险中发现机遇,使人工智能的发展保持健康、有序。这也就是本次高端对话活动的意义和价值所在。

(整理:徐柏夷)

图书在版编目（CIP）数据

京师法学. 第十四-十五卷 / 米健主编. --北京：中国法制出版社，2024.5
ISBN 978-7-5216-4431-9

Ⅰ.①京… Ⅱ.①米… Ⅲ.①法学-文集 Ⅳ.①D90-53

中国国家版本馆CIP数据核字（2024）第067689号

策划编辑：李　佳
责任编辑：刘冰清　　　　　　　　　　　　　　　　封面设计：杨泽江

京师法学. 第十四-十五卷
JINGSHI FAXUE. DI-SHISI-SHIWU JUAN

主编/米健
经销/新华书店
印刷/北京虎彩文化传播有限公司
开本/730毫米×1030毫米　16开　　　　　　印张/ 18.25　字数/ 263千
版次/2024年5月第1版　　　　　　　　　　　2024年5月第1次印刷

中国法制出版社出版
书号 ISBN 978-7-5216-4431-9　　　　　　　　定价：68.00元

北京市西城区西便门西里甲16号西便门办公区
邮政编码：100053　　　　　　　　　　　　　传真：010-63141600
网址：http://www.zgfzs.com　　　　　　　编辑部电话：010-63141837
市场营销部电话：010-63141612　　　　　　　印务部电话：010-63141606

（如有印装质量问题，请与本社印务部联系。）